MÉMOIRES ET CARAVANES

DE

J. B. DE LUPPÉ DU GARRANÉ

*Chevalier de Saint-Jean de Jérusalem,
Grand Prieur de Saint-Gilles,*

SUIVIS DES MÉMOIRES DE SON NEVEU

J. B DE LARROCAN D'AIGUEBÈRE

Commandeur de Bordères,

PUBLIÉS POUR LA PREMIÈRE FOIS

PAR

LE COMTE DE LUPPÉ

A PARIS
CHEZ AUGUSTE AUBRY
L'UN DES LIBRAIRES DE LA SOCIÉTÉ DES BIBLIOPHILES FRANÇOIS,
RUE DAUPHINE, N 16

M D CCC LXV

MÉMOIRES
DE
JEAN-BERTRAND DE LOPPE

Cet ouvrage n'a été tiré qu'à 300 exemplaires
tous de ce format et sur ce papier

N°

PARIS. — Imprimerie de PILLET FILS AINÉ, rue des Grands-Augustins, 5

MÉMOIRES ET CARAVANES

DE

J. B. DE LUPPÉ DU GARRANÉ

Chevalier de Saint-Jean de Jérusalem,
Grand Prieur de Saint-Gilles,

SUIVIS DES MÉMOIRES DE SON NEVEU

J. B. DE LARROCAN D'AIGUEBERE

Commandeur de Bordères,

PUBLIÉS POUR LA PREMIÈRE FOIS

PAR

LE COMTE DE LUPPÉ

A PARIS

CHEZ AUGUSTE AUBRY

L'UN DES LIBRAIRES DE LA SOCIÉTÉ DES BIBLIOPHILES FRANÇOIS,
RUE DAUPHINE N. 16.

M DCCC LXV

1865

DESCRIPTION DU MANUSCRIT

La vie et les mémoires de Jean-Bertrand de Luppé, dit le chevalier du Garrané, mort Grand-Prieur de Saint-Gilles, sont contenus dans un registre in-folio d'environ trois cents pages; écrits en entier de la main de l'auteur, ils comprennent une période de près de quatre-vingts ans, de 1586 à 1664. Deux lettres adressées à son frère forment d'abord, pour ainsi dire, la dédicace de l'ouvrage; vient ensuite le récit détaillé de la vie et des aventures de Jean-Bertrand : sa naissance, sa réception dans l'ordre de Malte, le temps qu'il passa dans le régiment des gardes et l'abrégé de ses caravanes, dont il rendra plus tard un compte détaillé, s'étendent jusqu'en 1615. Nommé lieutenant de la galère *la Reale*, il occupe cet emploi jusqu'en 1635, époque où il quitte le service du Roi. La Religion, après l'avoir nommé à divers emplois, l'élève à la dignité de Grand-Commandeur, onéreuse dignité qu'il échange bientôt contre celle plus rémunératrice de Grand-Prieur de Saint-Gilles. Une note écrite de la main de son frère, l'abbé du Garrané, nous apprend qu'il meurt, bientôt après sa nomination, en 1664, à Arles, siége de son Grand-Prieuré.

Le récit détaillé de ses caravanes, au nombre de sept, de

voyages sur les galères du Roi, et d'autres voyages volontaires, complète cette nomenclature.

Enfin les mémoires se terminent par les instructions que doivent suivre les officiers de galères, depuis le capitaine jusqu'au dernier argousin.

Sur le même registre se trouvaient encore les mémoires du chevalier d'Aiguebère, Commandeur de Bordères, neveu de M. le chevalier du Garrané ; légataire de son oncle et parrain, il suivit son exemple en rédigeant aussi les mémoires de sa vie. Nous les publions à la suite de ceux de son oncle.

Le seul changement que nous nous soyons permis d'apporter au manuscrit consiste dans l'accentuation, la ponctuation et les lettres capitales, qui manquent presque partout ; nous espérons avoir ainsi rendu plus intelligible ce texte, qui date de deux siècles.

PRÉFACE

En dediant à son frère, le Prieur du Garrané, les mémoires que nous publions aujourd'hui, le chevalier Jean-Bertrand de Luppé, Grand-Prieur de Saint-Gilles, lui adressait les paroles suivantes : « Quand leur veue vous lassera, jettés les parmi « les vieus titres de notre maison affin qu'ons y trouve à « l'avenir quelque mémoyre de moi. »

Ce vœu touchant, de conserver une place dans le souvenir de ceux qui devaient porter son nom, nous a semblé devoir être exaucé. Des considérations d'un ordre plus élevé sont venues se joindre au sentiment de famille.

L'histoire de France est depuis quelque temps l'objet de recherches assidues, recherches qui embrassent toutes les époques.

Lettres de grands personnages, de savants, chansons politiques, dépêches, mémoires, états de dépenses, tout est matière à publication, tout est source de lumière. La vérité historique, cette chimère de tous les temps, y gagne tous les jours ; il nous a semblé qu'en publiant ces Mémoires nous apporterions notre part à l'édifice commun.

Copié par nous-même, avec le plus de soin possible, le manuscrit revit tout entier dans notre livre. Nous avons cru devoir y ajouter, dans une table raisonnée, de courtes notes sur les gentilshommes et des principaux personnages mentionnés dans le cours du récit, ainsi que le nom moderne et la position géographique des lieux qu'a parcourus l'auteur dans ses divers voyages.

Selon nous, ils offriraient un double intérêt, l'histoire de Malte ainsi que l'histoire de la marine française y trouveront des documents inédits.

Une infinité de détails précieux et nouveaux se rencontrent dans les caravanes et dans les différents séjours de l'auteur à Malte.

En effet, après avoir été reçu chevalier de minorité, après un premier voyage à Malte, suivi d'un engagement temporaire dans les gardes françaises, M. de Luppé dut faire ses caravanes. C'était une école sérieuse que ces voyages dans la Méditerranée, où l'on se trouvait presque toujours en pays ennemi.

Quelles que fussent les capitulations passées entre les États barbaresques ou le Grand-Seigneur, avec les divers États de l'Europe, le pavillon rouge chargé de la Croix blanche de l'ordre arboré sur les galères de la Religion, était pour le croissant une menace éternelle.

Alors se renouvelaient les prouesses des temps anciens, les traits de bravoure les plus grands. Que ne pouvaient, en effet, entreprendre des hommes joignant au courage du soldat la foi du religieux, et pour qui la mort devant l'ennemi était non-seulement la fin glorieuse du champ de bataille, mais encore la couronne du martyre!

Dans le récit des voyages faits par Jean-Bertrand de Luppé pour le service du Roi, se trouvent aussi les comptes rendus de plusieurs négociations que M. de Gondy avait confiées à son habileté, ainsi que le récit du voyage des galères de France sur les côtes de l'Océan, pour aller au siége de la Rochelle. Comment peindrait-on mieux cette époque de bravoure, qui se nomme la Fronde et malheureusement aussi les guerres de Religion, que par le mot de notre chevalier, forcé de rester à la cour, et suivant l'armée occupée au siége de Monheurt !

« Sans oublyer de solliciter mes affères, dit-il, je pris ma « petite part du plaizir du reste de ce siége. »

Ces campagnes maritimes avaient commencé pour M. de Luppé en 1615. A la recommandation d'un brave officier qui avait apprécié son mérite, le duc de Retz lui donna le poste de lieutenant de *la Réale*, avec le grade de capitaine de galère. Il devait l'occuper pendant vingt ans.

Cette partie des mémoires présente, par suite d'un fait fort simple mais peu connu, un intérêt tout particulier.

S'il a été trouvé peu de chose, à part quelques renseignements disséminés dans les historiens de l'époque, sur les galères de France avant 1030, en voici la raison :

La féodalité régnait, à l'arrivée de Richelieu, en reine absolue dans les grandes charges de l'État, notamment dans celle de général des galères, qui ne relevait que de la Couronne.

De là point de contrôle possible des actes même les plus importants, à plus forte raison des dépenses et des nominations d'officiers. Aussi les documents manuscrits manquent-ils complétement; nous n'en avons pas trouvé de traces dans les archives de la marine.

« Mais, comme dit notre chevalier, en parlant du cardinal « de Richelieu, quand ceste cloche sonnoyt, il ne falloit point « estre sourd. »

Le duc de Retz dut, à l'époque que nous avons citée, céder au premier ministre sa charge, que celui-ci réunit provisoirement à la grande maîtrise de la navigation, titre nouveau destiné à centraliser dans ses mains les forces maritimes de la France.

Alors, l'ordre que le cardinal de Richelieu faisait régner dans toute l'administration française, commence à régner dans la généralité des galères.

Les états, rapports, mémoires se succèdent clairs et explicites, et tous ceux des anciens compagnons d'armes du chevalier du Garrané qui n'ont point imité sa fière retraite, paraissent dans les différentes positions que la faveur du maître ou plus rarement leur mérite leur ont obtenues.

Comme nous venons de le dire, en 1636, voyant son général violemment dépossédé, voyant que les places auxquelles ses longs services et sa valeur personnelle auraient dû le faire nommer, étaient données à des hommes qui, suivant son énergique expression, n'avaient guère vu d'eau salée ailleurs que dans le pot, il se retira à Malte, sans pouvoir conserver de cette ruine complète une faible épave, ce brevet de capitaine entretenu, récompense royale dont madame d'Aiguillon, nièce du tout-puissant ministre, voulait gratifier un de ses serviteurs.

M. de Pont-Courlay remplaça M. le duc de Retz. Le cardinal de Richelieu n'eut guère à se louer d'avoir voulu faire un général des galères d'un homme presque enfant encore, uniquement préoccupé de ses plaisirs et prodigue pour y satisfaire.

La correspondance du cardinal, publiée récemment, en donne des preuves évidentes.

Nous ne citerons pas l'écrivain protestant qui peint la poltronnerie de M. de Pont-Courlay sous des couleurs trop vives pour n'être pas suspectes.

Mais il nous est difficile, pour la justification de l'énergique expression de M. de Luppé à propos de ses successeu au commandement de ses galères, de passer sous silence un fait dont nous avons trouvé l'irrécusable preuve dans les archives de la marine et qui prouve l'ingratitude du nouveau général.

Les sévères remontrances du cardinal l'avaient irrité au plus haut degré, et pour essayer d'échapper à cette main de fer qui voulait en faire un homme digne de sa haute position, M. de Pont-Courlay exhuma les anciennes prétentions d'indépendance de ses prédécesseurs. Par ses ordres, un mémoire intitulé : *Moyens pour monstrer que l'admiral de France n'a aucun pouvoir sur les galères et quel est le pouvoir de ce général des galères* (pour M. de Pont-Courlay, contre M. le cardinal son oncle), fut composé et opposé aux ordres auxquels il ne voulait pas obéir.

Il est à croire que ce factum dut combler la mesure et provoquer la destitution de M. de Pont-Courlay, arrivée en 1643.

Mais si les hommes étaient ingrats envers lui, Jean-Bertrand de Luppé, grâce aux soins avec lesquels il avait toujours rempli ses différents devoirs envers la Religion, devait trouver son Ordre juste et généreux envers lui. Malheureusement l'ancienneté était là pour lui fermer la route des honneurs qu'il avait longuement mérités.

A son tour cependant il put faire valoir les sacrifices faits pour améliorer les commanderies dont il avait été pourvu ; les services rendus dans les différents postes où son Ordre l'avait appelé, et la plus grande dignité de la langue de

Provence, celle de Pilier ou de Grand Commandeur lui fut accordée. Cette dignité de chef de sa langue était aussi onéreuse qu'honorable. Le Grand Commandeur devait pourvoir aux dépenses de l'auberge de Provence à Malte et donner aux chevaliers de sa langue, outre la table ordinaire, des plats de régal dont le menu est soigneusement indiqué dans les statuts.

Enfin le temps du repos était arrivé pour lui. Le grand prieuré de Saint-Gilles, le second de Provence, lui fut déferé, et, après une vie dont chacun peut juger l'innocence et le désintéressement, il mourut dans les bras de son frère à Arles à son prieuré de Saint-Gilles.

Durant sa longue carrière, il avait vécu sous quatre rois, et s'était trouvé mêlé à plusieurs événements importants ; mais malheureusement il donne beaucoup plus de détails sur ses caravanes et sur les galères de Malte, que sur les faits historiques dont il avait été témoin.

Par compensation, il s'est montré plus explicite pour les noms de ses confrères de Malte et de ses collègues des galères de France. Une grande partie de la noblesse peut trouver son nom dans la table que nous avons dressée avec le plus de soin possible, en nous aidant de toutes les richesses manuscrites ou des documents imprimés des bibliothèques de Paris.

M. de Luppé a joint à ses mémoires des instructions sur la manœuvre et les officiers des galères.

L'hydrographie du père Fournier, les archives de la Marine nous en présentent d'analogues. Faites par un homme du métier, elles se ressentent fortement de l'époque encore pleine de foi où elles ont été composées. Les règles de l'art nautique des galères n'étaient écrites que dans la mémoire des officiers, il est naturel que le duc de Retz ait voulu les réunir en corps de doctrine, et le choix fait de M. de Luppé prouve l'estime dans laquelle le tenait son général, estime justifiée du reste par le poste de lieutenant de *la Reale* auquel il avait été nommé tout d'abord.

La seconde partie de notre livre se compose des mémoires du chevalier d'Aiguebère, neveu de Jean-Bertrand de Luppé.

Ils n'ont pas, il faut le dire, autant d'intérêt, à un certain point de vue, que ceux qui les précèdent.

Dans les premiers, nous voyons M. de Luppé officier des galères de France, chargé de missions diplomatiques par M. le comte de Joigny, se mêler aux événements de l'histoire des guerres de religion, qui déchirèrent la France à cette époque. Vingt ans de sa vie se passent hors du couvent, comme on disait alors, et c'est sur le déclin de sa carrière, quand il a donné à son pays et à son roi la meilleure partie de sa vie, que la Religion lui donne l'abri et l'asile auquel son rang d'ancienneté l'appelait.

M. d'Aiguebère ne nous présente point une existence aussi accidentée. Se bornant au rôle de chevalier de Malte, il fait le récit de ses caravanes, où les observations naïves sur les faits et sur les lieux qui frappent son imagination, se rencontrent à chaque instant.

Le combat des Dardanelles est un des rares épisodes de ses campagnes maritimes sur lesquels il s'étend avec une certaine prolixité. Il donne aussi quelques notes précieuses sur l'histoire de sa famille dont il prend le soin de nous annoncer la fin en sa personne.

Nous n'avons pas voulu séparer la vie du Grand-Prieur de celle de son neveu; toutes deux forment une suite de documents inédits sur l'histoire de Malte pendant le xviie siècle.

b

Les auteurs qui ont écrit sur cette période, ayant souvent présenté les faits d'une manière contradictoire, le récit de témoins oculaires peut être de quelque valeur.

Qu'il me soit permis, en terminant, de payer un tribut de reconnaissance à celui qui m'a guidé et encouragé dans mon travail, à M. Paul Lacroix qui, avec une inépuisable bienveillance, a mis à ma disposition toutes les richessses de la bibliothèque de l'Arsenal. Là, comme aux archives de l'empire, comme à la Bibliothèque impériale, j'ai rencontré non-seulement la courtoisie qui accompagne toujours la vraie science, mais des sympathies d'autant plus précieuses qu'elles viennent de plus haut. Elles m'ont consolé de l'impossibilité où j'étais de corriger mes épreuves sur le manuscrit même, dont j'avais à peine eu le temps de faire une copie. Ce ne serait donc pas à moi seul qu'il faudrait imputer quelques inexactitudes qui pourraient, à mon grand regret, se trouver dans le texte de ces mémoires.

Paris, le 1er juin 1865.

Cte DE LUPPÉ.

NOTE INSCRITE SUR LE VERSO DE LA COUVERTURE
DU MANUSCRIT.

Frère Jean-Bertrand de Lupé de Garrané, Grand-Prieur de Saint-Giles, est décédé le 10 juin 1664, à deux heures trois quarts après midy et fut enterré le lendemain, dans la chapelle de Saint-Jean à Arles qui est dans la maison de Saint-Jean. Il reçut tous les sacremens avant mourir avec une dévotion, présence d'esprit et jugement admirable.

Les SS. Sacrements de l'Éucharistie et de l'Extrême Onction luy furent administrez par monsieur l'abbé de Garrané son frère, avec permission de M⁵ du Moulin grand-vicaire de Monseig' l'archevêque d'Arles.

Anima ejus requiescat in pace.

A M E N

SOMMAIRE DES VOYAGES

Voyages et rezidance que j'ay faict a Malte.

J'arrivay à Malte le 22 aoust 1600, et en partis le onze may 1602 : quy sont un an, huict moys, et dis-neuf iours.
1 an 8 moys 19 iours.

Arrivé à Malte la seconde foys. Y arrivé le 3 ianvier 1603, et y demuray iusques au premyer aoust 1608 : quy sont deux ans, sept moys.
2 ans 7 moys.

Arrivé à Malte la troysiesme foys le 18 octobre 1609, et y demuray iusqu'au 16 octobre 1612 : quy sont troys ans.
3 ans.

Arrivé à Malte la catriesme foys le 19 décembre 1613, et y demuray iusques au 26 aoust 1615 : quy font un an 8 moys.
1 an 8 moys.

— 2 —

lay exercé la procure du trézor à Marseille par bulle en plom du 7ᵉ may 1627, l'espace de troys ans;

3 ans.

lay exercé la recepte au Grant Prieuré de Sainct Gilles l'espace de catre ans en deux foys, savoir : despuys le premyer may 1642, iusqu'au dernyer avril 1645; et ayant esté reconfirmé le premyer may 1648, i'y servys iusques au dernyer avril 1649 que ie suppliay son Eminansse de m'an descharger. Ce quelle me fict la grace de fere.

4 ans.

Arrivé à Malte pour la cinquyesme foys le 23 septambre 1652, et y ay demuré iusques au iudy 5ᵉ aoust 1660 : quy sont sept ans, dis moys, et dis iours.

7 ans 10 moys, 10 iours.

Les passages et commodites que i'ay prizes pour fere les cinq voyages cy devant escrits à Malte, sont les suyvants :

Le premyer voyage nous allasmes embarquer à Cannes sur des batteaus iusques à Gennes, où nous prismes la commodité des guallères de la seigneurye en nombre de six iusques à Messine, et nous embarquasmes tous sur la guallère Diana; et de Messine à Malte sur des freguattes.

Au rectour de ce premyer voyage, nous vismes iusques a Savonne sur les cinq gualleres de la Religion quy avoit chargé à Naples quelque infanterye Espaignolle quy passoit en Flandres, et là truvasmes une guallère de Savoye quy passoit en Espaigne, quy nous porta iusques au goulfe d'Yères. Iestois en companye de feu monsieur le grant Prieur de Sainct Gilles Lussan.

Le second voyage ie m'embarque à Marseille sur le vaisseau Sainct Icrosme, et man revins sur six guallères de France.

Le troisyesme voyage passay sur une guallere de France iusques à Gennes. De là a Ligourne sur une felloucque, et de la sur cinq navyres du Grant Duc commandés par feu monsieur le Chevallier de Beaureguart. Iestoys de companye avec feu monsieur le commandeur d'Arifat.

Au rectour de ce troisyesme voyage ie vins par felloucque iusques à Naples, de là à Rome et à Lorette, puys à Ligourne, ou ie pris un bateau iusques à Marseille.

Le catriesme voyage, passay de Marseille à Malte sur les cinq guallères de la Religion. Au rectour de ce catriesme voyage, ie man revins avec catre gualleres de France quy estoit venues ycy pour monsieur le Chevallier de Vandosme, quy estoit pour lors grant prieur de Toulouze. Le cinquyesme voyage, ie mambarquay avec plusieurs autres chevalies à Marseille sur un gros navyre que monsieur le chevallier de Rocquetailade conduyzoit a Malte; et man suis revenu en France sur le vaisseau de capitayne Grimaut de Marseille, et de conserve avec le navyre de capitayne Estienne Jhean ausy de Marseille, où nous sommes arrivés le samedy vingt huitiesme d'aoust 1660.

DÉDICACE

A Monsieur le prieur du Guarrané mon frère.

Monsieur mon cher frère

Iavoys composé ces mémoyres pour donner un petit divertissement à notre bon frère du Guarrané. Sy Dieu m'eut faict la grace de le pouvoir voir avant sa mort, ie scay qu'il aurait pris un extrême plaisir de lyre mes avantures, et moy un contantement bien grant de soumettre tous les mouvemans de ma conduitte à son iugemant; car, comme ie connoisses sa bonté singullière, ces opinions auroit absoulluemant prévallu sur mon esprit. Il faut admirer et adorer tout ensemble les decrets de la divine providence quy ne m'a pas truvé digne de recevoir ceste grace, et ioze espérer que ce sera pour man accorder de pleus grandes à la fin de mes iours comme ie l'an supplye. Mais, pour ne laisser pas mon travail inutille, ie ne saurois l'adresser à personne quy me soit pleus chere, ny que i'ayme avec pleus de tendresse que vous. Prenez la payne de les voir et considerer, pour iuger saynement de ma bonne ou mauvaize fortune; ie voud.. ..bien vous pouvoir fere quelque meilleur presant, pleus conforme et convenable a mon affection, et le feroys de grant cœur sy les forces navoit abondonné la vollonté. Quant leur vue vous lassera, iettés les parmi les vieus titres de nostre maison, afin quons y truve à l'avenir quelque memoyre de moi, du moins tant que la durée du papier le pourra permettre. Ie nay pleus qu'à dezirer de vous pouvoir voir pour achever de vivre ensemble, quy est la consollation la plus grande que ie puysse iamais recevoir, et que ie passionne le pleus, pour vous laisser depozitaire de tous les sentimans de mon cœur, et estre assisté de vous iusques au dernier soufle de ma vye, pendant laquelle ie vous promets destre autant que vous le sauryes dezirer,

Monsieur mon cher frere,
Votre très-humble frere et plus affectionné serviteur,
Le Grant Prieur titulayre de Sainct Gilles,
GUARRANÉ.

De Malte le 7ᵉ ieuilhet 1660 quy est le iour que iay fyny cest ouvrage.

A Monsieur du Guarrané, mon cher frere.

Monsieur mon frere,

Vous truveres ridiculle que ie me sois ressouvenu dans le déclin de ma vye, d'examiner a quoy ie l'ay employee despuys septante ans qu'il y a que ie suys au monde. Ie vous avoue que c'est une marque d'oiziveté, puysque la foyblesse de la matyere me devroit empescher de prendre un soin si inutille, et quy vous donnera si peu de plaizir. Mais, quand ie me reprezante les paynes et les travaus qu'un pauvre gentilhomme ce donne pour chercher une mediocre fortune, et le pleus souvant sans la pouvoir truver, ceste occupation ma semblé sy bizarre et mesllée de tant de divers evenemans, que iay truvé un divertissement assés dous de repasser par ma memoyre a quoy ie me suis occupé dans la vigueur de mes pleus florissantes années, et dans le déclin de celles quy me doyvent conduyre au tumbeau, pour pouvoir iuger en moymesmes, sy dans ce long pellerinage, iay manqué par négligence ou par fayneantize d'arriver au point ou l'ambition et l'espérance pouvoit avoir enguaié mon esprit, et sy ie mestoys esloigné en quelque sorte des obliguations de ma naissance. Ie me suys serieuzement entretenu sur ceste panssee, et truvay tout subiect de satisfaction pour en demurer sans regret; n'ayant sceu donner une définition plus senssée à la mauvaise fortune qui m'a tousiours accompaigné, sy ce nest que nous ne pouvons pas estre tous heureus. Vous scaves que nostre famille ne l'a pas esté beaucoup iusques asture; Dieu sait pourquoy il le faict, pour moy, ie croy que c'est pour le mieus. Cest pourquoy nous devons tous recevoir sans murmure tout ce quy plaict à sa divine providence, sans y voulloir penetrer pleus avant. Sy iavoys quelque santimant de vanité, ie pourroys dire sans me flatter, que beaucoup de gens de toutes conditions ont dit asses de bien de moy, sans que personne man aye iamais faict. Ic suys sy libre des fumees de la présomption, que ie ne veus pas crrer en mestimant plus que ie ne doys, n'y accuser ausy ceux quy ont occupe la verdeur de mes ieunes ans, sans qu'il man soit resté autre recompansse que le repantir de les avoir sy malheureuzemant employées. Cest un secret que ie rezerve pour mon confesseur, car, sy ie le randoys public, ie feroys voir mon imprudence sans donner remede a mon mal. Ie m'arreste donc à vous donner le plan de mes occupations despuys le tans que ie sortys de notre maison paternelle, et que ie mesloignay de l'éducation d'un père et d'une mère qui mestoit sy chers, et quy nous ont a tous si tendremant aymes, et donné de sy bons exemples, qu'il mest impossible que leur souvenir narrache encore des larmes de mes yeux, et des souspirs de mon cœur. L'heureuse et chrestienne fin qu'ils ont faict, nous oblige de dezirer que comme nous les devons suyvre à mourir, nous les puissions ausy imiter en la fasson de bien mourir, pour avoir un repos pleus sollide en l'autre monde que nous navons eu en celluy cy.

Dens vos heures inutilles en lisant ce discours, iuges de ma bonne ou mauvaise conduitte, que ie ne cherche pas de reparer parce qu'il n'est pleus tans, mais bien de chercher mon repos et ma tranquillité dans le mespris des intérets de la terre. Le bon Dieu me faict ceste grace que la religion que ie proffesse et sers il y a cinquante six ans, ma donne asses de bien pour mempescher destre a charge à mes amis, et pour me garantir de toute sorte de nescessité honteuse. Ie nay iamais esté troublé d'une lasche faim destre riche, et ne respire dezormais qu'une fin innocente et chrestienne. Ie croy satisfayre à la loi du sang et a ce que nous sommes, de vous souhaitter la mesme chose qua moy mesme, affin que vous puyssyes connoitre que ie vous ay tousiours aymé et chery au point que ie le doys, et que sans altération ny changemant ie seray iusques au dernier momant de ma vye,

    Monsieur mon frere,

Vostre tres humble et pleus affectionné frere et serviteur,

                Le comandeur de Vallance
                    GUARRANÉ.

De Malte le premyer may 1655.

MÉMOIRES

Voyey donc, mon cher frere, le portraict de ma vye que ie vous promets par ma lettre. Il y a pleus de vérité que de pollitesse dans ce discours. Ie croy aussy que la premyere vaut bien mieus que la seconde, et doit estre pleus estimée, puys que le mensonge n'est propre que pour les romans. Vous remarqueres dans le rapport que ie vous fais de toutes mes avantures, que la fortune ma touziours esté asses contrayre, et ne m'a iamais reguardé que d'un œil malin et visqueus. Ausy man suys ie tellemant desfyé, qu'an tout ce que iay entrepris pour me procurer quelque petit avancemant ie ne m'y suys abandonné qu'avec ceste precaution que les choses ne me succedant pas sellon mon proiect, ie me peusse guarantir, et ne restasse pas entyeremant desfaict et accablé, et que ie ne visse quelque ressource pour pouvoir subcister. Ie n'ay point formé de dessain sans y avoir quelque fondemant raizonnable pour la bonne réussye, et sur des exemples asses frequants quy avoit eu des succès heureus. En un mot les choses quy ont enrichy et accomodé force autres, sont celles qui mont destruit à moi ; mais quy est celluy qui peut vaincre la destinée? Vous pourres bien iuger les paynes et les fatigues que i'ay essuyé dans une longue suite dannees que iay roulle dans les pays estrangers ; bien ma vallu davoir esté en mon ieune aage robuste et vigoureus, et d'inclination facille à maccomoder au travail.

Entrons donc dens la matyere que ie me suys proposay de vous reprezanter, et que ie comanse à vous entretenir de mes promenades par leurs principes, les prenant du iour de ma naissance, quy fuct sellon ce que ian ay ouy dire a feu monsieur de Guarrané nostre pere, au moys de septembre de l'année mille cinq cens huitante six, dans nostre maison paternelle du Guarrané, et soubs le regne du roy Henry Troisiesme de glorieuse mémoire. Ie fus eslevé iusques à l'aage de cinq a six ans par nostre bonne et chère mère; après ce tans, la Charlotte de Laudun, dame de Sainct Orens, nostre grant mère maternelle, me voullut auprès d'elle, et m'esleva avec tant de soing et d'amour que ie suys obligé et toute nostre famille de prier Dieu qu'il laye receue en sa gloyre. Car ceste bonne dame ne cest iamais lassée pendant sa vye de contribuer de toutes ses forces au bien et avantage de nostre maison, et comme elle estoit prudante et sage, pendant le temps que ie fus auprès delle elle songea et considera à quelle profession ie seroys le pleus propre, pour my pouvoir destiner, et, après en avoir consulté avec nos pleus proches, il fuct iugé à propos de me fere chevallier, me truvant la gaillardise du cors, et la vivacité de l'esprit convenables au service d'un ordre sy cellebre.

Ce fondemant ainsi posay, ceste bonne dame ne ce contenta pas dan fere de simples propozitions, mais mit la main a l'œuvre tout de bon, et voullut en son propre fournir liberallemant à toutes les despences nescessayres à la perfection de ceste entreprize.

Il est vrai que Monsieur de la Cassaigne son fis notre oncle maternel voullut participer à lexecution de cet ouvrage, et donna cent pistolles de fort bonne grace pour le mettre à perfection.

Ie fus donc presanté au chapitre provintial de notre ordre, tenu à Toulouze le dernier dimanche de may de l'année mille cinq cens nonante sept, et ayant obtenu comissayres pour fere mes preuves, elles y furet faictes tout en mesme tans.

L'année suyvante quy fuct 1598, feu Monsieur le Commandeur de Lussan quy fuct despuys grant prieur de Sainct Gilles, ce rezoullut de san aller à Malte, et comme nous estions allyes assez proches, il fuct bien aize que j'allasse en sa companye. Mais arrivant à Toulouze, nous y truvasmes un decret du chapitre general qui se tenoit en ce tans là par feu monsieur le grand maitre frère Martin Guarsses espaignol de nation, quy deffendoit aus chapitres provinciaus de ne recevoir aucun chevallier quy n'eust attaint leage de sette ans, ou quy ne paya cinq cens escus dor de passage pour avoir une grace de minorité. De sorte que voilà mon voyage accroché pour n'avoir pas leage competant.

Néanmoins feu monsieur nostre père ce contantea de payer la somme ordonnée, me voyant aussy bien petit pour entreprendre un tel voyage, et estant assuré qu'ayant satisfaict, et mes preuves arrivant a Malte, mon anciennetté me couvroyt despuys le iour de la presantation d'icelles, et que iouyrois de l'effect de ma grace de minorité ; et c'est affere ainsi rezoulluc mes preuves furet envoyées et receues à Malte, et ie retournay dans ma premyere guarnizon, c'est a dyre auprès de madame de Sainct Orens.

Deux ans après quy fut l'an 1600, monsieur de Lussan quy estoit pour lors grant comandeur de l'ordre, escrivit a feu nostre père de manvoyer à Malte ce qu'il fict tout ausy tost. Nous estant rencontrés pluzieurs chevallyes quy faizait le mesme voyage, savoir : messieurs de Noailhan — La Faurye — Benque — Gramont — Pailhes-Sensac-Mont — et frère Pierre Du Casse, nous fusmes nous embarquer à Cannes sur des batteaux iusques à Gennes, et de là prismes la commodité de six gualleres de la Seigneurye quy alloit charger les soyes a Messine, et nous embarquasmes tous sur la guallere nommée la Diane, et passant par Naples, nous randismes à Messine à Notre Dame d'Aoust; et de là sur deux freguates iusques à Malte, ou nous arrivasmes le 22 aoust 1600. Catre iours après, les cinq gualleres de la religion comandées par dom Petro Guonsalles de Mendosse, en partiret pour aller accompaigner en France la reyne Marye de Medecis, accordee en mariage avec le feu roy Henry le grant de glorieuze memoyre. Feu monsieur de Sainct Aubin quy estoit pour lors grant prieur de Sainct Gilles, cy embarqua, et plus de trois cens chevallies; et la religion prit le soing de fournir à tous les chevalliers de quoy ce mettre en equipage pour fere honneur a une conduitte sy cellebre. Nos dittes gualleres se randiret a Ligourne, et accompaignaret la reyne iusques à Marseille ou sa maiesté se desembarqua; et à mesme tans quelle arriva à Lyon, le roy y arriva ausy venant de Savoye, apres avoir bien mys à la raison le duc Charlles Emanuel par la prise de Monmeillan et autres places de ces estats; de sorte que ce prince fut constraint de demander la paix au roy, quy la luy fist telle qu'il luy pleut. Mais ie sors de mon discours, i'y reviens donc, après avoir dict que la reyne fut accompagnée de disneuf gualleres iusques a Marseille.

Estant à Malte i'accomplis l'année de mon noviciat, et fis ma profession; et au comencemant de l'année 1602, Monsieur le grant maître Guarsses mourut, et fuct esleu à sa place monsieur Frère Alof de Vignacourt Grant hospitallier de l'ordre et Piccart de nation.

Quasy en mesme tans, Monsieur de Sainct Aubin vint à mourir, et Monsieur de Lussan luy succeda au grant prieuré de Sainct Gilles; lequel ce rezoullut tout aussy tost de san rectourner en France, et en effect nous partismes de Malte le onsiesme de may mille six cens deus, et nous embarquasmes sur les gualleres de la relligion quy san alloit à Naples ou elles chargearent quelque infanterye Espaignolle qui passoit en Flandres; et là furet desembarquer à Savone qui y est dans l'Estat de Gennes ou nous truvasmes une guallere de Savoye quy passoit en Espaigne, quy nous prit et nous desembarqua dans le goulfe d'Yeres proche de Toulloun; de la ie pris ma routte, et quittant Monsieur de Lussan à Arlles, me retiray à nostre maison paternelle où nostre feu père ne me voullut pas voir long tans oizif, et se rezoullut, par l'adveu de feu Madame de Sainct Orens, de m'envoyer au regiment des Guardes ou nostre frere ayné estoit il y avait desia asses de tans, et quy estoit pour lors remply d'une grande quantité de noblesse, et le pleus beau quy sera peut estre iamais, et la meilleure escolle pour la ieunesse quy fuct dans le royaume. Vous en saves quelque chose, car par la mort de nostre frère aysné, vous y futes mys quelque année apres que ian fus sorty. Iavoys le chois de troys companyes pour me mettre dans celle quy me playroit, savoir : Campaigno, Castel lallous, ou Mansan, quy estoit nostre parent asses proche.

1603   Ie partys donc du Guarrané le 19 fevrier 1863, pour aller à la Roque Fimarcon prandre congé de la bonne grant mère ou ie m'arreste iusques au 24 du mesme moys et en partys avec le capitayne Pepyeus nostre oncle quy avoit sa companye du regiment de Picardye en garnison a Bouloigne ; et prenant nostre routte par le Limosin, arrivasmes à Parys le septieme iour de mars suyvant, et truvasmes que le roy, suyvy de son regiment des guardes estoit alle a Mets pour oster le sieur de Saubolle de ce gouvernement; a la place duquel il y mit Monsieur de Requyen.

Il me fallut donc rezoudre de me mettre de la companye de monsieur de Manssan quy estoit à Sainct Germain en Laye, et guardoit seulle monsieur le Daufin quy despuys a esté le Roy Louys Treize. Ledit sieur de Manssan my receut avec ioye, et ie demuray dans ceste guarnizon iusques au trante may 1604 que ie partys de Parys pour man revenir en Guyenne par l'ordre de feu nostre père, lequel apres que ieus humé layr du pays environ six moys, voullut que i'allasse à Malte pour y fere mes services, et suyvre mon obliguation, et me fict partir d'aupres de luy le lundy cinquyesme decembre 1604, iour de Saincte Barbe, en companye de feu Monsieur le chevallier de Gramont, nostre proche allye, comme vous saves.

Ce bon père me voullut conduyre iusques à quatre lieues de ches luy. Il employa tout ce tans à me donner des preceptes touchant ma conduitte et fasson de vivre, et me recommanda si chaudement d'aymer et de suyvre le chemin de la vertu, et de ne fere iamais chose indigne d'un gentilhomme, qu'il faut que iavoue que ie fus sy touché de ces bons enseignemans qu'il man souviendra tout le tans de ma vye.

Il fuct question de ce separer; il me voullut donner sa benediction à condition que ie fusse homme de bien, et que ie ne fisse pas honte à la famille dont ie sortoys, et ne lui donnasse pas subiect de ce repantir des soins quavec tant de tendresse il avoit pris de moy. Que ie man allasse ioyeuzement, et que ie fusse assuré que sy ie tumboys dans quelque malheur, il n'espaignerait rien au monde pour me témoigner qu'il y avoit peu de peres qui aymassent mieux leurs enfans que luy. A tout cella ie ne peus responde que par des larmes, et iavoys desia le cœur sy mallade de la separation de nostre bonne mere quy ne me fuct pas moins amere, que iestes estourdy de doulleur.

Arrivant à Marseille nous y rencontrasmes un bon nombre de chevalliés, et nous embarquames tous sur le navyre nommé Sainct Ierosme, et dans cinq ou six iours arrivasmes à Malte tout a point pour prendre ma premyere caravanne, et le 25 avril 1605 en partismes avec catre guallerres de la relligion comandées par frere dom Bernardo Espelletta, navarroys, General d'icelles, pour aller en Levant, et demeurasmes en ce voyage cinquante catre iours ; le récit duquel et des occazions quy cy passaret, est particulièremant exprimé dans ce livre au récit des voyages à folio 77.

Au mois de ieuilhet suyvant de la mesme année, ie pris ma seconde caravane. Le Marquis de Saincte Croys general des gualleres de Naples vint a Malte avec vingt-cinq gualleres, savoir : dix de l'esquadre de Naples, sept de celle de Cecille comandées par l'adallentade de Castille, et huict de lesquadre que le Roy Cathclique tient à Gennes comandées par dom Carlo Doria, avec résolution de fere un voyage en Levant. Cinq de nos gualleres comandées par le mesme Dom Bernardo Espeletta ce ioignyret à ce cors, et partismes de Malte le iour de la Magdellayne 22 iuillet 1605. Ce qui se passa en voyage est particullièrement espécifié au recit des voyages à f° 87.

Pendant le reste de cette année nos gualleres prindret troys briguantins Turcs, savoir : deus le sixième octobre dans le Canal de Malte à dix mille du Poussal en Cecille, avec cinquante catre Turcs ; l'autre, le 25 novembre suyvant à l'isle de Laustriguo desabitée à soixante mille de Pallerme avec dishuict Turcs et cinq quy senfuyret parmy les boys que nous ne sceusmes iamais truver, et quy despuys furet pris par des caiqs de Pallerme.

En ianvier 1606 ie pris ma troisiesme caravane, et nos gualleres estant allées à Naples, iy tombay mallade de la petite verolle, et en telle extrémité que les gualleres en partiret et me laissaret là ; quy uct un coup de bonheur pour moy, car, lesdites guallères estant allées en Barbarye, et ayant mouillé l'ancre à une isle desabitée proche de la terre ferme nommée le Cimbalo le huitiesme d'avril sur la minuict, elles y furet surprizes d'une tempeste sy forte qu'il n'y en eut que les troys quy a grande peyne guaignaret la mer. Les autres deus eschouaret en terre et se perdiret. Ietoys de caravane sur l'une de ces deus, et sans ma malladye iestoys de ce naufrage, et peut estre mort ou esclave.

Après avoir demuré long tans mallade à Naples, et en grant payne a me rellever et encore beaucoup à truver des amys pour massister, car ies toysasses leger de monmoye, Dieu me fict la grace que rien ne me manqua. Ie man revins à Malte sur une chaloupe, tout desfiguré de ma malladye, et les forces très exténuées de sorte qu'il me fuct impossible de pouvoir prandre la catriesme caravane comme iavoys rezoulu; quy fuct un second bonheur pour moy, car, nos gualleres quy n'estoit pleus que troys, estant alles en Barbarye avec sept autres de Cecille comandees par ladalentade de Castille, ils firet une descente en terre le jour de Nostre Dame d'Aoust de l'année 1606 pour aller prandre la ville de Mahomette. Ce qu'ils firet aizeemant; mais, voullant fere leur retraite, ils furet si brusquemant chargés par les Mores sur leur embarquemant que le dezordre cy mit, l'Adallentade n'ayant iamais voullu croyre les conseils qu'on luy donnait pour y prouvoir a tans, y fuct tué luy mesmes avec pleus de six cens personnes, et, entre autres, trente huict chevalliés. Nos gualleres seulles avoit pris ceste mesme place quelques années auparavant, et avoit faict leur retraicte et emporté leur butin sans nul danger, par le bon ordre qu'elles avoit tenu.

Ie demuray donc en repos à Malte les six derniés

moys de l'année 1606, et toute l'année 1607. Nayant point peu reprandre la caravane pour ceste année à cause que ceus a quy elle touchoit avant qua moy, la voulloit avoir comme il estait iuste.

Et comme iavoys tousiours en grant envye de fere quelque armemant, croyant que cestoit la voye la pleus honneste pour acquerir de la réputation et du bien, et la pleus conforme à ma profession, i'avoys truvé des amys quy my voulloit assister. En effet ie feus à Sarragousse en Cecille pour y prandre un petit navyre que feu Monsieur le Comandeur de Noailhan qui estoit de mes intimes amys me voulloit fere bailler, quy estoit en partye à lui mesme; ie truvay que ledict navyre estoit party pour un voyage dou il ne pouvet revenir de long tans, de sorte que, mon affere estant rompue, il m'en fallut revenir a Malte où me lassant dans l'oiziveté ie fis supplier Monsieur le Grant Maître de Vignacourt de me permettre d'aller en Levant sur le guallion de la religion comandé par frere Opisso Guydotty quy ce preparait pour partir. Il me l'accorda, et nous fismes voille le mercredy 27 fevrier 1608, et demeurasmes en ce voyage jusques au dimanche 13 de ieuilhet de la mesme année avec bonne prize que nous en fusmes de rectour. Tout le particulier de ce quy ce passa en ce voyage quy dura catre moys et quatorze iours ect raporté au récit du voyage a folio 88.

Arrivant à Malte, ie truvay des lettres de feu Monsieur du Guarrane notre père, quy m'avertissoit de la mort de nostre frere ayné, et me comandoit de m'an revenir en France. En mesme temps arrivaret ycy huict gualleres de France où monsieur le Général, qui estoit Monsieur le

Compte de Ioigny et Monsieur le Chevallier de Guyze estoit embarques, quy fuct un autre coup de bonheur pour moy car ceste comodité sy bonne et sy aizé mobligea de la prandre, estant rezoullu d'aller fere un voyage en levant avec feu monsieur le Chevallier de Frayssinet quy preparoit un beau et grand armement pour l'année suyvante, lequel il sortit, et fut rancontré et pris par l'armée Turquesque compozee de quarante six gualleres et deus gualliasses le iour de Nostre Dame de Septambre de l'année 1609, et ledict sieur de Frayssinet emporté d'un coup de canon.

Ie mambarquay donc pour revenir en France le premyer iour daoust 1608 sur la guallere de monsieur d'espernon comandée par Monsieur le Chevallier de Lailhère, quy est maintenant grant prieur de Toulouze, et partismes de Malte, et i'arrivay au Guarrane le iour de la Sainct Michel suyvante.

Monsieur nostre père m'offrit avec beaucoup de bonté la succession du bien de nostre maison, puys qu'il avoit pleu à Dieu d'appeler à soy nostre frere aysné, et que par droict de nature elle me touchoit, et voullut savoyr de moy si i'estoys d'humeur de quitter ma proffession, ou sil y avoit quelque motif de consience quy le peut empescher, ou me donner scrupulle, mais comme iestoys desia enguaié dans le relligion que ie sers pour laquelle iay tousiours eu beaucoup d'amour et d'affection, et d'ailheurs une extreme averssion pour le mariage, ie le suppliay très humblemant de truver bon que ie ne changeasse point de condition, et de dispozer en nostre faveur et comme il luy playroit de tout ce qui despandoit de nostre maison, bien marry qu'il ny eut de pleus grans biens pour vous mettre pleus à nostre aize, et pour loger à son contantemant tout le reste de la famille qui restoit encore de catre enfens masles et cinq filles.

Il me respondit : Sy le bien de ma maison estoit pleus grant, ie vous lauroys offert du mesme cœur; ie ne feray iamais tort à mes enfens sy leur mauvaizes mœurs ne les rendet indignes de mon affection. Vous me faictes plaisir et ie vous en estime davantage; servez bien vostre relligion, affin que ie ne meure pas avec le regret de luy avoir donné un mauvais meuble.

Ie mantretins donc parmy le parentage jusques à l'année suyvante 1609 que feu Monsieur de Lussan par donnation du troys avril, confera le membre de Saubanias despendant de la comanderye de Goulfeichs à frere Cipion Desparues servant d'armes de nostre ordre, et fis naturel de Monsieur de Feaugua son frere, et my establit à moy cent escus de panssion annuelle dessus; mais, parce que nos estatuts deffandoit de donner a deus sur une mesme chose, il falloit avoir recours au Pape pour dispensser ceste difficulté. Ie pris ceste occazion pour fere truver bon à nostre pere que ie retournasse à Malte, tant pour y achever ma rezidance et services, que pour mestablir ceste petite affere; il cy accorda vollontyés, et me mit en estat pour partir.

Ie pris donc la companye de feu Monsieur le comandeur d'Ariffat quy faizoit le mesme voyage, et, de Marseille passasmes jusques à Gennes sur une guallere de France comandée par Monsieur le Chevallier de Fourbin, maintenant Grant prieur de Sainct Gilles. De là nous nous randismes à Ligourne, où nous truvasmes feu monsieur le Chevallier de Beauregard quy armoit cinq grans et puissans navyres du Grant duc de Florence pour aller en Levant. Nous attendismes un moys sa partance, et nous embarquasmes sur l'amirail, et n'abordasmes en autre lieu quan Caillery principalle ville de l'Isle de Sardaigne, et arrivasmes à Malte le 18 octobre 1609.

A mon arrivée ie truvay que frere Scipion Desparues travailloit à l'armemant d'un petit navyre, quy fict fort peu de cas de la donnation que ie luy portoys du membre de Saubanias, estant plus attentif à ce mettre en estat de partir bien tost. Moy, quy dezirois sortir de mon affere, le pressoys extrememant là dessus. Enfin, voyant sa négligence, nous entrasmes en party sur la promesse qu'il me fict que s'il faizait bon voyage il me remettroit le vaisseau à son rectour, et m'ayderoit à larmer, et que sy ie voulloys fere les avances des frais qu'il falloit fere pour l'expédition de nos afferes, il men remboursseroit les deus tiers comme y ayant pleus grande part que moy, quy avoys la fantaizye des armemans sy avant dans l'esprit que iembrassay tout ausy tost ceste propozition. Mais ie nan demuray pas là, car ce rancontrant que iavoys une quantité de pistolles provenues du ieu, il me caiolla sy bien que ie m'embarquay de sept cens escus sur son armemant, et voycy la réussye :

Scypion partit de Malte pour san aller en Levant le 12 Septembre 1610, où il demura jusques au moys d'aoust 1611, fict quelque petite prize quy nestoit pas de grande considération, et san revint à Saragousse en Cecille pour remettre son armemant, et fere un autre voyage avec laveu de tous ceus qui participoit à l'armemant que ie luy fis obtenir facillemant, et y conssantys moy mesme. Il me pria de luy arrester et tenir prêts ycy une quarantayne de soldats et marinyés pour ce second voyage, et qu'il viendroit prandre ycy en passant, et me tesmoigneroit le ressantimant qu'il conservoit des obligations qu'il m'avait. Ie fis ce qu'il désiroit de moy. Il partit donc de Saragousse au comancement d'octobre pour venir prandre les gens que ie luy avoys arresté. Ce rencontra qu'un nommé Combaut d'asses bonne famille d'auprès de Parys, avec quelques autres guarnimans qu'il avoit sur son vaisseau, conspiraret de tuer Scypion, le maistre du vaisseau nommé Sallomon, et un soldat nommé l'Espaignol ; et, soudain estre sortis du port de Sarragousse, executaret leur rézouluction, et après avoir commis ceste perfidye, craignant le chatyement qu'ils avoit mérité, san allaret en Tunys demander sauf conduict au Dey quy leur accorda, et, estant en terre, les fit tous mettre à la chesne où ils ont malheureusement pery. Combaut chef de l'entreprize avoit esté rachetté par ces parens, et san allant en Iéruzalem pour penitence de son crime, ainsin que l'ons croit, il mourût en chemin. Cara Osman quy estoit Déy de Tunys, en faussant sa parolle fict une action de iustice. Voilla comme Dieu ne laisse iamais impunyes les meschancetés de ceste nature.

Le pauvre Scypion avoit envoyé ycy une petite prise, et se souvenant des bons offices que ie luy avoys rendu, avoit bailhé au comandant qu'il y avait mis pour la mener deus balles de brodats quy valloit quelque chose pour me prezanter de sa part. Par malheur, ie me truvay sur nos gualleres en Barbaye. A mon rectour ie truvay que ce cocquin avoit tout dissipé, et estoit en prison où il mourut.

En ce mesme tans, un chevallier de mes amys quy est

maintenant grant seigneur, armoyt un petit briguantin ; et me pria d'y participer pour quelque centayne d'escus. Ie le fis de tres bon cœur. Il fuct pris par deus gualleres de Turcs, de sorte que mon mesnage demura entyeremant dézordonné. Ie ne restay pourtant pas d'avoir mes expéditions de Rome en bonne forme pour la panssion que monsieur de Lussan m'avoit donné. Ie vous raconte ces baguatelles quy nan vallet pas la payne, pour vous fere comprendre qu'un homme quy n'est pas heureus a beau ce tourmanter; ic revyens donc à la suitte de mon discours.

Au comancemant de l'année 1610, ie pris ma catriesme caravanne, Monsieur frere Pons de la Porte estant general de nos gualleres. Nous fismes deus voyages en Barbarye; le succès desquels ic remets aus deus récits que ian fais à folio 103 et 107.

Au comancemant de l'année 1611, ie pris ma cinquyesme caravanne, Monsieur frere Guilhaume de Vassadel Vacqueyras estant general de nos gualleres; nous fismes un voyage en Levant et en Barbarye, le succès desquels ic remets ausy aus récits particulliés que ian fais à folio 113 et suivants.

En la mesme année, le marquys de Sainte Croys vint à Malte avec 29 gualleres, et voullut aller fere une entreprize en Barbarye sur lisle des Querquenes. Nos Guallères se ioignirent à luy. Ie me truvay nestre par de caravanne c'est pourquoy je voullus fere ce voyage vollontayre et suppliay monsieur le Grant maître Vignacourt de me le permettre ce qu'il fict. Le succès de ce voyage est particullièremant marqué au récit que ian fais à folio.

Au comancemant de l'année 1612, Ie pris ma sixiesme

caravanne; Monsieur de Vacqueyras estant tousiours general; au moys de may de la mesme année, nous fismes un voyage en Barbarye sans fere nulle rancontre ny voir seullement une voille. A nostre rectour ledit sieur de Vacqueyras quitta la generallité des guallères, et dom Louys Mendes de Vasconssellos quy despuys a esté grand maistre, la prit, et ma caravanne finit en Iuin. Le récit de ce voyage inséré avec les autres.

Au moys d'aoust suyvant de la mesme année, le Turc ayant dressé une armée navalle assés considérable, la fict avancer iusques à Navarin place considérable dans la Morée. Le prince Fellibert de Savoye générallissime des mers d'Espaigne, assembla soixante gallères à Messine pour s'oppozer aus entreprises de lennemy comun. Nos guallères y furent appellées quy cy randyret tout ausy tost, et comme lons tenoit pour tout certayn qu'il ce donneroit une bataille entre ces deux armées, catre guallères d'Espaigne estant venues à Malte, la relligion y embarqua un secours d'un bon nombre de chevalliers pour renforsser ces gallères. Ie fus de ce secours pour aller prandre ma part du plaizir.

Le prince Fellibert, désirant savoir au vray l'estat de l'armée des ennemys, rezoulut d'envoyer deus guallères bien renforssées pour en aller apprandre des nouvelles et savoir de quelles forces elle estoit compozée, pria monsieur n^{re} general de lui bailher une des guallères de la religion et un pillote bien expert pour conduyre la route, et comanda une guallère de l'esquadre de Naples pour fere le voyage; toutes deus sous le comandemant de dom Diego Pimentel de la maison des Comtes de Benevent. Monsieur nostre general commanda donc une de nos gualleres, et leur bailla pour pillotte le Capitayne Emmanuel Alfonse portugais, qui estoit pour lors à la solde de la religion, et quy despuys est mort au service du Roy : personne de capacitté et valeur très connue. Ie fis tout ce que ie peus pour avoir permission de nostre général pour aller fere ceste promenade, mais il me la refuza pour ne donner de l'émullation à force autres quy aurait demandé la mesme chose. Car nous faisons parmy nous comme les moutons, que, quant l'un saute tous les autres veullet sauter.

Ces deus gualleres lestes et bien aiustées partyret de Messine, et firet leur navigation cy iuste, que, quelques iours après, sans estre descouvertes elles arrivaret de nuict à une petite islle nommée le Prodano, quy est désabitée où il y a du boys, qui est tout contre Navarin où toute l'armée du Turc estoit; et ce tenant cachés en ce poste et faisant bonne guarde, un matin, ils viret sortir de Navarin deus guallères quy san venoit au Prodano pour y prandre du boys avec une négligence et seuretté telle, comme estant dans leur maison, ne songeant pas de truver ces marchans.

Les nostres les voyant venir, ce myret sous les armes, et se tindret prets pour les investir sans marchander. Ce qui fut fait. Un salve de canonades et mosqueterye et les abborder ne fuct qu'une mesme chose, et les prindret sans rezistance. Les gualleres de Bizerte quy estoit sortyes se matin-là de Navarin pour fere la descouverte, qui estoit à dis ou douze mille de là, entandant ceste rumeur, et voyant les nostres avec leur prizes à la voille tenant leur routte vers Ponant, leur donnaret chasse long tens, mais elles avait les jambes sy bonnes et sy bien renforssées, et les chormes de celles quons avoit prizes voguait de sy bon cœur pour se conserver la liberté qu'ils venoit de guaigner, qu'ils guaignaret les devans, et la nuict venant, les six de Bizerte san retournaret à Navarin où lons fuct bien estonné de ceste rencontre.

Dom Diego Pimentel arriva donc à Messine avec les deux gualleres qu'il avait prizes. L'applaudissement et la resiouissance d'une sy belle et heureuze action fuct sy general, que le duc d'Ossone qui estoit pour lors viceroy de Cecille, et très-mal avec le Prince Fellibert, luy fict une antrée que sy le roy d'Espaigne y eut esté en personne il ne luy aurait peu randre pleus d'honneur.

L'armée des Turcs ne passa pas plus outre, et se retira dans les ports, et la notre ce dissipa et en fict de mesme sans rien entreprandre, et ce grant bruict de bataille cesvanouit. Chascun ce retira froydemant ches soy et nous en fismes de mesmes.

A nostre arrivée à Malte, nos gualleres san allaret fere un voyage en Barbarye, et moy ie m'arrestay pour me préparer de revenir en France; ayant achevé mes services et beaucoup au delà. Ie m'embarqua donc le 18 octobre 1612 avec les chevalliers de Montoulliou et d'Estain sur une freguatte maltaize jusques à Messine, et passant le canal, nous fusmes à deus doits d'estre pris par une gualliote de Turcs que nous truvasmes à demy canal quy nous donna chasse environ catre heures.

Nous reguaignames le port avec beaucoup de payne, les vans nous estant tout à fait contrayres. La nuict mesme, nos gualleres arrivaret de retour de leur voyage de Barbarye quy repartyret ausy tost pour aller à Messine où nous nous embarquasmes, et de Messine sur des felloucques iusques à Naples, et de là par terre à Rome où Monsieur le cardinal de la Rochefoucaut retint Monsieur le chevallier d'Estain auprès de luy, et monsieur de Montoulliou prit son chemin vers Florance, et moy, seul avec mon homme, man allé à nostre dame de Lorette quy est un lieu sy cellèbre que ie vous assure que ie receus grande consollation de l'avoir vizitté. De là ie revins par Florance m'ambarquer à Ligourne sur un battean quy me porta à Marseille avec cinq ou six gentilhommes Vénitiens quy san alloit à la Cour d'Espaigne.

Me retirant ches nous et passant en Arlles, ie fus voir Monsieur de Lussan quy avoit une affere à Rome contre un chevallier provencal qui luy estoit extrememant à cœur et importante et dans laquelle il n'estoit pas trop bien fondé. Il me pria et conjura de la voulloir aller deffandre pour luy, non seullemant à Rome, mais à Malte. Ausy, et comme ie luy avoys quelque sorte d'obliguation, ie ne peus honnestemant luy refuzer ceste courtoyzye, luy reprezantant néanmoins que par la connoisanse que que i'avoys de la matyere, ie tenoys pour tres dificille qu'il en retirat iamais satisfaction ; et comme il estoit homme entier dans ces opinions il ne truva point mes raisons à son goust, et ayant avys que nos gualleres devoit venir à Marseille dans quelque tans, me fict promettre de le revenir truver pour fere ce voyage; et ainsin ie man alle en Guascoigne, où, pendant mon séiour, ce mizérable Sainct Pastour traicta avec moy pour ce malheureus bien qu'il a laissé, et quy nous a coutté tant d'argent et de payne : Dieu le luy pardonne, car il n'a pas tenu à luy que ie n'ay esté villaynemant trompé, et i'aurés esté bien heureus de ne l'avoir iamais connu.

En l'année 1613 nos gualleres vindret à Marseille. Ie voullus tenir ma promesse à Monsieur de Lussan, et m'y embarquay iusques à Civita-Veccha, et de là ie man allay à Rome où ie sollicitay mes afferes avec tant de dilligence que i'obtins toutes les expéditions que ie déziroys; et prenant la poste i'attrapay encor les gualleres à Naples, et m'y embarquay iusques à Malte où nous arivasmes le 19 décembre 1613.

Arrivé que ie fus à Malte, ie poursuyvis avec toute la challeur et le soing imaginables les afferes de Monsieur de Lussan pour lesquelles i'avoys apporté de Rome tout ce quy estoit nescessayre, mais les fondemans nan estant pas bons, il fuct impossible dan venir à bout. Il men avoit commys quelques autres que i'expédiay à son contantement.

Au moys de Iuilhet suyvant de l'année 1614, l'armée Turquesque compozée de soixante gualleres aborda de nuict l'Isle de Malte du costé de Marse Siroc sans avoir esté descouverte, et dezembarquaret environ sept mille hommes en terre, et quelques gens des bandes comencearet à fere quelque dezordre dans un village proche de là nommé Saincte Catherine. Mais, nos guallères ce truvant ycy, et pluzieurs corssayres quy armoyt, tout le monde prit les armes, et coururet au bruict; et comme le pays est avantageus aux nostres pour la quantité de murailles de pierre seche qu'il y a, nos gens comenceuret à fere grant feu, et a fere main basse sur les Turcqs quy ces cartoit de leur gros desquels ils en tuaret pluzieurs; leur gros voyant qu'il y avoit de la rezistance ce tenoit ferme en bataille sens senguaier plens avant.

Les forteresses par des coups de canon suyvant l'uzage avoit donné l'alarme à toute l'Isle, et Monsieur le Grant Maistre avoit faict sortir quelque cavallerye pour aller au lieu de l'allarme sans que nous eussions encor ce que cestoit, iusqu'à ce qu'il fuct grant iour. Comme il receut la nouvelle que les Turcs estoit en terre, il fict passer ausytost deus mille hommes avec des batteaus pour aller ioindres ceux quy escarmouchoit; tout le monde estant desia sous les armes.

Les ennemys voyant que le monde s'assembloit de tous costés, et qu'il comenceoit de fumer de la bonne sorte, sans s'avancer, demuroit fermes en leur champ de bataille, et faizoit beau voir leur gros et puissant bataillon, leurs armes belles et luyzantes, la bizarrerye de leurs bandyeres, songearet à se reambarquer, voyant qu'il n'y avoit rien à fere de bon pour eus, ce retiraret et firet leur embarquemant avec grand ordre à la faveur du canon de leurs gualleres, les nostres escarmouchant tousiours iusques à ce qu'ils furet tous embarqués quy fuct environ les dix heures du matin, et sy le secours que monsieur le grand maitre avoit envoyé eut peu arriver à tans, il y auroit eu bien du bruict, et ils couroit fortune que nous ne leur eussions faict fere une bonne barquade.

L'apres dignée du mesmes iour, sur les deus heures apres mydy, le tans estant beau et calme toute ceste armée vint passer devant le port de Malte. Toutes les gualleres avec la tende, mesllées confuzemant, les unes parmy les autres, affin qu'on ne les peut compter, voguant lentemant et avec gravité. La ville et le château Sainct Elme leur tira les meilheures pièces quy fusset, et les coulleurines et demicoulleurines les arrivoit, ils suyvyret tousiours lentemant leur chemin sans fere nulle sorte de demonstration.

Tout sur l'heure Monsieur le Grant Maistre et le Conseil craignant qu'ils n'entreprinssent quelque insulte de l'autre costé de l'Isle, nous fict sortir environ troys mille hommes sous le comandemant de Monsieur de Matha chef de l'auberge d'Auvergne, pour costoyer tousiours la terre à veue des ennemys, et voir ce qu'ils voudret entreprandre; nous campames deus iours et deus nuicts à la campaigne, ceste armée roullant tousiours aus environs de l'Isle sans rien entreprandre. A la fin ils se lassaret et prindret la routte de Tripolly de Barbarye quy estoit le principal dessain du Bascha quy comandoit ceste armée, quy, arrivant à Tripolly, ce saisit de la personne du Bascha quy y comandoit, et qu'on tenoit pour tres riche, le fict estrangler, et emporta tous ces trezors à Constantinoble, estant bien assuré que d'une partye d'iceus il contenteroit le Serrail, et qu'il y en auret de bonnes restes pour luy : estant une maxime quazy infaillible dans cest empyre, que les pleus grans et les pleus puissans finisset leur vye par le cordeau. Pour ceste année là il n'y eut pas davantage du bruict.

Mais l'année après quy fuct 1613, le feu reprit aus estoupes par les avys quy arrivaret de tous cottés qu'ons préparoit une puissante armée à Constantinoble pour venir à Malte, et que le bassa de la mer avoit faict accroyre au Grant Seigneur qu'il y avoit faict un grant dezordre lorsqu'il fict la descente que ie vous ay racontée.

La relligion se prouveut prontemant de toutes les choses nescessayres pour ce bien deffandre, soit de vivres, monitions de guerre en abondance; citta tous les chevalliés, fict des levées de soldats, nomma Monsieur le Chevallier de Vandosme quy estoit ycy general de toutes ces troupes, rezoullue que sy ceste armée nestoit tout à faict puissante lons luy disputeroit la campaigne; provent les places qu'elle tient de gouverneurs et guarnizons nescessayres, despartit par companyes toutes les nouvelles levées, et donna une companye de deus cens hommes à Monsieur frère Antoyne de Glandeves-Cuges, provençal, très brave gentilhomme, et mon amy intime, et moy i'eus sa lieutenance. Nous fusmes comandés pour deffandre la ville vieille de ceste isle quy est une asses mauvaize place. Mon capitayne tumba mallade, et bien tost apres mourut polmonique. Ie comanday donc la companye en chef dans ceste guarnizon pendant troys moys que ces rumeurs duraret, après cella il fallut ranguayner, estant venu des avys certayns qu'il n'y avoit rien à craindre de ce costé là. Les citations furet revocquées, et toutes les nouvelles levées licencryées.

En ce mesme tans, il arriva catre guallcres de France quy venoit pour embarquer monsieur le Chevallier de Vandosme, quy despuys est mort Grant Prieur de France, et l'apporter à Rome; le feu Roy Louys Treze de glorieuze memoyre l'ayant destiné pour aller randre de sa part l'obédiance aul Pape Paul Cinquyesme pour son nouveau advenement à la Couronne. Il me restoit encor quelque pistolle que ie fus bien aize d'aller despandre pour suyvre ce prince en son embassade, car il m'avoit tousiours faict l'honneur de me croyre son tres humble serviteur, et en effect ie l'estoys au dernier point; car cestoit un prince ausy bon et genereus que ian aye iamais connu.

Nous partismes donc de Malte de 26 Aoust 1613, les gualleres de la Religion accompaignaret Monsieur le Chevallier de Vandosme iusques à Messine où le duc d'Ossone quy estoit Viscerroy en Cecille le receut avec tous les honneurs imaginables. Là il congedia nos gualleres, et nous allasmes à une isle près de Naples nommée Progitto, où Monsieur le Compte de Ioigny general des gualleres de France vient ioindre mondict seigneur de Vandosme avec six gualleres, venant de fere une coursse en Barbarye, et de là l'accompaigna iusques à Civita Vecha et laissa à Ligourne les catre gualleres quy devoit porter Monsieur le Chevallier de Vandosme en France quy le devoit aller embarquer là, après avoir veu le grant duc de Florence.

Nous voilà à Rome, où Monsieur le Marquys de Trenel estoit embassadeur ordinayre pour le roy. Monsieur de Vandosme accomplit son embassade avec tout l'esclat convenable à un prince de sa Condition, et après quinze ou vingt iours de séiour à Rome où il receut tous les honneurs quy luy estoit deus, prit la routte de Fleurance pour aller voir le Grant Duc, suyvy de soisante chevalliers et de force autre noblesse de marque quy l'estoit venu truver iusques à Malte pour l'accompaigner. Le Grant Duc deffraya toute la Compagnye tant que nous fusmes dans ces estats; c'est le Prince d'Itallye quy faict ausy bien l'honneur de sa maison et avec esplandeur et libérallité.

Arrivant en Florance le Grant Duc traicta magnificquemant nostre prince et toute sa suitte; le moindre de nous couchoit dans des licts de toille d'or, et une chere à merveilles iusques à ce que nous fusmes hors de son estat, et embarqués à Ligourne sur les gualleres quy nous y attendoit. Enfin il me semble que ie ne fus iamais plus à mon aize, et pour abréger, nous arrivasmes à Marseille le iour de la Sainct Martin 1613. Ie fis tout ce voyage sur la guallere de Monsieur le Chevallier de la Vallette comandée par Monsieur le Chevallier de la Molette.

Il faut maintenant, mon cher frere, que ie change le fil de mon discours pour les choses quy reguardet le service de ma relligion que ie prandré à son tans, pour vous dyre les enguaiemant que iay pris à celluy du roy, pour ne confondre pas l'un avec l'autre, affin que vous puissyez saynemant iuger en quelle sorte iay travailhé pour l'un et pour l'autre, et discerner sagemant sy iay esté bien ou mal traité, et sy c'est le malheur ou la mauvaize conduitte quy en sont cauze ou tous les deus ensemble.

Ie vous ay dict dans le feuilhet precedant comme Monsieur le Compte de Ioigny Général des gualleres du Roy, estoit venu ioindre Monsieur le Chevallier de Vandosme à Progitto avec six gualleres, venant de fere une course en Barbaryc où il prit quelque vaisseau, et avoit eu quelque desgout d'un gentilhomme de Marseille nommée Monsieur de Vegue, quy estoit lieutenant sur la Realle, et estoit rezoullu de ne le continuer pleus dans ceste charge, et pria Monsieur le comandeur d'Arifat quy estoit allors capitayne de la Realle, mon intime amy, de le prouvoir de quelque chevallier de sa connaissance quy pust remplir dignemant ceste place, et y servir le roy avec quelque capacité dans ceste nature d'employ.

Monsieur d'Arifat ietta tout ausy tost l'œil sur moy, et ravy de me voyr, me montra à Monsieur le General sans man rien dyre ny communicquer, et demuraret d'accord que soudain qu'ils seroit à Marseille, Monsieur de Vegue seroit congedyé et qua mon arrivée Monsieur le General m'offriroit la lieutenance de la réalle et me prieroit de l'accepter.

I'achève donc le voyage avec Monsieur le Chevallier de Vandosme, et estant de rectour à Marseille, fus au logis de Monsieur le Général avec pluzieurs autres de mes amys pour avoir l'honneur de le voir, et chercher la bonne compagnye quy estoit tousious tres grande chés luy; car en effet, c'estoit un des pleus gentils et adroit courtizan de son tans. Après que nous eusmes demuré quelques heures en conversation, et que ie ne pansois à rien moyns que ceste rancontre, Monsieur le general me pria de le suyvre dans son cabinet avec Monsieur le comandeur d'Arifat; estans là dedans, il m'offrit la lieutenance de la Realle avec tant de civillité et de tesmoinages d'estime, que ie vous avoue que i'admiray la pollitesse de son discours, et fus asses surpris pour y bien respondre; mais comme je ne cherchays que de la besoigne, ie mordis ayzeemant à l'hameçon, et receus ceste grace avec tous les sentimans d'obligation que mon esprit me peut fournyr; il me dict qu'il voullait que i'allasse voir mon père, et qu'il savait que i'y avois des afferes, qu'il s'an alloit à la Cour, et qu'au premyer voyage qu'il reviendroit il deziroit que ie l'y suivisse, et landemain me fict mettre en poscession de ma nouvelle charge.

Au comencemant de l'année 1617, le dict seigneur général revint à sa charge et y demura quelques moys, et san rectournant a la cour me mena avec luy et en l'année 1619 il comença de m'employer à la néguotiation des plus importantes affères de sa charge, et me fict partir en poste de Villepreus le 18 iuin pour venir à Marseille, où Monsieur de Guize luy donnoit mille traverses en toutes les choses quy reguardoit l'honneur et la dignité de sa dicte charge. A mon rectour, il fuct tres satisfaict du compte que ie luy randis de ma commission; et, au moys de septembre de la mesme année, me fict partir en poste de Montmirail le 24 du dit moys pour aller fere préparer dix guallères pour porter à Nisse Madame la Princesse de Piedmont mariée avec le Prince Victor Amadeo fis aysné de Charles Emmanuel duc de Savoye, avec ordre de fere fere tous les ornemans nescessayres à un voyage de cest esclat; ce que ie fis, et après qu'une grandissime despance fuct faicte pour ce subiect, l'ons changea d'avys à la Cour, et firet passer ceste princesse par terre. Néanmoins, Monsieur le général truva fort à son goust les préparatifs quy cestoit faicts.

En l'année 1620, le dict seigneur Général fict un voyage en Barbarye avec sept Gualleres du Roy, et partit de Marseille le 28 iuin, et demurasmes cinquante un iour quy fut heureus et honnorable, ainsin qu'ons peut voir par le récit d'icelluy aux voyages. Au rectour Monsieur le général m'envoya en poste à la cour pour donner compte au roy de ce quy cy estoit passé. Ie truvay la cour à Amboyze, et là suyvys iusques à Poytyers où i'eus mon expédition et troys cens escus pour ma coursse.

Ie revins truver Monsieur le General à la Ciutat quy estoit pour lors en de grandes aigreurs avec Monsieur de Guyze quy avoit faict iuger les prises que nous avions faict en Barbarye par les officyés de l'amirauté des mers du Levant, et tiré le droict d'amirail contre toute raison et iustice. Ceste chicanne me coutta à moy catre ou cinq mille livres, car Monsieur le Général m'avoit donné la part quy touchoit à la Realle des cors des vaisseaus pris et leurs équipages, car pour troys cens esclaves qu'il y avoit ils estoit au roy, tant y a que ceus quy coururet le peril, et euret toute la payne, n'euret rien; mais ie puys assurer que les héritiers de ceus quy san prevalluret nan sont pas maintenant pleus riches, car Dieu ne permet pas que le bien mal acquys prospere.

Monsieur le General partit de la Ciutat, et s'embarqua sur sa guallere patronne iusques à la Tour de Bouc, et de là prismes la routte vers Bordeaus pour aller rencontrer le roy quy san venoit en Bearn, et, en effect nous ioignismes la cour à Preignac. Monsieur le General ce trouvant là sans equipage, voullant suyvre le roy, ne mena que deus vallets de chambre, et ce mit avec Monsieur le Cardinal de Retz son frere qui estoit pour lors chef du Conseil; et me comanda à moy d'aller attendre son rectour à Bordeaus; ce que ie fis, et comme le roy san revint, il guaigna les devans, et nous prismes la poste vers Parys où le roy arriva quelque tans après.

Lhiver de la mesme année, ie fus envoyé en poste à

Callais pour les afferes quy se disputoit avec Monsieur de Guize, ayant ordre et des lettres pour en traicter avec Monsieur le Conestable de Luynes et le père Arnous, ie sortis asses bien de ma comission.

Au rectour de ce voyage, j'accompaignay Monsieur le General à Tours où ce fict l'entrevcue du roy et de la reyne mère après quelle fuct sortye de Bloys.

L'année 1621, les huguenots ayant pris les armes et les Rochelloys faizant grant dezordre, Monsieur le general eut comandement du roy de fere passer dix gualleres en la mer occeane pour ayder à les mettre à la raison. Cest ordre luy fuct apporté à Ioigny où il estoit, d'où iestoys party le iour au paravant avec Monsieur le Chevallier de Boisize mon camarade pour venir passer notre tans à Parys. Monsieur le General m'anvoya un courrier apres pour me fere revenir quy nous attrapa à Villeneufve de la Guesle. Ie rebroussay chemin et revins à Ioigny, doù ie partis landemain en poste pour venir en Provance avec tous les ordres nescessayres pour fere preparer les gualleres avec toute la dilligence possible. Cestoit sur la fin du moys de Iuin. Les tresoriés se firet attandre long tans avec l'argent nécessaire pour un tel traiect, néanmoins, en suant sang et eau, nous fismes voille de Marseille le 27ᵉ septembre 1621, et costoyant toute l'Espaigne, passant le destroit de Gibaltar, le tans nous fuct si favorable qu'en treize iours nous fusmes à Lisbonne en Portugal où estant arrivés, l'hiver comencea d'esclatter de telle sorte que quel effort que nous peusmes fere par pluzieurs partences réyterées, il fuct impossible de guaigner le Cap de Finisterre, ny moins de passer en France, et qu'il falloit de pure force attendre le printemps pour passer. Il fuct donc pris rezoulluction d'hiverner dans la rivière de Saccaven quy ce iette dans celle du Tage, et par déliberation du conseil de guerre, et de tous les pillotes et marinyés de pleus grande expérianca, il fuct attesté qu'il ne ce pouvoit fere autrement. L'original de ceste delibération signée de Monsieur le General et de tous les capitaynes et pillottes ce truvera encore parmy mes papyes.

Nous voilà donc forssés de passer l'hiver à Lisbonne, où les vivres estoit extrememant chers. Les marinyes n'avoit receu ny les soldats ausy que troys moys d'avance de leur paye quy san alloit quazy expirés. L'ons n'avait pleus d'argent pour la subcistence ordinayre, la solde du roy estoit sy petite qu'il n'y avoit pas de quoy subcister six mois de l'année; l'on se truvoit en pays estranger, chargés de la nourriture et entretien de cinq mille hommes, et en estat de voir périr et dissiper l'armemant; de sorte que Monsieur le General et tous ces capitaines estoit extrememant embarrassés pour truver quelque remède dans ceste nescessité. Il fut enfin conclu qu'il n'y avoit que deus expédians à prandre pour se guarantir.

Le premyer de prandre sur les vaisseaus Francoys quy venoit à Lisbonne de Bretaigne d'Ollone et autres lieus de la coste de Normandye chargés de blés et autres marchandizes, ce quy seroit nescessaire à notre subsistence; payant les marchans des assignations de la solde que le Roy nous donnoit, observant ceste modestie qu'ons prenoit de chasque vaisseau à proportion du fons qu'il avoit, et observant lesguallité autant qu'il estoit possible.

Le second fut de manvoyer à la cour pour demander

un pront secours, et reprezanter au Roy et a son conseil qu'il estoit impossible quons peut maintenir les armemans des gualleres en l'estat qu'il devoit estre, avec la petite solde quelles avoit; et qu'il estoit absollumant nescessayre qu'elles fusset prouvues d'un pleus haut entretien. Que Monsieur le General et tous les capitaynes ce contantoit de servir le roy de leurs personnes pour rien, et qu'il pleut à Sa Maiesté de fere subcister les équipages et armemans des gualleres par provoyeurs, ou en telle autre sorte que Sa Maiesté iugeroit a propos pour le bien de son service. Ensuitte ie dressay moy seul les memoyres de tout ce que iavoys à poursuyvre à la cour pour le bien et subcistance de toute la charge, et qu'il fallait pour l'équipage de chaque guallere pour la tenir en estat de servir; enfin i'aiustay si bien ma despesche, que ie ne craignoys point en cas qu'ons l'eut voullue sindicquer, que les plus entandus au mestier y pousset truver de superfluité, car de ce tans là ces matyères m'estoit asses presantes, et i'y avois un estude tout particullier. Ie croy avoir encor les coppyes de toute ceste despèche parmy mes papies.

Ie partis donc de Lisbonne le vendredy 12 novambre 1621 en companye d'un gentilhomme de Monsieur le General quy san alloit à Parys, et avec le felloucque de la guallere royalle fusmes nous desembarquer le long de la ryuyere du Tage à un bourg nommé Alde Guaillègue, et là prismes la poste et traversant le Portugal entrasmes en Castille par la ville de Badaios, et trauersant l'une et l'autre Castille passasmes à Madrid, où nous arrestasmes deus iours attandant les despeches de Monsieur Du Fargis embassadeur pour le roy en ceste cour. Estant expedyé, nous prismes notre route vers France avec toute la dilligence possible, et traverssant l'Allabos et la Biscaye arrivasmes à Sainct Ihean de Lus et dela à Bordeaus. Le gentilhomme quy estoit venu de companye avec moy prit son chemin vers Parys, et moy le mien vers la Cour, laquelle ie ioignys le 26 novembre 1621 à Lectoure le roy san revenant du siège de Mautauban quy avoit esté levé. Ie n'eus loizir de voir pas un de nos parens que notre oncle de la Cassaigne à la maison duquel ie m'arrestay environ troys heures de la nuit. Arrivant à Lectoure ie truvay que le roy montoit à cheval pour aller coucher à Nérac, et de là vint à Monheurt quy estoit desia assiégé par Monsieur le mareschal de Bassompierre. Ie pris ma petite part du plaizir du reste de ce siège, sans oublyer pourtant de solliciter puissammant mes afferes, ayant l'appuy de feu Monsieur le Cardinal de Rets frère de Monsieur le General quy estoit chef du conseil du Roy, et de Monsieur le Mareschal de Chomberg surintendant des finances.

Sur ces entrefaictes, Monheurt se randict à compozition. Le marquys de Mirambeau fils de Monsieur de Boesse Pardailhan y comandoit. Monsieur le connestable de Luynes mourut en mesme tans dans une maison où le roy avoit pris son logemant, tout contre Monheurt, nommé Longuetille. Mon expedition fuct remize à l'arrivée du roy à Bordeaus.

J'avoys desia très bien informé tous les principaus du Conseil sur l'estat et la nécessité des Gualleres, et sur l'impossibillité qu'il y avoit qu'elles se peusset mainctenir en estat de bien servir avec une solde si petite, comme il estoit bien véritable; sur quoy ie presantay un estat bien raizonné de toute la despence qu'il convenoit de fere pour un équipage de ceste quallité, et la cour arrivant à Bordeaus, ie pressay mon expédition avec tant de vigueur que mes demendes furet admizes en tous chefs, et sy favorablament qu'on ne rabatit pas un double sur l'estat que i'avoys presantay. Et à dyre le vray ie me repantys de ne l'avoir dressé un peu plus gras. Enfin la veille de Noël precizemant, ie fus antyeremant expedyé en la sorte que i'eusse peu dezirer, avec une ordonnance de catre cens escus pour mon voyage. Mais le mal estoit qu'il y avoit deux iours que i'avoys la fièvre quy ce randict continue, et je fus très mallade et demuray longtans à me pouvoir remettre. Monsieur le Cardinal de Rets me fict l'honneur de me venir voir avant que la cour partit, et me recomanda à beaucoup de personnes de sa cognoissance et surtout à un bon pere Recollet que i'avois esleu pour mon confesseur, duquel ce bon seigneur voullut savoir s'il estoit bien satisfaict de l'estat auquel ie me truvoys touchant les affères de l'autre monde.

Le père l'assura que Dieu m'avoit faict ceste grace que i'estoys très bien préparé à recevoir tout ce qu'il luy playroit ordonner de moy; il le pria de prandre grant soing pour me maintenir en ce bon estat.

En ce mesme tans, arriva de Marseille un secretayre de Monsieur le General nommé Monsieur Baron, auquel il avoit escrit de de venir joindre pour m'ayder à la sollicitation des affères; mais, à son arrivée à Bordeaus il truva que tout estoit expédié, et me voyant fort mallade nous rezoullusmes qu'il s'an iroit à Lisbonne pour apporter à Monsieur le Général toutes les expéditions que i'avoys obtenues, et que sondain qu'il y seroit arrivé l'on manvoyeroit les ordres de tout ce que i'auroys à fere; espérant que pendant ce tans, Dieu me feroit la grace de recouvrer ma santé.

Le sieur Baron arrivant de Lisbonne, les expéditions que i'avoys obtenues furet reçues avec ioye de Monsieur le General et de toute sa charge et truvées excellantes, et c'estoit à quy pourroit dyre pleus de bien de moy. Il fuct donc arresté entre mondit seigneur le general et tous les capitaynes, que, sy ieschappys de ma malladye, ils me tesmoigneroit leur gratitude par un don de cinq cens escus; ce quy despuys fuct excculté.

Sur la fin du moys de Ianvier 1622 que ie nestoys pas encore bien remis de ma malladye, Monsieur le General manvoya un homme expres, me donna ordre de ne bouger de Bordeaus et de fere travailler diligemmant à la fabricque de catre mille quintaus de biscuit, fere marché de draps et toilles nescessaires pour vestir toutes les chormes, et fere une levée de deux cens soldats pour renforsser l'armemant des gualleres, et en flet lever encore cent à Monsieur de Milhère un de ses gentilshommes qui estoit au pays du Mayne, quy les conduit après à Bordeaus; et que tout cella fuct prest à son arrivée quy seroit soudain que le tans luy pourrait permettre d'antreprandre ce long traiect.

Soudain que ieus repris un peu de force, et que ie pouves marcher sans baston, ie dressay ma batterye pour l'exécution de tous mes ordres, et, dans la fin du moys de Mars suyvai ᵗ ie mis toutes les choses en tel estat que l'arrivée de Monsieur le Général ne me pouvoit plus surprandre, et fis tous mes marches avec tant de mesnage et dœconomye qu'assureemant les marchans qui traictaret avec moy ne sy enrichiret pas.

Au comancemant de iuin suyvant, les gualleres arrivaret au Passage proche de Fontarrabye quy est le dernier port de la coste d'Espaigne à vingt cinq postes de Bordeaus. Monsieur le général me manda homme exprès, et m'escrivit de l'aller truver en dilligence, estant en payne de savoir sy toutes choses estoit prettes. Ie prans donc la poste et partant de grant matin de Bordeaus, ie feus landemain au Passage sur l'heure de digner où Monsieur le Général et toute la charge me receuret avec des tesmoignages d'estime tels que ie les auroys sceu dézirer, et des demonstrations tres grandes de la satisfaction, qu'ils avoit de tout ce que i avoys néguotié.

Ie donnay compte de l'estat où i'avoys mys toutes les afferes, et assuray Monsieur le general qu'il pouvet venir à Bordeaus quant il luy playroit ; que, pour mon reguard il n'y truveroit rien quy le peut retarder un cart d'heure. Il fuct donc aresté que ie man rectourneres à Bordeaus pour y preparer une pronte expédition, et ne demueray au Passage que le reste du iour de mon arrivée, et landemain matin repris la poste, et man revins ausy viste que iestoys venu.

Les gualleres estant partyes de Lisbonne, truvaret sur les Isles des Brellingues un vaisseau Turc quelles combatyret, et le coullarent à fons, et prindret une quantité de Turcs. Monsieur le chevallier de la Mollette quy comandoit la guallere de monsieur le chevallier de la Vallette, y fuct tué d'une mosquetade.

Cepandant les huguenots c'estoit saizis dans la Guarone d'une petite islle au dessous de Blaye nommée Argenton, et cy fortifict. Ce poste eut extrememant incommodé le comerce de la rivyere, mais comme ils euret avys que les gualleres arrivoit. ils l'abandonaret comme en effet il estoit rezoulu que nous les yrions desnicher de là, et apparammant ils n'estoit pas en estat de fere grande resistance.

Les gualleres arrivaret à Bordeaus le 12 Iuin 1622, et le Roy estoit allors au siège de Monpellier, et l'armée navalle comandée par Monsieur de Guize quy ce devoit préparer et assembler à Brest, n'estoit pas encore prette et ne le fuct de long tans après. Le Guallion de Monsieur de Guize comandé par Monsieur de Mantys, celluy de Malte comandé par Monsieur le Comandeur de Monmeyan, le vieus navyre du sieur de Mantys comandé par Monsieur le Chevallier de Cuges, et troys ou catre autres navyres, partyret de Marseille au comencemant du moys d'Aoust pour ce venir ioindre à l'armée, et arrivaret au Port Louys sur la fin du moys de Septambre suyvant.

Sur ces entrefaictes, Monsieur le general tumba mallade à Bordeaus, de sorte que pour ne perdre tans il envoya les gualleres à Nantes comandées par Monsieur le Comandeur d'Arifat capitayne de la Realle, pour y aller prandre les biscuicts que le sieur Mathieu Capdan marchant de Bordeaus c'estoit obligé de nous y fere construyre.

En allant nous eusmes la rencontre de dishuict navyres de guerre Rochelloys quy pretandoit nous empescher ceste route. Nous leur gaignames le vant et après quelque entretien de canonades les reconoissant trop forts, nous suyvysmes notre chemin. Quelques iours après, monsieur le Comandeur d'Arifat mourut de malladye à un village nommé Migron dans la rivyere de Nantes, où ie l'avoys faict apporter pour y estre mieus servy et secouru; ausy le fuct il de telle sorte qu'il ne l'y pouvet pas fere davantage; mais le bon Dieu en avoit autrement ordonné. Ie perdis en sa personne un des meilleurs amys que i'eusse.

Dans ce mesme tans Monsieur de Guyze arriva à Nantes pour aller assembler l'armée navalle au Port Louys; de bonne fortune nous avyons pris et chargé tout ce quy nous estoit nescessayre et estions prêts a fere voile pour notre retour à Bordeaus. Par la mort de Monsieur le Comandeur d'Arifat, Monsieur le Chevallier de la Valette comme le pleus ancien capitayne comandoit, lorsque voillà arriver un gentilhomme de la part de Monsieur de Guize, avec une de ces lettres, par laquelle il nous comandait de l'aller truver pour recevoir ces ordres. Il faut notter que Monsieur le Général estoit en très mauvaize intelligence avec le prince quy luy donnoit mille traversses dans sa charge, ayant une envye extrême de l'avoir. Nous luy respondismes par une lettre très respectueuze que nous n'avyons point de pouvoir de recevoir ny d'executer nuls ordres; que c'estoit à Monsieur notre Général à quy ils devoit estre adressés pour nous comander ce que nous auryons a fere, et qu'à l'instant mesme, nous allyons partir pour nous randre auprès de luy en toute dilligence affin qu'un plus long retardement n'apportât quelque préjudice au service du Roy; et à l'heure mesme en la presance du Gentilhomme de Monsieur de Guyze nous mismes à la voille pour rectourner à Bordeaus.

Monsieur de Guyze truva ce procédé bien guaillart, et

ne fuct point du tout a son guout. Il en flct des plaintes à la Cour, mais pourtant il ne san parlla pleus.

Sur la fin du moys de Septambre de la mesme année 1622, monsieur le Général, avec monsieur son fils, et toutes les gualleres san alla dans la rivyere de Nantes pour attandre que Monsieur de Guize fuct prêt, et sachant que l'armée devoit bien tost partir de Port Louys, nous en allasmes dans la rivyere de Morbian pour attandre son arrivée à Beslille quy est tout contre.

Le 24 d'octobre l'armée ayant mouillé à Beslille, nous fusmes la ioindre parés de flames et d'estandars. Après une salve de mosqueterye et un autre de canonades pour le sallut de l'amirail, monsieur le général suyvy de monsieur son fils et de tous ces capitaynes fuct voir Monsieur de Guize sur le vaisseau Amirail quy avoit respondu à nostre sallut de dix coups de canon, et comme nous estions dix gualleres, chacune peut prendre sa part du complimànt.

Monsieur de Guyze recent Monsieur le Général et toute sa suite avec tout le bon accueil et civilllté quy ce pouvet dézirer. et tout ausy tost toute l'armée fict voille vers la Rochelle, les gualleres allaret passer une partye de la nuict à l'Islle Dieu, et landemain matin fusmes à Aulonne, et de là avec toute l'armée entrasmes par le pertuys Breton, et truvant la marée contrayre il fallut mouiller. La mer estoit bonnasse morte.

L'armée des ennemys comandée par un Rochelloys nommé Guyton avoit mouillé à cinq ou six mille de nous. Le landemain matin 27 octobre les gualleres s'avançaret a force de rames pour taster les ennemys, Monsieur de Guize voulut venir sur la Realle pour prandre sa part du plaizir, suyvy de Monsieur le Compte de la Roche foucaut et force autres personnes de condition. Nous tirasmes catre on cinq cens coups de canon aus quels les ennemys respondoit asses guaillardemant, mais la bonnasse estoit telle que nos vaisseaus ne pouvet venir. Enfin sur le mydy il ce leva un peu de vant. Toute notre armée fict force de voilles, et san vint aus ennemys. Monsieur de Guize avec toute sa suitte san retourna sur l'amirail, car l'heure estoit venue qu'il falloit iouer des cotteaus tout à bon.

Monsieur de Sainct Luc qui conduizoit lavant guarde avec une esquadre de vaisseaus fuct le premyer aus mains ; il ce fict grant feu de toutes parts, et le reste des armées ce meslla peslle mesle. Les gualleres estoit sur les aislles quy se servoit utillemant de leur canon, et de leur mosquetterye, lorsque tout à coup les ennemys conduiziret deus bruslleaux plains d'artifices de feu a bort de notre amirail quy comencoit à ce chauffer un peu trop. Mais comme le navyre estoit armé de braves hommes et en grant nombre, ces machines furet vaillammant reiettées, et ce vaisseau quy portoit cinquante pièces de gros canon fict une passade à travers l'armée des ennemys qu'il ne vomissoit que feu de tous cottés, et bien heureus quy ce pouvet oster de ces environs. Nostre Guallion de Malte mit à fons un navyre Rochelloys de catre cens tonneaus quy portoit troys cens hommes comandé par un nommé le capitayne Arnaut quy fuct pris, et une partye des gens ; et la pleus grande se noya.

Les ennemys reconnoissant qu'ils n'estoit pas asses forts, ce serviret de l'art et de l'avantage que les bas fons quy sont aus environs de l'isle de Sainct Martin de Ré donnoit à leur retraicte. Quant la nuict eut suspandu le combat, tout ce quy leur resta ce ioignit vers les bas fons et ce tindret tousiours là. Nos grans vaisseaus ny pouvet pas aller ny ayant pas asses d'eau, et les petits estoit trop foibles.

Le landemain, les vans estant contrayres à notre armée pour s'approcher de celle des ennemys, nous fusmes avec les gualleres pour les canonner ; et voyant deus gros vaisseaus un peu escartés de leur cors, en peu de tans l'un nommé Sainct Louys comandé par le baron de Meneuille, receut troys cens coups ce canon dedans, et demura eschoué. Le Capitaine et tous les gens du vaisseau ne demandoit que de ce randre, quelques caiques de nos gualleres san approcharet et de nos gens entrant dans le vaisseau, il cy esmeut quelque dézordre où le baron de Meneuille fuct tué ; et le vant ce raffraischissant l'armée des ennemys venoit sur nous, il fallut ce retirer et laisser là le vaisseau eschoué. Si i'eusse esté creu nous l'auryons abordé à bonne geure, car ie voyes qu'il relaschoit de sa deffance, et assuremant l'auryons emporté sur la moustache de son armée et aus yeus de la nôtre ; il y eut d'autres avys quy prevalluret par dessus le myen.

Pendant ce desmeller, le Roy avoit accordé la paix aus Rochelloys, et monsieur de Guize en avoit les nouvelles et les tenoit encore secrettes, enfin ceus de la Rochelle la luy firet signifier. Leur armée navalle abbattit son estandart et le vint porter aus pies de Monsieur de Guize, les principaus officyes luy venant randre leurs soulmissions, et voilà la guerre finye.

Monsieur le Compte de Soissons comandoit l'armée

de terre devant la Rochelle, et eut le plaizir de voir notre combat où il ce tira de part et d'autre pleus de dix mille coups de canon.

La paix ainsin faicte, tous les vaisseaus san rectournaret hiverner en Bretaigne, et les gualleres ce retiraret dans la ryvyere de Charaute au lieu nommé Tounecharante, pays abondant pour les vivres et la ryvyere creuze et tres commode. Nous la fismes sonder, et ce truva que nous pouvyons monter iusques à Taillebourc sy l'envye nous en prenoit; nous fusmes là iusques après la Feste de Noèl, et le iour des Innocens entrasmes dans la ryvyere de Bordeaus par la passe de Mattellier.

Nous demeurasmes à Bordeaus iusques à la veille de Sainct Jhean 1624 que nous en partismes pour ramener les gualleres aus mers du Levant, ce que nous fismes avec tant de bonheur sous le comandemant du fis de Monsieur le Général quy est maintenant Duc de Rets, qu'il avoit nommé Capitayne de la Realle après la mort de Monsieur d'Arifat, et quy avoit desia la survivance de la generallité des guallères, que nous arrivasmes devant la ville de Marseille en quatorze iours de navigation le septiesme d'Aoust. Le particullier de ce voyage est rapporté aux récits des voyages.

Nous fusmes mouiller aus Islles du château d'If, près Marseille. Nous nous presantames devant la ville quy nous randict les honneurs et le sallut les pleus grans quelle peut, ausquels ayant libérallemant respondu par des salves de canon et de mosqueterye, sans entrer dans le port, prismes la route des Islles d'Yères sur le bruict qui couroit qu'il y avoit des corssayres Turcqs, et après fusmes prandre notre retraicte à Toullon où nous demurasmes en guarnizon iusques en l'année 1638 que Monsieur le Duc de Rets, quy estoit en poscession de la charge de Général, ramena les gualleres à Marseille.

L'année suyvante 1625, Monsieur le Général sortit avec huict gualleres, et Monsieur de Guize avec catre navyres, et nous rendismes à Villefranche pour le service de Monsieur le Duc de Savoye quy faizoit pour lors la guerre aus Genevoys, et avoit assiegé Vintemille. Nous roullasmes par ceste coste près de deus moys, et fusmes avec les gualleres ravituailler la ville d'Arbenque que le Duc avoit prize; le Marquys de Saincte Croys avec une bonne esquadre de Guallères du Roy Catolicque estoit à Gennes pour assister ceste republicque.

L'année 1627, ie fut prié de toute la charge vouloir aller aus estats de Languedoc, estant deu par ceste province des sommes notables aus gualleres pour des assignations quons nous y avoit establyes. I'y feus et en rapportay le contantemant quy ce peut obtenir en semblables rencontres, et estant là, i'appris que Monsieur notre Général c'estoit randu Père de l'oratoyre, par deus lettres que Monsieur son fis m'en escrivit du 9 et 22 Avril, et par ceste dernyere me prie de remettre à Monsieur de Fourbin le soing de la Guallere Realle et vouloir prandre le comandemant d'une de ces gualleres nommée la Contine, que ledict Sieur de Fourbin avoit. A quoy i'obeys tout ausy tost.

En May suyvant, ie fus comandé d'aller prandre avec ladicte guallere à Gennes le cardinal Espada quy sortoit de la nuntiature de France, et l'apporter à Civita Vecha. Tout son trayn s'embarqua à Toullon et i'embarquay sa personne à Gennes iusques à Ligourne, ou estant arrivés, lons receut nouvelles certaynes qu'il y avoit six gualleres de Bizerte quy faisoit mille dezordres le long de ceste coste. Ledict Seigneur cardinal ce rezoullut pour esviter leur rancontre de san aller à Rome par terre, et me laissa deus de ces neveus et tout son trayn pour les apporter à Civita Vecha. Sur l'avys que i'avois de ces gualleres, ie me rezoullus d'aller circonspect en ma navyguation, et de me tenir sur mes guardes, et tousiours en estat de pouvoir prandre mon party. Car sy i'eusse voullu croyre mes marynyes, en la forme de ma naviguation, assureemant ie donnois dans le paneau. Le iour que ie partys de Ligourne, quy estoit la veille de Sainct Jhean, i'allay prandre ma retraicte au port de l'Elbe où il y a une bonne forteresse, et landemain matin ie nan voullus point partir que ie n'eusse faict dyre la saincte messe, et que ie ne visse bien à clair devant moy. En effet, i'estoys desia sorty du port pour suyvre ma routte, lorsque la Tour de la Guarde du cap de l'Elbe fict signal de Gualleres ; i'envoyay soudain ma felloucque à la mesme tour, et levay rame. Mes gens me raportaret qu'il y avoit six Gualleres à secq et sans trinquet quy furet les marques certaynes que c'estoit assureemant nos marchans de l'autre costé du Cap.

Ie man retournay donc a l'Elbe où i'arrestay quatre ou cinq iours que ces gualleres roullaret tousiours autour de ceste islle pour voir de mattraper. I'envoyes tous les iours des guardes au tour de l'Islle quy est fort petite pour observer leur naviguation, et tous les soirs ian aves des nouvelles. Enfin elles ce lassaret, et prindret leur chemin vers Ponant, et vindret aborder tout contre Antibou, esperant encor qu'au rectour que ie feroys, ie pouvois tumber dens leurs mains. Comme il ne san manqua guyere, et ian ay l'obliguation toute entyere a Monsieur le Prince de Morgues, le quel me voyant revenir et iugeant bien que c'estoit la Guallere de France qu'il avoit veu passer quelques iours auparavant, m'envoya sa felloucque pour m'avertir que les Gualleres de Bizerte estoit devant Nisse faizant rachat de quelques esclaves quelles avoit pris, pour les changer pour un arbre de guallere, en ayant un des leurs rompu, et qu'il me conseilloit de venir prandre la seurette de son port qu'il m'offroit de très bon cœur. Ie l'anprins au mot, et d'autant pleus vollontyes que ma chorme nan pouvet pleus, ayant vogue deus iours et une nuict sans relasche à cauze de la grande bonnasse qu'il faizoit.

Landemain matin au point du iour, ces gualleres furet à portée du canon de la forteresse de Morgues, et voyant quelques barques à Menton quy est là tout proche, et quy appartient au prince de Morgues, san allaret là pour les saccager, mais voyant quons cy preparoit à la rezistance elles nantreprindret rien.

Le prince avoit faict dispozer toutes choses à la forteresse pour me délfandre en cas que ces gualleres voullusset entreprandre quelque chose sur moy, et moy de mon costé ie me tenoys en estat de ne me laisser entrayner quan pièces, car i'avoys un très bon armemant, et de fort bons hommes; tant y a quelles ne firet nul mouvemant, et furet iusques à mydy travailhant à raccomoder leur arbre, après quoy elles firet voille, et prindet la mer. Quant ie les vys esloignées, ie m'an vins à Villefranche, et de là pris ma routte vers Toulloun.

Celluy quy comandoit ces gualleres estoit un renyé

Genevoys nommé Estamorat, quy avoit pris deus ans auparavant deus de nos gualleres de Malte.

Après ce voyage ie navigue encor sur la mesme gualleres seize voyages petits ou grans, comme ie puys fere voir par le iournal que i'ay tenu d'iceus ausquels i'ay employé sept moys et disneuf iours de naviguation.

En l'année 1629 ie fus au siège de Privas où Monsieur de Sainct André Mombrun comandoit. La ville fuct deffanduc quelque tans, enfin abandonnée, et quazy toute bruslée, et tout ce quy ce retira dans le fort de Toulloun fuct pris à compozition; mais la pluspart de ces pauvres gens perirent avec grant dezordre.

En l'année 1630 que la rupture des deus couronnes comencçoit à ce former, monsieur le Général fuct avec avec six gualleres le long de la coste. Nous prismes une felloucque quy venoit d'Espaigne et passoit en Itallye, avec grande quantité de despeches du Roy Catholicque pour tous ces ministres d'Itallye la pluspart en chiffre. Mondict seigneur le Général me despecha tout aussy tost, et me fict partir en poste pour apporter toutes ces despesches au Roy, croyant certaynemant qu'il cy truveroit quelque chose d'utille au bien de son service. Comme i'arrivay à Parys, le Roy en estoit party pour Lorrayne accompaigné d'une armée considérable.

Ie reprans donc la poste, et attrapay la Cour à Saincte Menehou. Ie prezantay mes despesches au Roy. I'eus l'houneur de luy parller deus foys asses long tans. Sa Maiesté me comanda d'apporter toutes les despesches à Monsieur le Cardinal de Richellieu ; ce que ie fis, en luy randant une lettre de Monsieur le Général. Il fict tout ausy tost remettre ces despesches à un deschiffreur nommé Rossignolly.

Il me fallut suyvre la Cour iusques à Mouzon avec une incommodité extreme, car quoy que ce fuct au moys de Ieuilhet la pluye ne nous quitta iamais. Enfin ie fus expedye favorablemant avec une ordonnance de catre cens escus pour mon voyage. Mais la question estoit de san rectourner, car les paysans quy avoit receu mille maus de l'armée, ce tenoit dans les boys quy sont abondans en ce pays là, pandoyt sans remission autant d'hommes quy leur tumboit entre les mains, sans espairgner les livrées du Roy mesme ; enfin nous dressamer un petit convoy d'environ trante chevaus quy prenoit la routte de Parys, et ainsin nous garantismes de péril.

Ie man revyns à Marseille ou Monsieur le Général avoit ramené les gualleres, et continuay d'y servir du mieus que ie peus tant qu'il posséda ceste charge.

Après le siège de Privas, le roy descendit en Languedoc. Monsieur le cardinal de Richellieu escrivit à Monsieur de Fourbin quy estoit pour lors capitayne de la Realle de l'aller truver à Beziers, ce qu'il fict, et les mesdisans veullet dyre que dans ceste entreveue ce rezoulluret toutes les choses que nous avons veus réussir despuys touchant les gualleres. Si cella est ou non ie man rapporte.

Il y avoit desia longtans qu'il couroit un bruict sourd que Monsieur le Cardinal voulloit avoir la generalité des gualleres pour estre le maitre absoullu de tout ce quy reguardoit l'une et l'autre marine, estant bien certayn quan l'administration de l'une et de l'autre il n'y avoit rien à perdre pour luy.

Sur la fin de l'année 1634, l'ons fit pressantir à Monsieur le Duc de Rets qu'il estoit a propos qu'il se desfict de sa charge en faveur de Monsieur le Cardinal, et pour ly mieus dispozer l'ons l'avoit de longue main préparé à la facillité d'y conssantir, par la nescessité et mauvais payemans qu'on faisoit souffrir à ceste charge quy san alloit disparoissant peu à peu.

Il fuct donc question de satisfayre au dezir de Monsieur le Cardinal, car quant ceste cloche sonnoyt il ne falloit pas estre sourd, tant y a que Monsieur le Duc de Retz lui remit sa charge; aucuns dizet qu'il la lui osta; autres assuret qu'il la luy paya. La vérité aye son lieu; ce ne sont pas mes afferes. En ce tans là le cors estoit compozay de treize Gualleres.

Monsieur le duc de Retz me fict l'honneur de m'avertir ce nouveau marché par sa lettre du 12 Janvier 1635. l'interpretay cest avys, et le receus pour un conseil sollide que c'estoit à moy à songer à mes afferes, et à faire comme ie pourres pour me sauver.

Soudain que Monsieur le Cardinal eut la charge, l'ons rezoullut une augmentation de gualleres iusques au nombre de trante, avec une solde bien pleus haute qu'elles n'avoit eu auparavant. Monsieur de Fourbin fuct appellé à la cour par Monsieur le Cardinal, pour donner un establissemant tout nouveau à ce grant équipage, et truver des expedians certayns affin que l'un ny l'autre ne perdisset rien en leur marché. Il san y va donc, et comme il a une escrime, et ses methodes toutes particullyères pour l'œcanomye des Gualleres, il n'oublia rien pour maintenir Monsieur le Cardinal dans l'heumeur de perfectionner ce dessain, et luy fict tant de propozitions, et sy curieuzes, qu'il fuct admiré des auditeurs, et pour crediller davantage ces conseils, il conviet tous ceus qui pouvet le pleus appuyer ces opinions auprès de son Eminensse, de s'intéresser dans ce nouveau surcroy de guallcres.

Ie revassé longtans sur la rezouluction que ie devois prandre, et comme i'avois la comanderye de Vallence de laquelle ie nantroys en rante que le premyer may 1636, ie pris pour expediant de l'aller vizitter, et attandre là ledict sieur de Fourbin pour aller à la cour avec luy, et voir s'il y auret quelque choze pour moy dens ce partage universsel.

Arriva qu'ayant pris ma routte, ie tumbay mallade en Avignon, et de telle sorte que i'an feus sur le bort du tumbeau. Monsieur de Fourbin y passa, et me vit en ce mauvais estat, car ie ne tenoys qu'à un fillet, et les médecins avoit tres mauvaize opinion de mes afferes.

Monsieur de Fourbin arrive à la cour, les quinze gualleres de nouvelle recreue furct toutes données, et par parantaize, il n'oublia pas de san fere donner une en son propre qu'il a despuys vandue douze milles escus.

Toutes les autres furct disperssées à des personnes que quoyque très méritantes, la pleus grande partye n'avoit iamais veu d'eau sallée que dans le pot, et de treize lieutenans du vieus cors, il ny en eust pas un quy montat, et quy fuct iugé digne d'avoir une de ces gualleres, quoy qu'il y en eut dans ce nombre quy valloit bien leurs capitaynes.

Lons parlla à Monsieur le Cardinal de tous les officyes des guallcres hormys de moy; ie ne truvay pas un amy quy eut asses de bonté pour s'an ressouvenir.

En un mot ie passay pour mort, encor que ie ne le fusse pas.

Mon neveu de la Lacque estoit pour lors à la cour, et très bien auprès de Monsieur le Cardinal de la Valette, lequel il pria de parller à Monsieur le Cardinal de Richelieu de mes petits intérêts. Il me fist ceste grace de le fere de tres bon cœur. Son Eminansse l'assura que ie seroys conservé dans ma charge; mon neveu me donne ceste nouvelle croyant m'avoir faict plaizir; ie remertye tres humblement par une de mes lettres Monsieur le Cardinal de la Vallette de l'honneur qu'il m'avoit faict de ce donner ceste payne, et de la bonne vollonté qu'il m'avoit tesmoigné sans l'avoir mérité par mes services, mais que de tenir une simple lieutenance après y avoir servy vingt deus ans le roy ausy bien qu'aucun de la charge, i'iavoys de meilleures adresses que cella.

Monsieur de Fourbin revint de la cour avec tout le contantement pour luy et pour ces amys qu'il eut sceu dezirer, et dix mille livres pour son voyage.

Monsieur le Cardinal de Richelieu proveut Monsieur du Pont Courllay son neveu de la générallité des gualleres, et le fict venir à la charge en l'année 1636.

Ie demuray long tans à me remettre de ceste grande malladye que i'eus en Avignon, et demuray à Toulloun, attandant l'arrivée de Monsieur le nouveau général pour luy remettre ma charge, rezoullu de ne servir de ma vye dans des employs sy peu considérables, et d'occuper le tans que i'avoys d'estre au monde au service de ma religion.

Monsieur du Pontcourlay arrivant à Toulloun, ie luy remys ma charge, et le priay de truver bon que ie me retirasse pour aller chercher une meilheur fortune. Il truva mauvais ma retraicte, l'imputant à quelque sorte de mespris. Nous eusmes quelque petit dialogue ensemble quy donneroit matyere de rire sy le ic recitoys, enfin il ce tempera, et s'accorda à mon dezir, et me donna toutes sortes de tesmoignages d'estime, et me permit de me desfayre d'une charge de capitayne entretenu portant catre cens livres de guaies, que, despuys, Madame d'Esgeuillon sa sœur m'a ostée, et ramplie comme ie croy de quelqu'un de ces domestiques, que le feu roy Louys Treize de glorieuse memoyre m'avoit donnée, et que i'estimes pleus pour la memoyre de ce grant prince, que pour la valleur de la chose.

Enfin me voilla desfaict à platte couture, sans charge et sans argent après avoir malheureuzemant employé vingt deus ans de service, et mangé le peu que i'avoys en mon propre dans ce chetif employ.

Mais le pys et le pleus important, après avoir perdu deus frères et trois neveus dans le service du Roy, quy estoit du pays, que tout le monde scait, outre qu'ons peut compter pour quelque chose ou à mieus dyre pour beaucoup, ceus que notre neveu de Besmaus a randus et rant tous les iours.

Ie ne me playns pourtant en tout ce discours que de ma mauvaize fortune et ne pretans pour toutte recompensse, sy ce n'est que l'honneur et le bien que ma relligion me conserve pour reconnoissance de mes longs travaux ne me soit point iniustement osté, et que ie rande doucemant les derniers abboys de ma vye dans le plaizir de l'avoir bien servye, et du meilheur de mon cœur, et en remerciant de toutes les forces de mon âme la divine providence de tant de graces qu'il a luy a pleu me fere.

Iay rapportay bien au vray dans ce discours tous les services que iay randus sur les gualleres du Roy pendant le tans que i'y ay eu de l'employ, et ensuitte reprezantay le mauvais et indigne traictemant que iy ay receu duquel ie ne me veus ressouvenir que comme abomination, m'estant impossible d'effacer tout a faict de ma memoyre le ressantimant de ma iuste doulleur et d'une iniure sy attrosse.

Mais il est tans que ie reprenne le fil de mon discours pour y marquer ce que ie devins après ceste desroutte et à quoy ie me suys employé pendant le reste de ma vye me truvant pour lors eagé d'environ cinquante ans.

Ic me rezoullus donc de renoncer absoulluemant et et de tres grant cœur à toutes les choses quy me pourret divertir du service que ie doys à ma Relligion, bien repentant de man estre tenu sy long tens esloigné, et employer tout celluy que ie seray au monde à tesmoigner avec quel amour et tendresse ie minteresse à tout ce quy reguarde sa gloyre et sa conservation, et comenccay l'exécution de mon proiect en la forme descritte en la suitte de ce discours.

Ie croy qu'il ne sera pas hors de propos de nommer ceus quy furet proveus des disescpt gualleres de la nouvelle recreue, pour iuger sy les lieutenans du vieus cors n'avoit pas subiect de ce plaindre qu'ons eut sy peu estimé leurs personnes et leurs services, que pas un d'eus n'eut monté, et comme i'estoys le preminant à tous les autres, il semble que i'estoys celluy quy avoys la pleus grant part à l'outrage.

Monsieur de Servyen.
Monsieur le prezidant Seguyran.
Monsieur de Fourbin.
Monsieur de Baume.
Monsieur de Ternes.
Monsieur de Sainct Germain Beaupré.
Monsieur le Chevallier des Roches.
Monsieur Cosme Valbelle.
Monsieur du Plessis.
Monsieur de la Pillière.
Monsieur de Boys d'Arnaut.
Monsieur de Monréal.
Monsieur de Sainct Iurs.
— Des catre gualleres de l'esquadre de Morgues :
Monsieur le comandeur de Chatellus, général.
Monsieur de Besmaus.
Monsieur de la Brossardyere.
Monsieur Grimaldy genevoys.

I'oublyes à dyre que lorsque i'antray dans la charge des Guallères du Roy, Monsieur le général voullut que ie dressasse les ordres qu'ons doit observer tant en naviguant, que pour les bandes quy ce doyvet publier aus embarquemans pour la pollice des soldats et marynyes. Ie le fis du mieus que je sceus, et il furet asses approuves. Ian ay les coppyes parmy mes papyes en France; sy Dieu me faict la grâce dy arriver comme ic l'espère, ie les enregistreray dans ce mesme livre.

Il y eut ausy un chevallier de notre ordre neveu d'un comandeur de mes pleus intimes et chers amys, quy comandoit une des gualleres de la nouvelle recreue, quy me supplia de luy donner une instruction de l'obligation de tous les offîcyes d'une guallere du premyer iusques au moindre. Ie le fis de fort bon cœur en la forme cy après escritte.

Peut estre qu'à l'avenir ceus quy ce ietteront dans de semblables employs, en pourront tirer quelque petite lumyere.

Soudain qne i'eus quitté le service des Gualleres du Roy, ie m'applicquay soigneuzemant à reparer et mettre en bon estat ma Comanderye de Vallence, pour m'establir une subcistance raizonnable pour pouvoir venir à Malte le ploustot que ie pourres, et ie despandis à cella iusques à vingt mille livres, ainsin que iay iustifyé et faict apparoir par les ameilheurissemant que ian mandé à Malte ; et lorsque les viziteurs generaux firet la vizite de ceste comanderye, ils truvaret les choses à telle perfection qu'il ny ordonnaret pas pour un sou de réparations, et ie puys me vanter que ce fuct la seulle où ils ne truvaret rien à fere. A l'heure que ie parlle, elle est affermée sept mille livres.

Pendant le tans que ie servoys encor sur les gualleres, Monsieur le Grant maître de Paulle m'envoya une procure pour le tresor en la ville de Marseille, par bulle en plom dattée du septyesme may 1627. I'y servys trois ans à l'acoutumée en toutes les occasions quy san offriret.

En l'année 1642, Monsieur le Grant maître Castellar et le Conseil, me nommaret receveur au grant prieuré de Sainct Gilles. I'y servys trois ans ; savoir : despuys le premyer may 1642, iusques au dernier avril 1645. I'eus ceste bonne fortune que mes supérieurs me tesmoignaret une extrême satisfaction de mon aministration, et surtout en l'année 1643 qu'il courut un grand bruict que le siège devoit venir à Malte, quy ce truvoit asses despourveue des choses nescessayres dans une occazion de ceste importance. Il est vray que sans vanité ie puys dyre que ie fis des dilligences merveilleuzes dans ceste rancontre pour prouvoir la relligion de beaucoup de choses quy luy estoit absollucmant nescessayres, et demuray troys moys sans me donner repos ny rellasche, ayant ceste affere sy a cœur, que quant il y fuct allé de ma vye, ie nan eusse peu fere davantage. Monsieur le grant maître et les seigneurs du trésor me firet connoître par leurs lettres une aprobation tres grande de tout ce que i'avois faict, et l'aplaudissemant général de la vois publicque, me donnoit ausy tout subiect dan demurer contant.

Monsieur le chevallier de la Rouvyere me succeda à la recepte, et l'aministra iusques au dernier avril 1648, auquel tans Monsieur le Grant maître et le Conseil me rectournaret nommer dans la mesme recepte. Ie fus un peu surpris, et comme ie n'avoys pas le tans de replicquer, il me fallut servir une année quy comencea le premyer may 1648, et finit le dernier avril 1649, et pendant ce tans, ie suppliay son Eminansse d'avoir agréable de me donner un successeur, pour me donner moyen de venir servir à Malte en personne : ce quelle eut agréable de m'accorder, et Monsieur le chevallier de Verdellin fuct mis à ma place, et comencea d'aministrer le premyer may 1649.

Me truvant donc libre, ie ne songeay pleus qu'à man aller à Malte, et comme i'avoys encor quelque vigueur, i'avois ausy une extreme envye d'y comander une des gualleres de la religion. Mais quel effort que i'eusse faict, ie n'avoys peu ramasser asses de fons pour l'exécution d'une telle entreprize. Ie me rezoulus donc de hazarder tout celluy que i'avoys, quy pouvoit consister en dix mille livres, et i'entray en part de l'achat d'un navyre Dumquerquoys que les gualleres du Roy avoit pris en Espaigne du port de dix mille quintaus, beau vaisseau et de bonne deffance, et quy pouvet libremant porter trante pièces de canon. La companye luy fict fere deus voyages l'un au Hâvre de Grace, l'autre à Constantinoble, il revint de tous avec perte ; l'ons luy en fict fere un troysiesme en Alixandrette, au rectour duquel il fuct rencontré par vingt six navyres d'Argers quy le combatiret. Le Capitayne nommé Vincenssy combattant vaillammant fuct emporté d'un coup de canon, et le vaisseau coullé à fons, et la pleus part de l'équipage se noya ; Ce malheur arriva en l'année 1649.

Nous avyons ausy achetté une barque du port de deus mille cinq cens quintals, très bonne, quy fict quelques voyages avec profict. Arriva qu'au siège d'Orbitello, le Roy eut affere d'une quantité de barques ; dans ceste occazion l'ons fict arrester par un commissayre toutes celles quy ce truvaret en la coste de Provance, iusques au nombre de huitante ; la notre fuct de cest employ, et toutes furet bruslées par les ennemys. I'avoue que ces malheurs me chocquaret bien fort l'esprit, non pas tant pour l'interest et la perte du bien que ie n'ay iamais trop aymé, mais parceque cella destruyzoit les moyens de pouvoir bien tost accomplir la bonne vollonté que i'avoys de servir ma relligion.

Quelques moys après i'estoys à Marseille, travaillant à dresser les comptes de la dernyere année que i'avoys exercé la recepte, et à rémédier le mieus que ie pouves à mes infortunes, arriva que le iour de Saincte Magdelayne 1649, la peste fuct publicquement descouverte dans Marseille, quy despuys y fict grant ravage, et emporta environ dix mille personnes.

Le 26 du mesmes moys, les gualleres en sortiret, et madame la comptesse d'Allays cy embarqua, et le soir mesmes arrivasmes à Toullon, i'estoy asses indispozay, et avec quelque sentimant de fievre; mais il falloit chercher son sallut par l'esloignemant comme les autres.

Ie mambarquay sur la guallere d'un gentilhomme de mes amys nommé monsieur de Balliebaut, sur laquelle il avoit autres bon sirurgien, quy prit grant soing de moy pendant trois ou catre iours que ie m'arrestay dans la guallere, attandant que messieurs de Toulloun nous eusset admis à la quarantayne. Ce qu'ayant faict, comme i'y avois quantité d'amys, ils me logearet à la campaigne dans une metterye tres commode, avec sept ou huict personnes de ma suitte, où ie demuray trante trois iours plus tôt que d'avoir l'antrée.

Monsieur de Balliebaut me pria de fere ma quarantayne dans sa guallere, ou il avoit madame sa femme, son fis, et sa belle fille, et tout le reste de sa famille. Ie n'an voullus rien fere, prevoyant bien la suitte quy en arriveroit. En effect, catre jours après que ie fus sorty de la guallere, ce sirurgien quy m'avoit servy mourut de la peste, et pluzieurs autres attaints, et cinq ou six autres gualleres furet touchées du mesme mal.

Partant de Marseille, i'avoys laissé mon petit meuble et le peu que i'avoys dans mon logis, ayant faict murer toutes les portes et fenestres, et avoys apporté avec moy tous les papiés touchant mon compte de la recepte, quy estoit la chose quy me donnoit le pleus de payne, et que i'avoys le pleus d'envye d'expédier, craignant de quelque accidant.

Ayant eu l'antrée à Toulloun, ie my arrestay un moys pour remettre un peu mes forces et ma sancté, et soudain que ie me santys en estat dan pouvoir partyr, ie man allay en Arlles, pour fere ma consigne à monsieur de la Rouvyere mon successeur à la recepte, et dresser mon compte à perfection. Ce que ie fis, et m'estant deschargé de ce fardeau quy mestoit extrememant à cœur, ie tyre pays vers ma comanderye de Vallence, où ie demeuray sept moys; après lesquels la peste ayant cessé à Marseille, et ayant libre antrée avec tous ces voisins, i'y voullus revenir pour fere donner l'ayr à tous mes petits haillons, et voir l'estat de mon logis et de pluzieurs autres afferes que i'y avoys. Ie n'y fus pas plustot arrivé, que landemain matin, un pretre de l'Eglise Sainct Martin mourut de peste, de sorte que me voillà pleus embarassé que iamais, ne sachant quel party prandre. Enfin, Monsieur le Camérier de Gerente mon bon et entien amy personne tres quallifiées, et d'une des bonnes familles de la ville, voullut absoulluemant que ie me retirasse chez luy dans le couvant de l'abbaye de Sainct Victor, où il avoit un logemant ausy propre et polly qu'il san voye. Nous estions cent cinquante personnes enfermées là dedans, avec medecins, sirurgiens, et appotycayres, et toutes les provizions nescessayres à la vye, comme sy sceut esté pour soutenir un siège; avec un ordre et pollice merveilleuze pour ce bien conserver, et guarantir de la malladye, et ie ne pouves truver un azille pleus assuré. I'y fus mallade quelques jours, et secouru à merveilles. Ce bon gentilhomme me fict si bonne chère, et de sy bon cœur l'espace de soisante deus jours, que i'y demeuray, que i'avoys quazy payne d'an sortir.

Cepandant, la ville estoit comme dezerte, n'y ayant que les pauvres quy n'avoit pas de quoy subsister ailheurs, ausquels elle fournissoit charitablemant le pain. Messieurs les Consuls avec quantité de leurs officyes y donnaret sy bon ordre en expozant leurs personnes, qu'an ceste recheutte il ne mourut pas deus cens personnes, et dans deus moys de tans la santé y fuct toute antiere. L'ayr de ceste province est composé de telle sorte que ceste maladye y est extrememant picquante; mais ausy ils y observet une pollice excellante.

Parmy ceste quantité d'accidans, il san est despuys ioint un autre quy ne m'a pas fort accomodé; c'est que, voyant Monsieur de Balliebaut avec toute sa famille parmy la peste dans sa guallere en nescessité, ie l'assistay d'environ catre cens escus. Il est mort du despuys, et toute sa famille qui a mangé sa part de mon argent, me payet maintenant en dizant qu'il n'a rien laissé. Ie n'ay jamais eu du mal, que pour estre trop facile à fere plaizir.

La santé estant restablye à Marseille vers le moys d'aoust 1630, ie ne songeois pleus qu'au voyage de Malte, et faisois tous mes efforts pour dispozer mes afferes à une pronte partence, mais i'avoys eu de sy frequantes secousses, et de tant de costés, que toutes mes forces estoit abbatues.

Vous savez combien me coutta la controversse que i'eus avec Naquier pour le canonicat. Les afferes du feu

Chevallier de Besmaus ont encor surpassé de beaucoup celle là. Enfin, ie ne vivoys qu'avec des continuelles mortifications, et ie vous advoue que despuys la mort de notre bon père, et de notre chère mere, suyvye de deus de nos frères, et catre seurs, et de nos neveus de la Laque et Monlezun, ie n'ay point reconnu de sollide plaizir dans la vye : mais passons outre, et chassons le fascheus et triste souvenir.

Pour facillitter donc mon expédition, et contanter mon envye, après avoir aiusté tous les afferes que i'avois en Provance, sur le comencemant de l'année 1652 ie m'an allé à ma comanderye pour retirer une année entyère quy m'estoit deue du pris de l'afferme d'icelle, et pour l'affermer de nouveau pour cinq années. Ie sortys de ces deux afferes tout ainssin que ic deziroys.

Me voilà donc de rectour à Marseille au comencemant de Ieuilliet de la mesme année, avec deus mille escus dans l'escarcelle, et fourny abondamment de toutes les choses quy estoit nescessayres à mon petit ameublemant. Ie ne deziroys pleus que d'avoir le bien de vous voir, et prandre congé de vous et de tout le parentage, mais voycy comme ic fus surpris et privé tout ensemble, d'un contantemant quy m'auroit esté si cher.

Deus moys apres estre à Marseille, Monsieur le Comandeur de Lyvyes y arriva pour s'embarquer pour Malte sur un gros navyre que monsieur le Chevallier de Rocquetaillade y conduyzoit, et comme il estoit mon ancien, et que je venoys directemant après luy, ic me rezoullus à l'instant de prandre ausy ceste comoditté, craignant, et avec grande raison, que sy le dict sieur de

Lyvyes arrivoit ycy devant moy, et qu'il survint quelque vacquance quy l'obligeat d'antrer dans l'auberge, il tascheroit de san descoiffer en faveur de quelqu'un de ceus quy venoit apres moy, et par consecquant, ce soullager à mes despans. J'estime que ie ne me trompais pas en ceste panssée, car ie connoisses un peu l'escrime du pellerin. Tant y a que nous partismes de Marseille avec un bon nombre d'autres comandeurs et chevalliés le 18 septembre 1652, et arrivasmes à Malte le 25 du mesmes moys et an.

Soudain estre arrivé, il me toucha par le rang de mon anciennetté d'antre du conseil comply et auditeur dans la chambre des comptes, ce que ie fis.

Ie fus ausy nommé procureur ancien de la venerable langue de Provance, et y servys dissept moys : Monsieur de Lailhère estant pour lors grant Comandeur.

Monsieur le Grant prieur de Thoulouze Beauchans, quy, avec ce prieuré avoit encor la Comanderye de Peyruys, estant mort le septiesme may 1655, Monsieur de Lailhere prit ce prieuré, et sortit de la dignité de Grant Comandeur après l'avoir tenue près de dix ans.

Monsieur le Comandeur de la Batye prit la dignité de Grant Comandeur, et monsieur d'Entraigues bailif de Manosque prit ausy la comanderye de Peyruys pour son ameilheurissemant, en laissant celle de Puymisson.

Il toucha pour lors à Monsieur le comandeur de Lyvyes d'antrer au conseil pour Engleterre, et moi tousiours pour Provance.

Monsieur d'Entraygues bailif de Manosque estant mort le 26 novembre 1655, lui succéda Monsieur de la Bastye quy prit ausy la comanderye de Peyruys pour son ameilheurissemant en quittant celle de Beaulieu, et sortit de la dignité de grant comandeur quy toucha à Monsieur de Benque. Et comme il estoit absant de Malte et un bien servy pour avoir esté capitayne de guallere et par consecquent trante moys le dellay pour ce randre à Malte conformemant à l'uzage, il fallut que Monsieur le comandant de Lyvyes entrat dans l'auberge comme son lieutenant; ce truvant forssay par la loy, et lors là, il me toucha d'antrer au conseil pour Engleterre.

Par la mort de Monsieur de Lyvyes, survenue le 26 février 1636, la balle vint à moy, et me toucha de prendre l'auberge comme lieutenant de grant comandeur pour les mesmes raisons cy devant escrittes; et en effet ie comencay dan fere la despance le premyer jour de mars 1636.

J'oublyes à dyre que Monsieur le bailif de Villeneufve estant mort le 26 janvier 1636, et Monsieur de la Bastye n'estant pas encore en rante de la comanderie de Peyruys, il la quitta pour prandre Saint-Aulary, et moy ie pris Peyruys en quittant la comanderie de Vallence que je possédays de chevissement.

Le neufviesme iour du moys de Iuin de la mesme année 1636, mon bon et cher frere de Guarrané mourut après avoir esté un an mallade, et souffrit de continuelles et piquantes doulleurs avec une telle constance et sy rezigné en Dieu, qu'il donnoit de l'admiration à tous ceus quy l'approchoit; et randit l'âme avec tant de tranquillité et des marques de contrition sy considérables, qu'il y a pleus de subiect denvyer sa fin que de la playndre. Il voullut entretenir tous ces enfants chascun en particullier avant mourir, et leur donner les dernyes preceptes de leur conduitte, avec sa benediction, et fict ceste dernière action avec une presence d'esprit et une fermeté de cœur admirables. Mais personne ne luy peut respondre que par des larmes et des sanglots.

La mort de ce cher frère me fuct sy sensible que ie ne puys encore man ressouvenir sans resuciter ma iuste doulleur, nous estant tousiours tendremant aymes. Ie luy avoys desdyé des memoyres mal agcancees, estant tres assuré qu'il auroit pris grant plaizir de les voyr; mais puysque le malheur le veut, il fauct que ie change mon adresse, et n'an ayant point d'autre quy me soit tant à cœur que celle de mon frère le prieur quy est le seul quy me reste de cinq que nous estyons, c'est donc à luy que ie presente ce discours, affin que, quand il sera las de lyre, il le iette comme un vieus titre rellegué parmy les papyers les plus antiques de nostre maison.

Ie me suys un peu trop éloigné de mon subiect, et me suys laissé emporter aus santimans de la nature quy ce sont trouvés les plus puissans sur moy. Ie revyens à mon discours, et reprans le fil d'icelluy pour le conduyre à la fin.

Monsieur de Benques dezirant de ce mettre en repos, et ce redimer de l'extreme despence où il s'expozoit en tenant l'auberge, et moy quy avoys une averssion formée pour toute sorte de lieutenances, dezireus de monter en chef à la dignité de grant comandeur, fus facille et subceptible aus propozitions de nos amys comuns. Et en effet ils nous en firet tomber d'accort, et ledict sieur de Benques envoya procure à monsieur le grant prieur de Toullouze Lailhere, reçu par Lacan nothère de Nerac, dans le château de Puyfort Esgeuille en date du 21 avril

1656, pour conclurre le traité ce que nous fismes aus conditions énoncées dens l'accord que ledict seigneur grant prieur de Toullouze et moy en passasmes, signé de tous deus, et de Monsieur le chevallier de Noailhan et frère Dominique Courtade comme tesmoins, en datte du 20 août 1656.

Le 26 du mesme moys et an, ledict seigneur de Lailhere comme procureur de Monsieur de Benques, remit à Son Eminansse et conseil la dignité de grant comandeur aus conditions parmy nous accordees, comme pleus amplement ce voit par le decret du mesme iour.

Le mesme iour, la Langue de Provance s'assembla, et ordonna à Messieurs les procureurs de supplier Son Eminansse et le conseil, que sur la renonce faicte par Monsieur de Benques de la dignité de grant comandeur, il leur pleut d'ordonner quelle fuct esmutye en faveur de celluy à quy de droict elle toucheroit. Ce que sadicte Eminansse et conseil accordaret par decret du mesme iour.

En suitte la mesme Langue maccorda suyvant l'uzage mon ancienneté de iustice sur toutes les dignités de la mesme Langue par decret du troysiesme jour d'octobre 1656, confirme du conseil par bulle en plomb du cinquyesmes du mesmes moys et an.

Ie tins l'auberge dis neuf moys et demy, à telles enseignes, qu'il me coutta dix mille cinq cens escus pour l'antretien d'icelle pendant ce tans; sans compter la despance de ma famille particullière.

Enfin monsieur le grant prieur de Sainct Gilles Fourbin, après avoir long tans tasté le pavé, ce rezoulut d'envoyer le ius de son prieuré à la langue pour nommer son successeur.

Sur ceste nouveauté, nous entrasmes en traicté monsieur le Comandeur de Sainct Marc et moy, duquel nos amys comuns sentremiret, et nous en firet tumber d'accord aus conditions enoncées dans une escriture privée que nous en passasmes signée de notre main le 9 octobre 1657, ratifiée de son eminansse, et son conseil. Et la bulle en plom dudict ius man fuct expédiée le 12 octobre 1657, et ie sortys de l'auberge le quinsiesme du mesme moys et an.

Par l'accort que ie passay avec monsieur de Sainct Marc, il me fallut assubietir à une grosse panssion annuelle iusques à ce que ie soys proveu d'une dignité quy emporte la pleus grande partye de ce que ie possède. Mais que voulles-ie fere? Ie ne pouves pleus fournir à une sy haute despance, et ian estoys à l'espaisseur d'un teston de mettre la clef sous la porte, et perdre inutillemant les paynes et l'argent que i'y avoys employé. Tant y a que ie ne me suys iamais repanty de ce marché.

Il n'y avoit qu'anviron deus moys que Monsieur le grant maître du Castellar estoit mort, et que monsieur Dom Martin de Redin, prieur de Navarre, luy avoit succedé au magistère, quy eut agréable l'accomodemant que i'avoys faict. et mesme y donna quelque chaleur, non pas tant à ma considération, que pour l'envye qu'il avoit de voir la dignité de grant comandeur, quy est une des pleus importantes de la religion, remplye d'une personne quy fuct pleus de sa despandance que moy. Mais comme ian recevoys la commodité, il m'importoit fort peu de penetrer le motif quy le luy faizoit fere, et ie luy ay tesmoigné durant sa vye aus rancontres quy san sont offertes, que ic man tenoys son obligé.

Quinze iours après qne ie fus sorty de l'auberge, son Eminansse et le conseil me nommaret pour un des grands croys commissayres de la santé, et i'y ay servy despuys le 30 Octobre 1657, iusques au 26 Ianvier 1660, que Monsieur le Bailif de Manosque Sainct Marc fuct subrogé à ma place.

Pour d'autres commissions pendant tout le tans que i'ay esté à Malte, i'an ay tousiours esté abondammant proveu, et man suys acquitté du mieus que i'ay peu. Sy tout le monde savoit comme le bien de Sainct Ihean se guaigne, il n'y a point de confesseur quy ozat ny voullut absoudre ceus quy nous le voudret oster. Ausy ne le peuvet ils pas fere en consience.

La mort de Monsieur le Grant Maître Castellar arriva le 14 Aoust 1657 entre mydy et une heure. Il estoit né ainsin que l'ons asseure le 14 Septambre 1563, et par ainsin il auroit vescu nonante troys ans onze moys. Il a regné asses heureuzemant lespace de vingt et une années.

Il estoit bailif de Manosque quant il fuct esleu, et natif du Compté de Nisse.

Dom Martin de Redin, quy luy succeda, estoit viscerroy en Cecille lors de son election quy fuct le 17 Aoust de la mesme année, et mourut la nuict du cinquyesme Février 1660 deus heures après minuict; n'ayant regné que deus ans, cinq moys, dix huict iours.

La brieveté de sa vye ne luy permit pas de fere de grandes chozes, mais apparammant lons ne voyet en luy que de bonnes dispozitions à bien regner. Il estoit eagé de 72 ans quant il est mort.

Le neufviesme fevrier de la mesme année, fuct esleu pour son successeur frère Annet de Clermon de Chattes Gessan, bailif de Lion de la province de Daufiné cagé de 73 ans quy mourut le 2 de Iuin 1660 à catre heures après mydy n'ayant regné que troys moys vingt troys iours. Il estoit d'eminente vertu et d'une bonté singullière ; la brieveté de sa vye nous a ravy toutes les bonnes espérances que l'ons en avoit conceues.

Le samedy cinquyesme Iuin 1660, sur les catre heures après mydy, fuct proclamé Grant maitre Dom Rafael Cottoner bailif de Maillorque natif du mesme lieu, lequel par sa vertu faict esperer un règne plain de prudance et de iustice.

Dans ce mesme tans, ie me truvoys asses incommodé de santé, et faisois tout mon possible pour me dispozer à man revenir en France, suyvant l'avys que les medecins man donnoit, quy truvoit par les maximes de leur proffession que l'ayr de Malte m'estoit tout à faict contrayre. Après avoir donc travailhé à mon expédition, et passé les ameilheurissemans de ma commenderie, et obtenu le congé de Monsieur le Grant maitre et son Conseil, il passa deus navyres de Marseille quy venoit de Smirne comandés l'un, par le Capitaine Estienne Ihcan, l'autre par le capitayne Grimaut, tous deus de Marseille et de ma connaissance. Sur le premyer estoit embarqué Monsieur de la Haye et Madame sa femme avec un petit enfant, quy venoit d'exercer pour le Roy l'embassade de Constantinoble; qu'il avoit quittée avec quelque peril, et laissé Monsieur son père à sa place. Ie m'embarquay sur le navyre du Capitayne Grimaut, et fusmes trante six chevalliés embarqués sur les deus ; dishuict sur chascun, et partismes de Malte de bon matin le iudy cinquyesme d'Aoust mille six cent soisante, iour de notre Dame des Neiges; et demurames quinze iours de Malte à Ligourne, ayant tousiours truvé bonnasses ou vans contrayre, et passé en tous les lieus ou apparammant nous pouvyons truver des corssayres. Nous séiournames deus iours à Ligourne, et tousiours avec tans contrayres ou bonnasse, et n'arrivasmes à Marseille que le samedy matin vingt huict Aoust de la mesme année 1660. Ie m'arrestay donc audict Marseille pour reprandre mes forces et ma santé, et y ay demuré et estably mon seiour.

Cependant l'année suyvante 1661, le douze de Ieuilhet, arriva la mort de Monsieur le Grant prieur de Sainct Gilles Fourbin, et par consecquant le grant pricuré me toucha; duquel ie ne dois antrer en rante que le premyer iour de May 1663. Dieu me fasse ceste grâce de pouvoir bien uzer du bénéfice qu'il luy plairra que i'an retyre, et que ie serve ma relligion avec l'amour et l'affection que ie suys obligé, et avec les mesmes tendresses que i'ay tousiours eues pour elle despuys soisante troys ans qu'il y a que ie la professe.

CARAVANES ET VOYAGES

PREMYERE CARAVANNE

Voyage faict en Levant par moy frere Bertran de Lupé Guarrané en l'année 1605 avec catre gualleres de la religion, estant general d'icelles frére Dom Bernardo Spelletta, et moy de caravanne sur la guallere Sainct-Martin commandée par Monsieur de Sablonyeres de l'Auberge de France.

Partismes de Malte le lundy matin 15 avril mille six cens cinq, et nous engoulfasmes; et le iudy 28 du mesme moys à l'heure de vespres descouvrismes les Isles du Zante et de la Chafellonye, distantes de Malte cinq cens mille. Descouvrismes ausy la petite islle de Lestranfany quy n'a qu'une lieue de tour, habitée de moynes Grecs quy y ont un couvent, et passant outre, costoyasmes la Morée, passant près de l'Isle de la Sapience, et vis à vis de Modon, Navarin, et Coron, places asses considérables tenues par les Turcs. Sur la minuict arrivasmes au Braze du Mayne où nous donnasmes fonde, et le matin à la diane serpasmes, et allasmes fere eau à Porto Caille, pays de Grecs, et y a les fondemans d'une forteresse que les Turcs y ont voullu bastir autresfoys du tems de Barberousse quy fuct bascha de la mer, mais les Grecs sy oppozaret et l'empescharet. Tout au bort de la marine, il y a deus ou troys fontaynes tres commodes pour fere les cyguades. Sur le point que nous en voullions partir, arriva une frégate maltèze quy venoit du Mille d'ou elle estoit partye le 17 Avril, qui nous donna nouvelles que le mesmes iour catre gualleres turques y devoit arriver, quy fuct cauze que monsieur le Général ce rezoullut de les aller combattre dans ce port, et partismes de Porto Caille un vandredy au soir à une heure de soleil, et le samedy 30 avril sur le poinct du iour passasmes entre le cap Saint Ange et l'isle de Cerignon quy est aus Venitiens, et une des emboucheures de l'Archipelaguo, autremant la mer Egée. Faizant notre chemin, le vans estant frais et la mer grosse, les antennes de maestre et trinquet de la capitane ce rompiret, quy fuct cauze que pour travailler à les racomoder nous demurasmes en Follit quazy tout le iour, et à deus heures de nuict fismes voille, et le dimanche matin premier May arrivasmes à une petite islle deshabitée nommée Falconare, y ayant force faucons, et y demurasmes iusques au lundy 2 May que nous en partismes sur le soleil couchant, et passant l'isle d'Antemille, arrivasmes à l'amboucheure du port de Mille au randre de la troisiesme guarde, et envoyasmes la felloucque pour voyr sy ces gualleres y estoit, et prandre langue des Grecs quy diret à nos gens quelles n'y estoit pas encor arrivées, mais qu'ils les attendoit d'heure à autre. Nous partisme de là, et allasmes passer au freau de l'Argentyere où il y a au bort de la marine les ruynes d'une tour pour fere la guarde, et à une mosquetade, un petit village de Grecs : de là, nous passasmes entre les islles de Sainct George et de Sciphanto, où nous allasmes donner fonde au dessous d'un village quy est à la pointe sur un haut, et ayant faict nostre aiguade, partismes sur l'antrée de la nuict affin que les Grecs ne peusset voyr le chemin que nous tenyons, et le mecredi 4 May aus catre empoullettes de la tierce guarde de la nuict, arrivasmes sur le port de l'isle de Parys où nous mouillasmes, et envoyasmes la felloucque au village pour n'allarmer les Grecs, et comme il fuct iour, allasmes dans le port, et après y avoir demuré deus ou trois heures fismes voille costoyant l'isle d'Antiparys; passasmes entre les isles de Nexio, Nyo, et Esquisnouze, où nous prismes du boys, et en partismes le soir, et allasmes à l'isle de Confones où nous ne nous arrestames que fort peu, et landemain iudy 5me May arrivasmes à l'isle de Nanfo, laissant l'isle de Santoriny par Ponant et Maestre, et ayant mouillé envoyasmes la felloucque aus nouvelles. Les Grecs dyret à nos gens qu'il n'y avoit que troys iours qu'une gualliote de 18 bancs et un brigantin de 14 y avoit pris de la viande et san estoit allés à la volte d'Estampallye. Audict Nanfo, à deus mosquetades de la marine sur un haut, il y a un petit fort. Partant de là, nous prismes notre route vers Estampallye habitée de Grecs, et y arrivasmes le 6 May au point du iour. Il y a un village fermé sur un hauct à une mosquetade de la marine, et un bon port. Y ayant pris de l'eau nous en partismes le soir à la premyere guarde, et landemain matin allasmes donner fonde à Sainct Ihean de Cerne, isle desabitée, d'où partismes le mesme iour à mydy, et demurasmes le reste du iour en Follit, à 30 milles d'Escarpanto, et 40 milles de Rodes et de Languo. Sur la nuict nous fismes voille, laissant les islles de Carchi et Lido souprevant, et soutenant les islles du Caso et d'Escarpanto, et la nuict passasmes le Canal entre Rodhes et Escarpanto; et landemain dimanche 8 may estions a veue de Rhodes, et laissant le Caso et Escarpanto à droicte, descouvrismes troys vaisseaus et leur donnasmes chasse environ trante mil pendant une guarde et demye. Les ayant attrapés, nous reconnusmes que c'estoit des navyres de guerre chrestiens. La Capitane et nos autres guallères myret leurs bandyères croyant qu'il nous reconnoitret ausy, mais le tans estoit et sy calme et bonnasse n'y ayant pas un soufle de vant, que nos bandyères ne ce desployet nullemant. Ces navyres nous laissant approcher à portée de mosquet et tout d'un coup nous firet une salve d'une vingtayne de canonades à la balle d'où il y en eut deus qui donnaret dans la guallère Saint Iacques quy tuaret cinq esclaves et un limonyer nommé Guarssye. Notre felloucque fuct aus vaisseaus quy salluèrent incontinant les guallères, les capitaynes ce mandaret excuzer. Un des vaisseaus estoit au viscerroy de Cecille, l'autre de Carllo Spinolla chevallier genevoys quy portoit quarante pièces de canon, et l'autre une naue venityenne qu'ils avoit prize. Ayant quitté ces vaisseaus, nous demurasmes tout ce iour sur les Voltes, et la nuict aprochasmes la terre et nous en truvasmes le matin à quarante mille large, et faizant la penne descouvrismes une freguatte à laquelle donnant chasse environ trante mille, la capitane la prit sur les Sept Caps à catre mille de terre. Il cy prit dessus quinze Turcs. Après cella nous nous tirasmes trante mille à la mer, et costoyant la coste quy est tout pays montaigneus, passasmes à veue de l'Isle Sainct George basse et desabitée fort proche de la terre ferme. Le mesme iour, deus heures après mydy, descouvrismes un gros vaisseau esloigné de nous d'environ vingt mille lequel nous ioignismes sur le soir, et la capytane estant des premyeres luy fict fumée. Le vaisseau respondit d'un coup de canon avec la balle. La guallère luy tire encore un coup de canon sans balle, il respondit avec la balle. Cependant les autres gualleres arriveret, le tans estoit frais et la mea grosse, et la nuict s'approchoit, il fuct rezoullu de le canoner tant que le iour le permettait attandant au landemain matin pour l'aborder. Nous luy tirasmes donc une vingtayne de canonades, et le vaisseau à nous environ une douzayne. La mer ce faizoit tousiours plus grosse; nous le suyvismes toute la nuict à l'esgueille sans le perdre de veue avec le tercerol du trinquet et la mezanne. Le tans c'estant fort raffraischy, ce vaisseau faisoit son chemin par ponant et lebeichs, à la volte du cap Bon André en Barbarye. Landemain matin iudy 12 may, à troys heures du iour, comme nous allions comancer le combat, la capitane luy fict encor un signal par une fumée, le vaisseau respondict et amayna les guabyes. L'ons y envoya tout ausy tost la felloucque et ce truva que c'estoit une naue venitienne qui venoit d'Alixandrie, et avoit touché en Chypre chargée pour Venize, nous luy fismes monstrer ces expéditions, et la laissasmes suivre sa routte, et nous truvant l'avoir suyvye cent mille, les tans estant ponans et maestre, nous rendismes le bord vers les sept caps, et le 13 May descouvrismes encor Escarpanto et Rhodes, et le samedy 14 May costoyasmes vers les Sept Caps et Chateau Rouge, et sur le soir fusmes à veue du cap Celidoyne les tans estant bonnasses. Le 15 may costoyasmes la Carmanye, et le iour suyvant allasmes fere ayguade à Acquafredra où une rivyere quy passe parmy force arbres ce vient ietter dans la mer. Sur le soir nous en partismes, et landemain nous tismes sur les voltes, et le 18 au matin nous truvasmes 40 mille soutevant de Chipre. Les tans estant aux ponans, le 19 may, iour de l'Ascenssion, à la Diane, nous descouvrismes un vaisseau auquel donnasmes chasse catre heures. La capitane et la patronne l'approcharet les premyeres, et luy tirant chascune deus canonades. Le vaisseau amayna, et ce truva que c'estoit une germe qui venoit de Damiate, et alloit à Constantinoble chargée d'environ cinq cens salines de ris avec 48 Turcs. Il fuct rezollu de l'envoyer à Malte, et l'ons y mit cinq hommes de chasque guallere, et l'acompaignasmes environ 150 mille vers Candye, et là laissasmes aller son chemin vers Malte. Le mesme iour de la prize, le chevallier d'Entraigues de l'Auberge de France mourut de malladye, et fuct ietté en mer le soir à l'Ave Maria. Le samedy 21 à la diane, descouvrtsmes un vaisseau. La capitane luy estant proche, il amayna et envoya sa barque, et ce truva que c'estoit une naue de Linde quy venoit de Satallye, et alloit en Alixandrye chargée de boys quy appartenoit aux Grecs. Il y avoit treize Turcs dessus, et six balles de tapis quy leur appartenoit. Nous prismes les Turcs et les tapis, et congédiasmes le vaisseau.

Ils nous dyret qu'il y avoit vingt jours qu'une guallere estoit partye de Satallye, et devoit à son rectour y apporter un Bey, et quaudit lieu lons attendoit son rectour d'heure à autre. Nous dyret ausy que la gualliotte quy fuet prize à Monsieur d'Annezy par le corssayre nommé le Barbier, avoit pris dix mille escus à une barque Marseilloise, et san estoit allé vers Damiette. Nous reprismes le bort en terre le 23 au matin, fismes la penne, et decouvrismes un vaisseau environ trente mille large auquel donnasmes chasse une guarde et demye, et truvasmes que c'estoit nostre prise. Nous luy donnasmes le cap pour la remorquer, mais le tans se raffraischit sy fort que nous fusmes contraints de luy lever le cap et la laisser aller, et nous guagnames terre en Candye à l'abry du tans, et y demeurasmes deus iours, et en partismes avec beau tans. Mais il ce leva une fortune routte qui nous contraignit de guaigner Porto Vecho près du Braze de Mayne. Ceste nuict mourut de malladye le chevallier de Cury. Nous demurasmes un iour là, et comme nous en voullusmes partyr, la guarde que nous tenions en terre nous vint avertir qu'il venoit deux gualliotes à nous. Nous serpasmes tout ausy tost, et comme elles venoit terre à terre, nous mismes derrière une pointe pour les attandre. Elles nous furet dessus sans s'en appercevoir. Il ce truva que c'estoit deus briguantins de Cecille quy san alloit fere le cours. Faizant nostre chemin pour nostre retraicte, nous descouvrismes un vaisseau sur Couron. Nous le suyvysmes iusques à port de canon de la forteresse. Il se sauva dans ce port. Nous reprismes nostre chemin, et allasmes donner fonde à Lestranfany, où mourut de malladye le chevallier de Traverne. Partant de là, allasmes vers la grande Chaffellonye où allasmes mouiller dans une calle, et sur le soir passa un gros vaisseau. La guallère Sainct Iacques l'alla reconnoître, et truva que c'estoit une naue vénitienne. Partant de là, nous costoyasmes la Callabre, et la nuict de la Feste Dieu mourut de malladye le chevallier de Romyeu, et le matin fuct jetté à la mer. Nous abordasmes à Saragousse et y prismes la praticque, et arrivasmes à Malte par la grâce de Dieu le 17 Iuin 1605 à troys heures de nuict, ayant demuré cinquante catre iours en voyage, et souffert tant de mauvais tens et d'incomodités, en icelluy qu'il peut passer pour disgratié. La Guallere Sainct Martin sur laquelle i'estoys ce truva la pleus mauvaise et pezante quy aye iamais esté, et sy nous eussyons eu la rencontre de quelque esquadre pleus forte, il eut esté impossible de la sauver. En effect, la religion la fict desfayre et ne san servit iamais pleus.

SECONDE CARAVANNE

EN L'ANNÉE 1605

Voyage faict en Levant avec trante gualleres, comandées par le Marquys de Saincte Croys, savoir : dix de Naples, sept de Cecile, l'Adullentade de Castille general d'icelles, huic' de Gennes de celles du Roy Catollicque comandées par Dom Carllo Doria, et cinq de Malte comandées par Dom Bernardo Espelletta. Moy estant sur la guallere.

Partismes de Malte le iour de Saincte Magdellayne, vendredy 22 Ieuillet, et arrivasmes à Lestranfany le lundy suyvant.

Partant de là, allasmes au Seriguon isle appartenant aux Venitiens, et de là fusmes à l'isle du Mille. De là, allasmes mouiller à l'isle de Morguo, et à l'isle Sainct George désabitée où donnasmes fonde dans un beau grant port qu'il y a. Envoyant nostre guarde en terre, elle descouvrit deus brigantins qui avoit mouilhé de l'autre costé de l'isle. Nous serpasmes ausy tost et leur donnasmes chasse environ deus heures, et comme ils vyret que nous les attrapions ils investiret en terre. Nous prismes le cors des vaisseaux et tournasmes mouiller au mesme lieu d'où nous estions partys et landemain l'ons mit gens en terre pour aller chercher les Turcs quy c'estoit fuys, il en fuct pris la pleus grande partye.

Partant de là, allasmes mouiller entre deus islles l'une habitée de Grecs nomme Callimeno, l'autre deshabitée.

De là, fusmes donner fonde à une islle à douze mille de Languo, et de là à Sainct Ihean de Patmo, anciennemant nommée Pamos, où est la grotte où Saint Ihean fit l'Apocalipse. Lons y a édifié un petit oratoyre pour y dyre messe, et sur un haut à deus mosquetades de la marine est le village, où il y a un couvent de moynes Grecs, et dans leur eglize repoze le cors de Sainct Cristofle. Delà, fusmes fere ayguade à l'isle de Chamo, et l'ayant achevée, allasmes mouilher d'un autre costé de l'isle quy n'est qu'à troys mille de terre ferme. Sur le tart un caramoussaly passa et fuct sur nous sens nous en estre apperceus. Soudain qu'il nous descouvrit, il investit la terre ferme et tous les Turcs se sauvaret. Le vaisseau ce truva chargé de fer.

Delà nous nous fusmes fere un dezambarquement en terre ferme à un village nommé Silly. A l'abort quy fut au point du iour, les Turcs firet quelque rezistance à ceus qui arrivaret les premyes et tuaret troys de nos soldats et entre autres un françoys nomme Demerval; enfin ils lascherent le pied, et ce sauvaret à la montagne. Les soldats pillaret quelque chose mais de peu de considération.

De là, allasmes à l'isle de Tino quy est aus Venitiens habitée de Grecs. Il y a une bonne forteresse et pluzieurs villages parmy l'isle.

Partant de Tino fusmes à une islle nommée Andros habitée de Grecs d'où prismes notre chemin vers Negrepont pour aller mettre gens en terre à un lieu nommé Chateau Rous. Mais nous fusmes descouverts, et allasmes fere un dezambarquemant en en autre lieu dans la terre ferme nommé Castri, où il y a un château sur la pointe d'un roc inascessible, et un village ioinct audict château qu'ons ne peut aprocher qu'an grimpant à catre pyés. Le pétard ne fict nul effect, nous y eusmes cent cinquante blessés de mosquetades et coups de pierre, et un chevallier Espaignol tué.

Nous revismes à Porto Cailhe et au Braze de Mayne, et partant de là fusmes mouilher à une isle desabitée près de la Sapience et de Moudon, et de là à l'isle du Prodano. Après nous fismes ayguade à une rivyere en Arcadye, et de là fusmes au Zante quy est aus Vénitiens, où il y a une ville moyenemant grande, et un beau grant port où il y avoit treize gualleres vénitiennes et force navyres marchans.

De là, mouillasmes à la grande et petite Chaffellonye, et continuant notre rectour accostames la Pouille quy est au Roy catolicque, et abordasmes à Otranto où il y a un chateau asses fort pourtant petit, et la ville est ausy asses bonne tout entourné de beaus fossés. Elle a esté autresfoys prize des Turcs.

Sortant de là, passant Tarente et le cap Saincte Marye, allasmes à Coutron en Callabre où il n'y a point de port. La ville est asses forte avec un bon chateau quy la domyne. Les gualleres de Naples et de Gennes s'arresteret là. Nous nous licentiasmes du Marquys de Saincte Croys, et les gualleres de Cecille ausy, avec lesquelles nous fusmes iusques au cap d'Espartivento où nous prismes notre chemin vers Saragousse, et de là à Malte où nous arrivasmes le 4ᵉ septembre 1603, ayant demuré quarante cinq iours en ce voyage. Le reste de l'année 1603 ce passa par la prize de troys briguantins ainsin que i'ay raporté cy devant.

Ie repris ma troisiesme caravane le 9 Ianvier 1606, et dans un voyage que les gualleres firet à Naples le moys de mars suyvant; i'y tumbay mallade de la petite verolle et en fus à l'extrémité, et les gualleres partant, il me fallut laisser audict Naples d'où il ne fus de retour à Malte qu'à la fin du moys de Iuin suyvant, desfiguré et mal traicté autant qu'il ce peut.

Ie ne peus donc prandre ma catriesme caravanne qu'au comencemant de l'année 1610, à cause que ceus à quy elle touchoit devant moy la voulloit prandre comme il estoit bien iuste. Ie me rezoullus donc pour fuyr l'oyziveté, de fere un voyage vollontayre sur le petit guallion de la religion ce que ie fis, le succès duquel ie rapporte en la page suyvante.

Iobmettoys à dyre que pandant que ie fus mallade à Naples, nos gualleres firet un voyage en Barbarye, et, ayant mouillé à l'isle de Cimbalo le 8e Avril 1606, elles furet surprizes sur la minuict d'une tempeste sy forte que deus eschouarent en terre, et à grant peyne les autres troys pouret prandre la mer. I'estoys de caravanne sur l'une des deus quy ce perdiret, et sans ma malladye il me touchoit d'estre de ce naufrage; quy fuct un bonheur pour moy quy fuct encore suyvy d'un autre, quy est, qu'arrivant à Malte, i'estoys encore sy extenué de ma malladye, que ie ne peus reprandre ma catriesme caravanne quy tumboit au premyer Ieuillet 1606, comme il est raporté cy devant à f° 17.

Nos gualleres en suitte n'estant restées qu'au nombre de troys, firet l'antreprize de la Mahomette avec celles de Cecille comandées par l'adalentade de Castille où elles firet la perte cy devant reprezantée à folio 17.

TROYSIESME CARAVANNE

EN L'ANNÉE 1608

Voyage faict en Levant par moy frere Bertran de Lupé Guarrané, sur le petit guallion de la religion quy avoit encor une gualliotte de seize bancs avec luy, et quy estoit comandé par frere Opisso Guydotty chevallier bouloignes, ayant pour son lieutenant frere Alexandre Zambeccart ausy bouloignes. Nous fusmes cinq ou six chevalliés francoys et un itallien quy fismes ce voyage vollontayres.

Partismes de Malte le mercredy 27 février 1608 à mydy, et mettant la proue à la carte de levant vers Siroc, le samedy au point du iour nous truvasmes souprevant du cap Sainct Ihean en Candye; les tans estant ponant et maestre, nous mismes la proue par grec et tramontane. Au dessous du cap Sainct Ihean, par levant, il y a un izollot où il y a un port et une forteresse appellée Carpouze, et pleus bas est le cap Espade, et en suitte la Canée. Nous passasmes entre le cap Espade et le Seriguot, tenant nostre chemin à la carte de grec vers tramontane, laissant souprevant cap Sainct Ange et le Scrignou, et costoyant la Candye iusques au dimanche. Vers le mydy, nous rendismes le bort par maestre et tramontane à la volte du Mille, laissant souprevant l'escueil appelé Crestiana quy est tout ront. La nuict ce leva une fortune routte, quy nous contraignit de prandre la routte du Serignou, et aus catre empoullettes de la seconde guarde de la nuict, notre gualliotte ne pouvant soutenir, fuct forssée de moller en poupe, et landemain matin ne la vismes pleus, et nous truvasmes soutenant du Serignou. Et les tans estant grec et tramontane, mismes la proue à la carte de maestre vers tramontane, tenant le bort vers Capo Gualo au Braze de Mayne. Le mardy rendismes le bort vers Candye, tenant la proue à la carte du levant vers siroc, les vans estant grec et laissant souprevant le Serignou et le Seriguot, tismes ce bort iusque sur le cap Sainct Ihean, et sur le soir le renverssant, mestant la proue par tramontane. La nuict fict grande bonnasse, et nous truvasmes encor le matin entre le cap Sainct Ihean et cap Espade à sept ou huict mille de terre. Les tens ce miret maestre et tramontane, et pris uns la volte du Serignou pour voir si nous pourrions apprandre quelque nouvelle de notre gualliotte. Contre la pointe du Seriguot, par tramontane, y a deus petits yzollots entre lesquels et le dict Seriguot y a des bas fonds quy empeschet qu'un gros vaisseau n'y puct passer. Les tans ce myret aus ponans, et mismes la proue par maestre et tramontane, et ayant monté le Seriguot et ces deus esceuils, prismes notre routte vers le Mille, tenant la proue à la carte de grec vers tramontane, et le iudy matin nous truvasmes sur l'isle d'Antemille quy est un esceuil fort haut, le laissant souprevant, et le tans nous refuzant pour entrer dans le port du Mille, mismes la proue par mydy pour aller mouilher derrière une pointe de ladicte isle à demy mil de laquelle il y a un petit izollot, et de ce costé le redos y est bon pour grec et tramontane. Les tans estoit tramontane, et y a des isles en veue quy restet par levant nommées Polintriquo. Le samedy, sur l'antrée de la nuict, fismes voille de la Sivadyere, mettant la proue par ponant et maestre, et passasmes entre le Mille et cest izollot, et ayant monté la pointe, mismes la proue par maestre et tramontane, et fismes le trinquet. Et la nuict laissant Antemille souprevant, et le Mille soutevant l'Argentyere et Chifano, tismes la proue par tramontane avec le trinquet seul, les tens estant lebeichs et mydy frais et bourrasqueus, et prismes la route vers Serfanto et y allasmes mouilher le dimanche au matin. Et le soir, à une heure de nuict, y arriva notre gualliote, quy avec ceste grande bourrasque avoit couru au Seriguot. Il y a dens ceste isle un village fermé. Nous y demurasmes iusques au mardy un peu avant le iour, que nous fismes voille mettant la proue par tramontane, les tans estant lebeichs, et laissasmes souprevant les isles de Termya et Zia quy nous restoit par ponant et maestre, et soutevant les isles de Nicsio, Cira, Tino, Foura, Andros, et par ponant et lebeichs Athènes, et Nicolly par Siroc et Levant. Nous passasmes entre Andros et Capo d'Aro de l'isle de Negrepont, et les tans c'estant mys ponant et maestre fortunals, nous arrivasmes le mercredy à mydy à Andipsara, passant entre cest isle et celle de Pissara où donnasmes fonde en lieu de bonne levée et en bon redos à 15 mille de Chio quy reste par Siroc et levant. Nous mendasmes notre gualliote au village de Pissara pour y achetter quelques raffraischissemant, et à mesme tans, parut une guallere turque qui dezarbora et s'entretint une espace de tans à nous considérer esloignée de nous environ demy mil. Nous luy tirasmes une de nos meilheurs pièces de prouë; elle fict voille vers Scio d'où elle estoit venue pour nous reconnoître. Landemain les Grecs nous assuraret que Morat Rays estoit à Scio avec deus de ces gualleres, et cinq de Scio. Landemain de matin, nous fismes voille, les tans estant tramontanes, et mismes la proue vers ponant, laissant Metellin souprevant quy nous restoit par grec et tramontane, et Limino par tramontane. Les tans n'ayant nulle fermetté, prismes le bort vers Mettellin, laissant souprevant Sainct George Esquyre quy nous restoit par ponent. Landemain matin, nous truvasmes à veue de Monte Santo quy nous restoit par maestre; nous rendismes le bort par ponant et maestre, laissant souprevant l'isle de Sainct Estrade habitée de Grecs et descouvrismes un vaisseau bien loing de nous, et peu de tans après deus autres vaisseaus ausquels le tans ne nous permettoit d'aller. Nous passasmes près des isles de Foura et Lima Pelegrina, et allasmes emboucher le freau de l'Isle Delly Forny et Celidrome, et l'embouchasmes, tenant la proue par lebeichs. Il a sa sortye du costé de Negrepont ausy par lebeichs, et est bon et très assuré pour toute sorte de tans. A Cellidromi y a un cazal habité de Grecs. Nous sortismes de là, et costoyasmes l'isle d'Escopoly, et envoyasmes la gualiotte reconnoître un redos qu'il y a. Elle y truva un caramoussaly chargé de milhet et d'orge, les Turcs s'anfuyret avec la barque. Le soir nous abandonnasmes le vaisseau, et tenant la proue par ponant et maestre, fusmes donner fonde près d'Esquiate, en un lieu où il y a catre sortyes, et partismes de là le lundy au randre de la troisiesme guarde de la nuict, mettant la proue à la carte de levant vers siroc, et tournasmes vers Escopoly, et fusmes passer contre Cellidrome. Les tans furet bonnasses; ne fismes point quazy de chemin ceste nuict. Landemain sur le mydy, nous descouvrismes un vaisseau et l'aprochasmes a portée de mosquet, et vismes que c'estoit un grand caramoussaly. Nous luy tirasmes troys canonades de proue dont une luy porta aus voilles; le vant se raffraischit, il molla en poupe vers Sallonicq, et nous guaigna les devans en peu de tans. Notre gualliote quy cheminoit mieus que nous le suyvit quelque tans, et luy tira une quinzaine de coups d'une petite pièce qu'elle avoit. Le caramoussaly luy tyroit ausy, mais il estoit trop fort pour elle. Nous faizions force de voille tout autant que nous pouvyons pour le ioindre, mais il cheminoit mieus que nous. Il guaigna le goulfe de Sallonicq où nous entrasmes ausy, et se sauva au port de la ville de Sallonicq. Ce goulfe a quelques 40 mil de long, et paroit comme une grandissime rivyere. L'ons y peut mouilher partout. Nous demurasmes troys iours dans le goulfe, et notre gualliotte y prit un caramoussaly chargé de blé, et deus ou troys barquettes où il y avait diversses provizions.

Le samedy matin veille des Rameaus, sortismes dudict goulfe tenant la proue par siroc et mydy à la volte de Cassandre, et les tans nous estant contrayres donnasmes fonde au cap de Satonchy où, à un mil de la mer, le terrain est ausy bas que la mer mesme. Ponant et lebeichs y sont les traverssyes, et faut donner fonde fort large pour montter de tous les cottés.

Le lundy avant iour le vant sauta à la traverssye, et nous eusmes grant payne de sortir de là. Néanmoins, comme le navire estoit bon voillier, à la fin nous guagnames la mer, et au randre de la seconde guarde du iour descouvrismes un vaisseau et luy donnasmes chasse iusques à l'antrée de la nuict que nous le prismes, et truvasmes que c'estoit un caramoussaly de Grecs chargé de blé quy venoit du Nole, et alloit en Candye. Il y avoit deux Turcs dessus que nous prismes. Nous demurasmes à sec toute la nuict pour attandre le caramousaly chargé de blé que nous avyons pris au Goulfe de Sallonicq, où nous avyons mis quelques hommes pour l'amariner vers Malte. Mais il ne parut point. Nous laissasmes aller le caramoussaly de Grecs, et fismes voille, et, à la premyère ampoulette de la seconde guarde du iour descouvrismes deus vaisseaus; et à la catriesme ampoulette de la troisiesme guarde les prismes, et furet deus caramoussalys chargés de blés quy venoit d'Esquyate et alloit à Sainct Ihean de Patmo, l'un appartenant aus Grecs, l'autre chargé à compte des Turcs. Nous prismes ce dernyer, et laissasmes aller l'autre. Nostre autre caramoussaly nous reioignit, et nous les prouveusmes tous deus de tout ce quy leur estoit necessayre pour estre conduits à Malte où l'ons avoit bezoing de blés, et les conduysismes iusques au Mille d'où ils firent leur partance. Et nous poursuyvismes notre voyage, et randismes le bort par levant, et sur le soir allasmes donner fonde sur la bouche du freau de l'Argentyere quy s'embouche par siroc et levant. Nous ny peusmes entrer, les vans nous donnant par proue. Le samedy 12 avril, les tans estant ponant et lebeichs, nous prismes notre routte par siroc. Le lundy matin nous truvasmes souprevant de St Ihean de Serne, et suyvant notre chemin laissasmes souprevant Caso et Escarpanto. La nuict, nous eusmes sirocs fortunals, et nous fallut rendre le bort sur le fere du iour pour aller à Estampalye où nous fusmes donner fonde, et demurasmes là deus iours, et en partismes mettant la proue à la carte de siroc vers le mydy passant souprevant de Sainct Ihean de Serne passasmes la nuict entre Rodes et Escarpanto, et le samedy 19 avril descouvrismes un vaisseau avec mestral frais, et luy donnasmes chasse iusques sur la bouche de Caso et Escarpanto, et voyant que ne luy pouvyons rien fere reprismes notre chemin, mettant la proue par grec et levaut, et le dimanche matin nous truvasme sur les sept caps et prismes la routte par grec et tramontane. Entre les sept caps et Rodes est le goulfe de Satallye.

Le lundy matin allasmes donner fonde au Caquamo, et l'embouchasmes passant entre un petit izollot et la terre ferme. L'emboucheure y est fort estroite et fauct se tenir à la carte de tramontane vers grec, et de l'autre emboucheure de cest izollot vers levant, quy est de la mesme largeur que l'autre. Il se faut prandre guarde qu'il y a une secque. Il ce voit en ce lieu là les ruynes d'une grande ville d'une longueur bien grande quy forme le port, et à deus emboucheures l'une à ponant et l'autre à levant. Pendant que nous estions là, il y arrive un navyre de guerre de Caillery. Nous en partismes les tans estant ponant et lebeichs, et mismes la proue par siroc laissant à guauche le port Caraquol et la Finicqua, et le matin nous truvasmes souprevant du cap Sainct Befany en Chypre, quelques 25 mille large sur Fontana Amoroza à un mille de laquelle y a une petite isle nommée Sainct George, et au dessous, tirant vers le mydy, est Baffe, cap Blanc, et cap d'Aguate où fusmes donner fonde, Limasso nous restant par tramontane.

Nous y truvasmes, un vaisseau corssayre de Malte comandé par M. le Chevallier de Siguonyer, et an partismes la nuict, les tans c'estant mis aus sirocs quy sont la traverssye, et costoyant l'isle, passasmes sur cap Saint George et sur cap de la Gregue, et ensuitte la ville de Famagouste quy est la principalle du royaume, nous fusmes mouiller au cap Saint André où Siguonyer nous vint encore truver, et enpartismes la nuict mesme. Mettant la proue par grec et le matin sur le cap Canzir, descouvrismes douze vaisseaus quy ce miret en fuitte à quy pleus en pouvoit fere. Deux ce tindret ensemble, séparés des autres, quy paroissoit les pleus gros. Nous leur donnasmes chasse et en prismes l'un quy estoit un caramousaly de bonne portée. Il ce deffandit, et nous tua troys hommes et en blessa trante deus. Nous y prismes soixante esclaves en vye, et vingt troys qu'il y en eut de tués. Il venoit du Paillasse et alloit charger en Alexandrye. Il cy truva quinze mille piastres à conte de la religion sens celles quy furet pillées devant que nous eussions remys le vaisseau et retiré nos gens. Son compaignon tira pays et ce sauva. Nous fusmes donner fonde à Port Bonnet sous cap Canzir, et truvasmes un navyre flamen quy venoit d'Alixandrette et alloit à Tripolly de Surye. Il nous sallua et fict son chemin. Le matin nous avions descouvert quatorze vaisseaus, et landemain les vismes encore, mais le tans estant bounasse calme nous ne pouvyons aller a eus. Nous leur donnyons pourtant tousiours chasse tenant la proue par ponant et lebeichs, Cap Malo nous restant par tramontane.

Sur le soir nous reconnusmes Lingua de Baguasse, suyvant tousiours ces vaisseaux iusques à deus mille de Famagouste quy est une belle ville. A la marine, en pays plain, nous tirasmes sept ou huict canonades à un quy nous estoit le plus proche mais ils guaigneret tous le port, et nous fusmes contraints de randre le bort vers le cap de la Gregue sur lequel nous truvasmes encor le vaisseau de Caillery quy avait esté combatu le iour auparavant par troys gualleres turques, et mesmes nous entendions les canonades sans rien voir. Il y avoit près d'un an que ce navyre estoit à la mer et n'avoit pleus de vivres. Toutes les barriques où il portait son eau c'estoit effondrées, et naviguoit quazy pour perdu. Nous l'assistasmes de tout ce que nous pusmes, d'où bien luy en prit, car ils en estoit à l'extrémité. Le comandant ce nommoit capitan Paulo. Le matin, notre gualliotte prit sur le sallines deux petits vaisseaus quy ce truvaret grecs. Le soir nous prismes la mer, et les tans ce raffraischyret grec et tramontane. Le matin il tomba un de nos marynyes à la mer et ce noya avant qu'ons peut luy donner secours. Landemain nous truvasmes sur Sainct Ihean d'Acre à quelques douze mille de terre, et allasmes à la volte de Caiffas quy n'est qu'environ quinze mille de là. A Sainct Ihean d'Acre il y a une villate à la marine, et au derrière paroisset deus monts dont l'un est mont Sinasy cellebre dans l'Escriture. Il n'y a que deus iournées de Saint Ihean d'Acre en Ieruzalem. Par Ponnant reste château Pellegrin et par levant le Cap Blanc. Nous fusmes donc vers Caiffas où il y a un meschant petit village; à la marine nous y truvasmes encor Siguonyer, la nuict prismes notre routte, et le matin prismes une petite germe chargée de blé avec vingt et un esclaves, et rendismes le bort par levant et truvasmes encore le vaisseau de Cailhery et costoyant la Surye passasmes contre Sur qu'ons dict estre le lieu où Sanson desfict les Filistins. Toute ceste coste de pays est fort belle. Nous allasmes mouilher à Seyde où la ville est au bort de la marine, et l'Ermin Faquardin y comandoit. Il n'y a point de port, mais il ce peut mouiller derrière un yzollot qu'il a; deus mille à l'entour de la ville ce voit troys ou catre villages. Nous vendismes là notre germe, et en partimes un dimanche à la nuict au randre de la seconde guarde, et demurasmes trois iours sur les voltes et le iudy prismes notre routte vers Chipre, et le vendredy matin fusmes sur le Cap Sainct André, et descouvrismes neuf vaisseaus quy nous voyant guaignèrent tous la terre ; le samedy matin nous fusmes tout contre eus.

Il cestoit fortifiés en terre ayant mys force bandyeres. Tout le monde couroit là et mesmes quantité de cavallerye, de sorte que voyant qu'il n'y avoit rien a fere pour nous, randismes le bort à la mer et le matin descouvrismes les montaignes d'Antioche, et allasmes fere notre ayguade à Port Bonnet et en partismes costoyant vers Cap Malo. Le vandredy matin prismes une germotte de Grecs quy venoit de Famagouste chargée de carroubes; il y avoit catre ou cinq Turcs quy san estoit fuys en terre avec la barque. Les Grecs nous dyret qu'il y avait quarante vaisseaus dans Famagouste quy n'ozait sortir voyant des corssayres par là. Nous tirasmes vers la Carmanye, et de la costoyasmes et passasmes sur Lingua de Baguasse et laissasmes la forteresse de Cluman par tramontane, tenant la proue par ponant et maestre. Proche dudict lieu y a un port nommé l'Escolle. Nous fusmes mouiller à l'Isle Provenccalle où il y a un bon redos pour aucuns tans, et ce peut donner fonde tout autour, et sortismes par la bouche d'antre elle et Port Cavallier. costoyant la Carmanye passasmes sur port Ollyve et près de la forteresse de Namour qui est au bort de la marine et au pied d'une montaigne, et rancontrasmes encor le vaisseau de Caillery ; nous fusmes vers le Goulfe de Satallye et ayant monté le cap Cellidoyne, fusmes deus iours en bonnasse a veue du mesme cap. Un matin que le vant començoit à ce mettre, nous descouvrismes six voilles latines quy sortoit du cap Cellidoyne et prenoit la mer, et sur le soir revindret en terre, nous allasmes à elles, et truvasmes que c'estoit cinq breguantins Turcs quy avoit pris une seytye chargée de blé quy alla dens Port Venitien où notre gualliote l'alla prandre. Nous allasmes au Guaquamo et en partismes, et le sept et huict de Iuin voltigeames à vue de Rhodes. Et les vans ce myret ponans et maestre fortunals. La nuict notre seytye c'escarta de nous et le matin ne la vismes pleus, et le soir descouvrismes Candye et les tans se raffraichissant tousiours davantage nous tenions la proue par ponant et lebeichs. Et le vandredy nous truvasmes sur Port Solliman où le terrain est fort bas, et ne ce voit pas de vingt mille et n'y a pas un arbre dans ceste coste. Le tans se mettant aus tramontanes, nous costoyasmes tetant la proue par ponant et maestre, et tenant le port iusques au dimanche 15 Iuin, nous truvasmes sur la Bombe quy est une isle basse près de terre ferme. Nous fusmes donner fonde au cap des Sallines du costé du levant. Nous mandasmes notre gualliotte prandre un peu d'eau à la marine quy ce truva salmastre; nous establismes bazar avec les Mores quy nous vendiret autant de bœufs et de moutons que nous voullusmes, mais pour de l'eau il ne s'an truvoit point quy ne fuct, salmastre, de sorte que la quantité de viande qu'ons achetta, avec ceste boisson, mit la malladye dans le vaisseau et en mourut quarante ou cinquante. Le ponant et maestre ce mettant frais, nous mismes la proue par tramontane, et landemain nous truvasmes un peu soutenant des Guozes de Candye, et mollasmes à la volte de Calismeno et passant près de terre laissasmes souprevant les deux escueils nommés les Cabres, et allasmes donner fonde à Calismeno où les vans grec levant siroc, et mydy, sont traverssyes et fort assuré pour tous les autres. Nous fusmes là iusques au 25 de Iuin que nous en partismes, et le 27 fusmes sur la forteresse de l'Esfachye, vis-à-vis des Guozes de Candye. Le 28 sur le soir, nous truvasmes sur le cap Sainct Ihean, et les tans estant tousiours ponant et maestre fort frais, nous prismes le port par ponant et lebeichs iusques à quelques cent vingt mille de Candye, et après le changeasmes par tramontane, et le premyer iour de Icuilhet nous truvasmes entre Porto Caille et le Serignon, ayant fort peu guaigné de ce bort, et truvasmes deus naves venitiennes quy alloit à Costantinoble et vismes ausy deus vaisseaus terre à terre de Porto Caille dont l'un estoit caramoussaly, et leur donnasmes chasse iusques à l'escueil de la pointe Serignon au dessous de laquelle est la forteresse. Nous rendismes le bort par ponant et lebeichs, et ainsi les tans estant tousiours fermés aus ponans et maestre, il nous fallut tousiours guaigner chemin pied à pied, tenant un bord à mydy et l'autre à tramontane.

Le iudy nuict, dis icuilhet deus heures après minuict, le chevallier de Rambure quy avoit esté esclave, mourut de malladye dans le cinquyesme iour de son mal, et fut ietté en mer le vandredy matin.

Le mesme iour iudy 10 icuilhet, monsieur le capitaine voullut voir en quelles mers son pillot quy estoit Charlles Raffeau grant marinier, et ces autres pleus apparens officyes et marinyes ce faizoit. Chascun apporta sa carte, et donna son point sellon l'observation qu'il avoit faict de la navigation. Voycy les points qu'ils donnaret :

Monsieur le capitaine : a trante mille du cap d'Espartivento quy reste par tramontane, et cinquante mille du cap Saincte Croys quy reste par la carte de ponant vers maestre.

Monsieur le lieutenant : à 60 mille de Cataigne quy reste par ponant, et 60 mille du cap Espartivento quy reste par tramontane.

Capitayne Charlles Raffeau pillot : cent mille large du cap Passaro quy reste par ponant, cap blanc restant par tramontane.

Patron Laurens : par Ponant à Sarragousse huitante mille large du cap Passaro.

Patron Esquirol : par ponant à Cataigne, trante mille large dudit lieu.

Patron Bazilio : à Saragousse, trante mille large.

Charles : par ponant à Mourre de Porc, huitante mille large.

Le Menut : par ponant à Mourre de Porc, cent quarante mille large.

Manette : par ponant au goulfe de Vindiquery, cent mille large.

Maître Louys : par ponant à Cataigne; septante mille large.

Patron Constantin : par ponant au cap Passero, cent quarante mille large.

Ihean : par ponant au goulfe de Vindiquery, large du cap Passero septante mille.

Le 12 Ieuilhet au matin, descouvrismes terre quy nous restoit par maestre et tramontane, nous tenyons la proue par ponant et maestre, et, la terre reconnue ce truva que c'estoit cap Passero, conforme au point de capitaine Charlles Raffeau pillot quy ne pouvoit estre pleus iuste.

Les tans se tournaret aus greguals, et nous mollasmes à la volte de Malte où nous arrivasmes par la grace de Dieu le 13 Ieuilhet 1608, après avoir truvé quazy tousiours dans ce voyage des tans ausy desespérés quan quel autre qu'ons puisse fere. Il nous fallut fere trois sepmaynes de quarantayne à cause des malladyes qu'il y avoit dans le vaisseau quy peu à peu cessèrent, et la santé ce restablit.

CATRIESME CARAVANNE

Voyage faict en Barbarye sur les cinq qualleres de la relligion comandees par Monsieur le Mareschal frere Pons de la Porte. Monsieur de Cremeaus estant capitayne de la capitane, et moy estant de caravanne sur la mesme guallere, ayant pris la dicte caravanne en langue le 14 ianvier 1610.

Partismes de Malte le samedy sixiesme mars 1610 sur le soir, et tournasmes l'isle du costé de Marse Siroc, puys reprenant notre chemin par ponant et lebeichs, arrivasmes le dimanche au soir à la Lampadouze. Partant de là, allasmes vers les Secs, et descouvrismes la tour de la Capoulle, et donnasmes fonde ausdits Secs 25 mille à la mer à huict brasses d'eau. Partant de la, fusmes à veue des ruynes de la ville d'Affricque, iadis destruite par l'Empereur Charlles Cinquyesme, et allasmes donner fonde desarborés à veue des Connilheres, quy sont de petites isles basses tout contre terre ferme, et n'y peut demurer vaisseau quy passe quinze bancs sans estre descouvert, et estant là entendismes une canonade tirée en terre ferme quy nous fict iuger que nous estions descouverts, et naviguant la nuict, le matin nous truvasmes à veue de la Gualibia et du cap Bon, et les tans estant mauvais nous prismes la routte de Trapano, et prenant la mer descouvrismes le Cimbalo. Et la nuict au randre de la premyere guarde fusmes donner fonde à la Favillanne, et lendemain matin à Trapano, ou le Viscerroy de Cecille quy estoit le marquys de Villeyne, manda demender les gualleres, et allasmes à Pallerme et au rectour portasmes à Trapano le fis et la fille du Viscerroy, et le prince et princesse de Pacheco. Nous partismes de Trapano la veille des Rameaus, et landemain, truvasmes sur la Licatte un navyre flamen quy venoit de Candye, chargé de malvoysye. Estant proches de luy, l'ons luy fict une fumée, et après ons tira une canonade sans balle. Il ne respondict point, ne sachant pas l'uzage, quy fuct cause qu'ons luy en tira une autre avec la balle quy donna dens le vaisseau, et après l'avoir reconnu et parllé, fusmes donner fonde à la Licatte, d'où nous partismes la nuict mesmes au randre de la premyere guarde, et naviguasmes le long de la coste de de Cecille iusques au matin, lundy sainct, que nous fismes la penne; et vers le goulfe de Terra Nova, quelques trante mille à la mer, descouvrismes deus vaisseaus, et allasmes à eus pour les reconnoitre, et la guallere Sainct Louys estant devant, les autres comme elle en fuct proche leur fict une fumée et tira un coup de canon sens balle. L'un amayna ausy tost la guabye, et tira ausy un coup de canon sens balle. C'estoit le flamen que nous avyons truvé le iour auparavant, quy avoit appris à respondre.

L'autre, après avoir attandu un cart d'heure, tira un coup de canon avec la balle, fict un salve de mosqueterye, mit ces bandyeres, et tira encor troys coups de canon à la balle. Le tans estoit asses bonnasse, nous commenceasmes à l'antreprandre, et luy tirasmes environ

cent coups de canon, et luy à nous environ cinquante
quy ne firet pas grant mal; nous luy donnasmes pluzieurs coups dedans; deus quy avoit faict grant ouver-
ture, et entroit asses d'eau dans le vaisseau. Ils faizoit
force d'esgoutter avec deus trombes qu'ils avoit, lors
qu'ils euret un autre coup de canon quy emporta les
trombes avec cinq ou six hommes et percea le vaisseau
d'un bout à l'autre, quy fuct cauze que l'eau entroit
abondammant, et qu'ils ne se peuvet pleus remedyer.
Là dessus, nous rezoullumes de luy guaigner souprevant,
et luy fere une salve de canonades avec des chesnes
pour luy abattre ces arbres, affin qu'il ne nous peut es-
chapper si le tans ce raffraichissoit, ainssin qu'il fict
bien tost après. Et comme nous comencions à voguer
pour executter ce dessain, ce voyant perdus, ils allaret
couper les escottes des voilles et amaynaret, et huict ou
dix Turcs san vindret au gualleres sur leur barque, et
d'autres à la nage; là dessus la guallere Sainct Estienne
comandée par le signor Verdelly Itallien, investit le vaisseau, et un cart d'heure après la guallere Sainct Alfonse comandée par le signor Toun alleman l'investit
ausy. Le vaisseau estant remys quy ne faizoit pleus de
rezistance, il y entra tant de gens dessus pour piller que
le navyre faizant quantité d'eau des canonades qu'il
avoit reçeu, s'acheva d'emplir par les portels de l'artilhe-
rie, et alla tout d'un coup à fons, et cy noya 23 chrestiens de nos gens et 60 Turcs Car nous nan prismes que
cent et vingt, et sellon le rapport du capitayne ils estoit
cent huitante hommes sur l'armemant. Ces deus Messieurs nos capitaynes furet cauze de ce dezordre, et
auroit bien mérité quelque facheuze demonstration. Le

Rays nommé Solliman Maltes, pour avoir esté aultres foys esclave à Malte, fuct pris estant homme de quelque réputation, le vaisseau estoit de portée de mille salmes avec vingtdeus pièces de canon, et n'avoit que treize iours qu'ils estoit partys de Tunys. Cara Osman quy estoit Bacha en Tunys aymoit Solliman Maltes et le rachetta despuys. Soudain que ce navyre eust coullé à fons les vans ce rasfraischyret bien fort, et bien nous vallut d'avoir expédyé cest affere avec la bonnasse, car nous auryons eu beaucoup pleus de payne d'an venir à bout, et la choze c'estant ainsin terminée, nous prismes la routte de Malte, où nous entrasmes avec toute magnificence le mardy matin 6 avril 1610.

Voyage faict en Barbarye en l'année 1610 par les cinq gualleres de la Religion, comandees par Monsieur le Mareschal de notre Ordre, frere Pons de la Porte. Monsieur le Comandeur de Crémeaus estant capitayne de la Capitane, et moy de caravanne sur la mesme guallere.

NOTA. — Ce voyage fut faict en ma catriesme caravanne comme le précédant.

Partismes de Malte le lundy 19 avril 1610, et allasmes au Guoze, d'où partismes la nuict au randre de la premyere guarde, tenant la proue par ponant, les tans estant lebeichs. Et le 20 sur le soir les tans ce tiraret aus ponans et maestre et mismes la proue par tramontane; la nuict il s'abbonassa et reprismes par ponant, et le matin 21 descouvrismes la Pantellerye et proueiasmes tout le iour et y arrivasmes à deus heures de nuict, et le iudy matin voullusmes aller mouilher à la forteresse, mais les tans nous en empeschèret et tournasmes donner fonde au redos de l'Isle. Sur le mydy, le tans nous permit d'aller à la forteresse. Le vandredy 23 les tans furet sirocs fort frais, et le matin ce descouvrit un vaisseau quy alloit à ponant. Nous le fusmes reconnoître, et fuct un vaisseau Olonois quy venoit de Venize chargé d'acyer pour Cartagenne. Le iour les tans se raffraischiret extrememant. Ledict vaisseau ce tira sous la forteresse, et nous ausy bien près d'icelle, desarborés, avec deus ancres à la mer, et fusmes ainsin toute la nuict. Le samedy, les tans sautaret aus ponans et maestre, nous congédiasmes le vaisseau, et les tans ce raffraischissant tousiours davantage allasmes donner fonde au redos de l'isle à 40 brasses d'eau, où nous truvasmes grosse mer du siroc. Du iour auparavant et toute la nuict fallut voguer sur le fer, les fers ne pouvant tenyr. Le dimanche il s'abbonassa, et partismes le lundy à la Diane, et à quinze milles de la Pantellerye descouvrismes un vaisseau quy nous restoit par ponant et maestre, et luy donnasmes chasse ; dans cest instant la forteresse de la Pantellerye tira une cannonade et fict fumée, et nous luy respondismes par une autre fumée ; et reconnoissant ce vaisseau, truvasmes que c'estoit un angloys quy alloit au Zante et avoit touché en Argers. Il nous montra sa patante et le laissasmes aller à son chemin.

Il nous dit que le iour auparavant, il avoit eu chasse de catre vaisseaus de Tunys quy c'estoit retirés à la Goullette, et y entrant avoit tyré force cannonades, et nous truvant à veue du cap Bon et du Cimbalo desarborasmes pour n'estre descouverts, et les tans ce myret sirocs frais, et ce soir là, Pantellerye nous restant par siroc, et le Cimbalo par ponant et lebeichs, et la guallibye par lebeichs, sur l'antrée de la nuict nous fismes voile du marabout, et allasmes à la volte du Cimbalo où nous arrivasmes à deus empoulettes de la troisième guarde, et donnasmes fonde au redos de l'Isle par ponant et maestre où nous estyons bien, Et y a un petit escueil à deus mosquetades de l'isle. Audit Cimbalo il y a d'une certayne sorte d'oyzeaus quy font la nuict un bruict fort grant et cryent comme des petits enfans, et le iour venant ce taizent, Le iudy 29 avril à la dyane allasmes donner fonde à une autre pointe de l'isle, et le iour fusmes voir avec la freguatte le lieu où nos deus gualleres avoit donné à travers le 8 avril 1606, d'où l'ons voit à clair le cap Bon quy n'est qu'à douze mille de là, et entre deus y a un petit esceuil nommé Cimballot. Le mercredy à la nuict fuct asses bonnasse, et le iudy nuict fict un siroc extrememant frais, et fallut voguer sur le fer toute la nuict, et ce mauvais tans dura iusques au au samedy que nous partismes du dict Cimbalo aus catre ampoullettes de la premyere guarde de la nuict, et mismes la proue vers la Guallita. Mais prenant la mer, et estant à quelques vingt mille large, les ponans et maestre ce myret fortunals avec grosse mer et pluye, et fallut mettre la proue à la carte de grec vers levant, et le dimanche matin, à cinq ampoullettes de la troisièsme guarde du iour, descouvrismes le Maretimo quy nous restoit par grec, et le soir à l'antrée de la nuict arrivasmes à la Favillanne, et le matin fusmes tourner l'isle de Levanso, et tournasmes donner fonde près des forteresses de la dicte Favillanne pour y fere eau. Et ayant appris qu'il y avoit une gualliotte Turque vers Lanstriguon, en partismes à la troysiesme ampoullette de la troysiesme guarde du iour, et fusmes donner fonde au cap Sainct Obily en Cecille, et le mardy matin fismes la penne estant tout contre terre, les tans fort bonnasses, et descouvrismes troys voilles latines vers Lanstriguon quy tiroit par grec, et allasmes donner fonde sur la pointe du goulfe de Castellamare, et en partismes à la premyere ampoullette de la troisiesme guarde du iour, désarborés, et tirasmes à la volte du Lanstriguon mettant la proue par grec, et y arrivasmes au randre de la seconde guarde de la nuict, et fismes le tour de l'isle, troys gualleres d'un costé et deus de l'autre, et ny truvasmes rien, et y demurasmes tout le iour iusques au landemain iudy matin quan partismes, et, sur le soir, tournasmes donner fonde au cap Sainct Obity, et en partismes la nuict, et le vandredy matin fusmes donner fonde à la Favillane où nous demurasmes iusques au dimanche neuf may qu'an partismes après digner. Les tans estant tramontanes passasmes souprevant du Maretimo, tenant la proue à la carte de ponant vers lebeichs, et landemain, au randre de la troisiesme guarde du iour, arrivasmes à la Guallita isle desabitée que nous abordasmes tenant la proue par lebeichs. Venant ainsin de ce costé, l'isle montre comme deus montaignolles, et y a catre esceuils distans de deus mosquetades quy restet par ponant et lebeichs, et de loing ne monstret qu'un ; et passasmes entre l'isle et lesdicts esceuils, les laissant par bande droite, et allasmes donner fonde au redos de tramontane, deus esceuils nous restant à la carte du lebeichs vers ponant, quy sont largs de l'isle une mosquetade, autour de laquelle il ce peut donner fonde en tournant l'isle, le fons y estant bon, et le iudy mandasmes la freguatte au cap de Roze quy n'est qu'a quarante mille de là, et près du bastion de France, et le dimanche matin la freguatte revint sans avoir peu prandre langue. Le lundy à une heure de iour, nous partismes de la Guallitta les tans estant aus mestrals, mettant la proue par grec et levant, et, sur les onze heures, nous truvasmes à quelques trante cinq mille du cap Esbibo près Byzerte quy nous restoit par siroc, et le soir l'avyons par mydy à vingt cinq mille larg dezarborés, le cap de Porto farine nous restant par siroc et mydy, et cap Cartage par siroc, et le mardy matin sur la pointe du derrière le cap de Porto Farine prismes une tartane et troys londres chargés de provizions pour les gualliottes de Bizerte, et ny prismes qu'un esclave, les autres san estant fuys en terre. Les ayant pris, nous descouvrismes deus voilles de l'autre costé du goulfe, et leur donnasmes chasse. La capitane en prit l'une quy fuct un londre avec sept esclaves et Sainct Louys prit l'autre quy estoit breguantin avec trante esclaves, faizant notre chemin laissasmes Tunys à bande droite, et tirasmes vers cap Carthage où il y a une tour, et à troys mille de là est la Goullette quy est une asses bonne forteresse à la marine. C'est une plage où le goulfe est grant large de dix mille à l'embouchcure. Nous avions dessaigne d'aller prandre ou brusller huict vaisseaus qu'il y avoit à la rade près de la forteresse, mais les tans ce raffraischyret grec et tramontane quy sont les traverssyes, et tournasmes donner fonde à Porto Farine ; la Goulette est le lieu ou estoit iadis Carthage : Il cy voit encore force grandes ruynes, et le soir, partismes de là et mismes la proue par grec et levant pour prandre à la mer, et le matin mercredy 19 may nous truvant mille à la mer reprismes le bort par maestral, et le tismes iusques au vandredy matin que nous truvasmes en terre à veue de Cailhery principalle ville de Sardaigne, et descouvrismes un vaisseau sur l'isle Serpantare vis à vis du cap Carbonare, et l'allasmes reconoître, et fuct un angloys quy partoit de Cailhery et alloit à Ligourne. Après cella nous allasmes fere cyguade et prandre du boys, et le tans estant grec et tramontane, allasmes à Cailhery où arrivasmes le 21 may, et en partismes le 26 à l'antrée de la nuict, mettant la proue par mydy à la volte du cap Poulle, et estant, prismes par ponant à la volte du cap Taularc les tans estant levans, et fusmes donner fonde derrière le cap et en partismes la nuict, et tirasmes vers l'isle de Sainct Antioche quy n'est qu'à deus mil du terrain de Sardaigne, et un gros vaisseau ne peut passer entre les deus à cauze des secques qu'il y a et prismes notre chemin vers les islles de Sainct Pierre quy ne sont ausy qu'à dix mille de Sardaigne, et allasmes reconnoître un vaisseau françoys quy avoit donné fonde dans le fréau, et après, tirant par grec et tramontane, allasmes à une tour en Sardaigne fere de l'eau, et en partismes le soir et tournasmes vers cap Taularc passant entre l'isle Sainct Antioche et l'esceuil appelé le Tore. Sur ceste pointe de la dicte isle y a deus esceuils appellés la Vache et le Veau quy se reguardet avec le Tore grec et lebeichs, et allasmes fere du boys en Sardaigne, et le 29 may à catre ampoullettes de la seconde guarde du iour, fismes voile, mettant la proue par siroc et levant, les tans estant lebeichs. Le 30 fuct bonnasse, et le soir les tans ce myret aus levans, touchant un peu du siroc, et mismes la proue par grec et levant, et le 31 à deus heures de nuict arrivasmes à Trapano où nous eusmes la malheureuze nouvelle de la mort de Henry le grand IVme de ce nom, meschammant assassiné par le maudit Françoys Ravaillac le 14 du mesme moys. Le 2 de iuin partismes de Trapano et allasmes donner fonde à Levansso, et le 3 après avoir tourné ceste isle et faict la penne, fismes voile à la volte de la Licatte où arrivasmes le soir, et après avoir demuré deus heures, les tans estant ponant et lebeichs, prismes la routte de Malte, où, par la grace de Dieu, nous arrivasmes le 4e Iuin 1610.

CINQUYESME CARAVANNE

DU PREMYER SEMESTRE DE L'ANNÉE 1611, QUY FUCT REFAICTE
EN LANGUE LE 29 DÉCEMBRE 1610.

Voyage faict en levant par les cinq gualleres de la Religion, comandées par Monsieur frère Ihean de Vassadel Vacqueyras, grant Comandeur de l'Ordre; estant capitayne de la Capitane. Monsieur de Beauchans, et Monsieur de Sainct-Marc patron, moy estant de Caravanne sur la guallere Sainct-Alfonsse, comandée par Monsieur de la Vauguyon Comandeur de Ballan, Monsieur du Plessis Baudouyn estant son patron.

Partismes de Malte le lundy 2 may 1611 deus heures devant le iour, et allasmes donner fonde à Marsse Siroc, où Monsieur le grant maître Vignacourt vint fere la reveue, et le tans cestant mys contrayre, retournasmes au port où nous fusmes iusques au vandredy six may que nous partismes troys heures après mydy, faizant voille du tréau, les tans estant aus ponans fort frais, mettant la prouc par la carte de grec vers levant; et le samedy tismes le même chemin les tans cestant tirés aus tramontanes, et le dimenche fismes la mesme routte, et le lundy matin descouvrismes la Chaffellonye quy nous restoit par grec et tramontane quarante mille large, et amaynasmes mettant la proue par la carte de siroc vers mydy. Le Zante nous restant par grec le iour, costoyasmes le terrain vingt mille large, et le soir fusmes sur Lestranfany où nous truvasmes le petit guallion de la religion comandé par monsieur de Gouttes, et le ioignismes au coucher du soleil, et allasmes donner fonde à Lestranfany où nous demurasmes iusques au mercredy onse may, que nous en partismes sur les troys heures après mydy, et le guallion ausy, les tans estant aus mestrals, et la nuict les pillots estant incertayns par où nous restoit le Prodano, fuct arresté dy envoyer la felloucque pour le reconnoître, et nous tournasmes donner fonde à Lestranfany, le iudy matin la felloucque revint sur le mydy, et nous repartismes une heure après, et arrivasmes au Prodano la nuit à deus ampoullettes de la seconde guarde, et demurasmes là iusques au vandredy soir 13 may que nous en partismes pour aller executter une entreprize sur Navarin le neuf quy est à quinze mille de là, et passant sur Navarin le vycus, quy est une villate sur la pointe d'une montaignolle à dix mille de Prodano, elle tira une canonade. Et Navarin le neuf respondit ausy tost et Modon ausy, les tans estant fort bonnasses et nous fort proches de terre quy fuct cauze que nous en retournasmes donner fonde au Prodano a une calle où la traverssye est lebeichs, et demurasmes là iusques au samedy au soir que nous en partismes pour aller executter l'entreprize, et abordasmes le terrain à troys ampoullettes de la seconde guarde, et mandasmes la felloucque avec des personnes capables pour reconnoître le lieu du dezambarquemant, il ce truva que le pays estoit sy mauvais, qu'ons ne le pouvet fere qu'à portée de mosquet de la place. Quy fuct cauze qu'ons rezoullut de ce retirer sur les catre ampoullettes de la troisiesme guarde de la nuict, et sur cest instant, la forteresse ce mit à tirer quantité de canonades et force mosquetades, car ils estoit avertys et nous avoit descouverts et ce tenoit dispozes pour nous bien recevoir. La place est assize à la marine sur le paucheant d'une montaigne, et de loing paroit estre bien forte ; il n'y a que six mil iusques à Navarrin le vieus. Nous retournasmes au Prodano, et deus gualleres allaret prandre le guallion quy estoit proche de là sur les bors, attandant la reussye ; et donnasmes fonde tous ensemble iusques au dimenche au soir que nous en partismes, et prismes la routte de Lestranfany, remorquant le guallion lequel nous laissasmes aller le lundy matin pour san rectourner à Malte, à quelques douze mil de l'Estranfany, après avoir pris le biscuyt qu'il portoit pour nous. Le voir fismes notre cyguade à Lestranfany, et à l'antrée de la nuict fismes voille mettant la proue par la carte de Siroc vers mydy, et le matin nous truvasmes sur Navarrin trante mil à la mer, et passasmes à veue de l'isle de la Sapience sur Modon, et à veue du cap Guallo et de l'isle de Vénétique près de Couron. Il y a des montaignes fort hautes en ceste coste, et le soir passasmes sur Porto Vecho au Braze de Mayne, et allasmes donner fonde à la calle Sainct Nicollo, et landemain matin, un peu avant la diane, serpasmes et nous mismes sous les armes, et fusmes donner à Porto Cailhe ou les grecs nous dyret que les gualleres de Florence y estoit passées n'avoit que quinze iours, et qu'à vingt mil de là y avoit catre gualliasses venityennes quy conduyzoit catre grosses naues à Venize, et partismes de la le mercredy à sept heures du soir mettant la proue par levant et le iudy

19 may arrivasmes au Scrignou et nous allasmes mettre à la pointe quy reguarde le Scriguot, et mandasmes la felloucque pour prandre langue à la forteresse quy est de ce costé la, où ils nous dyret que les gualleres de Florence avoit manqué une entreprize sur la Cavalle, et avoit pris un cazal avec cinq cens esclaves. Nous passasmes entre la forteresse et l'escueil nommé Ova, et rencontrasmes une naue venitienne quy venoit de Smirne et alloit à Venize quy ne nous dict nulle nouvelle, et tournasmes donner fonde iusques à la nuict que nous partismes mettant la proué par grec, et le matin, costoyant la Morée, passasmes sur Malvoyzie et sur le goulfe de Napoly, de Romanye, estant desarborés despuys la pointe du iour, et tirant par grec et tramontane fusmes donner fonde à une petite isle desabitée nommée Poulle, de laquelle nous approchant de deus mille nous levasmes rame, et mendasmes la felloucque pour reconnoître le lieu, et fusmes y donner fonde, le Mille nous restant par siroc, et le cap Sainct Ange par la carte de mydy, vers lebeichs, et en partismes le soir à l'antrée de la nuict, et allasmes à l'isle d'Ydre desabitée quy est un beau lieu et y a grande quantité de pins. Le port s'embouche par ponant et lebeichs. L'isle Sainct Ihean d'Arbol ausy desabitée nous restoit par grec et levant, et partismes de là à l'antrée de la nuict mettant la proue par la carte de tramontane vers maestre, et le matin devant iour allasmes donner fonde à l'isle d'Helena habitée de grecs, assize dans le goulfe d'Athènes, où les escolliers d'Athènes alloit enciennement fere des ioutes et des tournoys pour l'amour de la belle Hellene quy habitoit bien souvant en ce lieu. Nous donnasmes fonde

à redos du ponant et lebeichs, Athènes nous restant de l'autre costé du goulfe par grec quelques vingt mille large, et fusmes là tout le iour près d'un petit izollot qu'il y a loing de l'isle une mosquetade, où il n'y a qu'une chapelle, et partismes de là le soir de la Pentecoste pour aller mettre gens en terre à Corinte quy est tout au bout du goulfe, et mismes la prouc par la carte de ponant vers maestre, et deus heures devant iour le dezambarquemant fuet faict, et fusmes huict mille dans la terre ferme. La forteresse de Corinte est sur un mont fort hauct, et sur le pied du mont asses loing y a un grant bourg fermé aus murailles duquel vient le goulfe de Lepante ; nous en saccageasmes une partye et prismes deus cens cinquante personnes grecs ou turcs. Nous ne nous y arrestames que fort peu de tans, car la retraicte estoit fort esloignée ; nous formasmes un bataillon de picquyers avec des mosquetayres sur les aisles, le butin au milieu, et un autre bataillon après, et fusmes suyvys et costoyés d'environ catre vingts chevaus séparés en divers lieus quy ne nous ozaret iamais aborder, et en cest ordre nous arrivasmes aus gualleres. Le pays est beau et plain et fort avantageus pour la cavallerye. Par bonne fortune, le Bassa quy comandoit en ce cartier ce truva absant, et avoit amené avec luy la pleus grande partye de la cavallerye de ce cartier là, car s'il cy fuct rencontré, nous estions pour avoir bien des affcres, car nous n'estions pas pleus de sis cens hommes, et la retraicte estoit fort longue.

Soudain nous estre réambarques nous partismes mettant la proue par la carte de siroc vers levant, le goulfe est fort estroit et a septante mille de long, et y a quantité d'izollots dedans. Nous retournasmes à Hellena où nous laissasmes tous les grecs quy ce truvaret parmy les prizonnyes que nous avyons pris, et ne nous resta qu'anviron cent esclaves presque tout femmes et petits enfans. Nous partismes le soir, et tournasmes vers Ydre, et le mardy 24 may deus heures après mydy tournasmes donner fonde à l'isle de Poulle du costé de tramontane, les vans estant au mydy fort frais, et en partismes au randre de la seconde guarde de la nuict, et truvasmes ponans frais au possible ; la bouche du cap Sainct Ange iettant feu, nous tyrions par mydy fayzant effort pour guaigner le Seriguot le pleus orsse que nous pouvyons, ne pouvant porter que la mezane et le tercerol au trinquet, mais les vans et la mer ce myret fortune routte, et fallut prouyer à la volte de Candye où nous fusmes donner fonde à six mille d'une forteresse nommée Tourelourou où pleus bas est la Cannée, et fusmes là iusques au 26 may que nous en partismes, et tirasmes vers Carpouze et cap Sainct Ihean, et tournant le cap, tirant par la carte de levant vers siroc, passasmes sur la forteresse de Celino quy est à quelques six mille du cap. Elle tyra un coup de canon sens balle, notre capitane luy respondit tout de mesme, et costoyant la Candye allasmes mouilher à une petite calle deus mil à ponant de Lesfachye, et le 29 may allasmes fere eyguade entre Lesfachye et ceste calle, où cavant à la marine, truvasmes de fort bonne eau et tournasmes donner fonde au mesme lieu d'où nous estions partys, et le 30, espalmasmes à feu catre tables, et partismes une heure après mydy ayant descouvert un vaysseau vers le Guoze de Candye auquel donnasmes chasse, et truvasmes que cestoit une tartane francoyze, partye d'Alixandre il y avoit huict iours, quy nous donna nouvelles y avoir laissé cinquante vaisseaus quy attandoit l'armée pour les escorter et conduyre à Constantinoble, et qu'il estoit party dudict lieu deus grosses et riches germes pour venir en Barbarye, et qu'ils croyet que nous les pourrions facillement rancontrer sy nous prenions ceste routte. Quy fuct cauze qu'ons prit l'avys des capytaynes, et fuct rezoulu d'aller vers le cap Bon André, et mismes la proue par lebeichs et par la carte de lebeichs vers mydy, et les tans ce myret fortunals au signe de ponant touchant un peu du maestre, et toute la nuict allasmes avec la mezane. Landemain 31 may le tans s'abbonassa un peu, et fismes encor le trinquet, et le soir descouvrismes le cap des Sallines quy restoit par siroc et nous avions la proue par lebeichs et mydy, et ne pouvant pas bien reconnoître cap Bon André, à deus empoullettes de la seconde guarde de la nuict, amaynames le trinquet, et avec la mezane seulle prismes un bort en dehors et venant le iour, allasmes donner fonde à Bon André, et fismes nostre eau et bazar avec les Mores. Il a grande quantité de de bonne eau à la marine, et bon redos pour tous vans hormys grec et tramontane et grec et levant quy sont les traverssies. Nous en partismes le 2 de Iuin à l'antrée de la nuict, mettant la proue par ponant à la volte de cap Rissout quy est à cinquante mille de là, et le reguardet ponant et levant. Bon André montre une longue pointe de terrain bas quy avance en mer, et le reste montaignes. Cap Rissout ausy, mais non pas du tout tant, et venant du costé de levant montre à la pointe comme un izollot quy pourtant ne l'est pas, et les tans estant grec et tramontane nous tenyons tousiours la proue par ponant, costoyant le terrain, et vismes le cap de Tollometa quy est le cartyer où il y a force autruches, et le soir 3me Iuin, à l'antrée de la nuict, passasmes sur cap Bernich quy nous restoit par mydy trante mille larg. Passé ledict cap est le goulfe de la Sidre quy c'estant iusques au cap Mesurat, et dure 250 mille.

La nuict eusmes fort beau tans, et landemain sur le mydy les vans sautaret au goulfe à signe de levans, et suyvismes tousiours notre chemin, et landemain ausy, et sur le soir fismes le tréau avec le trinquet pour ne fere tant de chemin croyant nous truver landemain en terre. Ce quy ne fuct pas, les courans nous ayant faict perdre du chemin. La nuict nous mismes à sec, et le lundy matin 6 Iuin vismes la terre, et fuct arresté de ce tenir sur les bors pour n'estre descouverts, tenant un bort à tramontane, l'autre à mydy avec le trinquet et la mezane, les tans estant aus greguals, Capo Magro nous restant par lebeichs, et tismes un bort trante mille à la mer, et le mesmes iour sur le soir, le randismes par mydy, et ce leva un tans fort frais et allasmes avec la mezane iusques à moytye de la seconde guarde qu'il s'abbonassa, et tismes ce bort iusques au landemain 7me Iuin que vismes encor la terre, et les tans ce myret grec et tramontane et mismes en proue par la carte de maestre vers ponant. La nuict furet siroc frais, et allasmes avec le trinquet et la mezane; et le 8 du matin navyguant avec le mesme tans frays, l'antenne de la maestre de la patronne ce rompit en deus pièces, et ne pouvet amayner. Ce quy nous constraignit de retourner à Malte, mettant la proue par tramontane, et le 9 du matin descouvrismes la Linouze quy nous restoit par maestre 40 mille large, et nous fismes orsse par grec, le tans estant aus levans, et le iour grossit, et allasmes avec le trinquet et la mezane, et le soir nous truvasmes 30 mil soutevant de Guoze, et nonostant la grosse mer voguasmes iusques au randre de la premyere guarde que fismes tercerol de marabout, et prismes un bort par la carte de grec vers levant, et le vendredy 10 iuin bordciames et fismes force de rame pour aller en terre n'an estant qu'à dix mille. Mais les tans estoit siroc et le vant si frais qu'il n'y eut moyen di acoster que sur les catre ampoulettes de la premyere guarde de la nuict, qu'avec grande payne, nous donnasmes fonde au Guoze iusques à demy de la troisiesme guarde de nuict que nous serpasmes pour aller au port de Malte où nous arrivasmes, par la grace de Dieu, sur l'heure du digner samedy 11 de iuin iour de Sainct Barnabé 1611, après avoir eu des tans fascheus et desespérés pendant tout ce voyage

Voyage faict en Barbarye en l'annee 1611 par les cinq guallcres de la Religion, comandees par Monsieur le grant Comandeur frere Ihean de Vassadel Vacqueyras; moy faizant ma cinquyesme caravanne sur la guallere Sainct-Alfonsse, comandee par Monsieur de la Vauguyon, comandeur de Ballan.

Partismes de Malte le samedy 19 iuin à l'antrée de la nuict, et allasmes donner fonde au Comun d'où serpasmes pour aller au Miniarre fere notre eyguade, et le dimanche après mydy partismes mettant la proue par ponant, et le lundy matin arrivasmes à la Linouze où donasmes fonde et y demurasmes iusques au soir que nous en partismes, mettant la proue par lebciehs et mydy vers la Lampadouze quy n'est qu'à trante mil de là, toutes deus deshabitées, et y arrivasmes le mardy devant iour, et fismes un peu d'eau, et le mesme iour en partismes sur le soir les tans estant bons, et mismes la proue à la carte de lebciehs vers ponant, tirant vers l'isle des Querquenes; nous fismes la nuict quelques cinquante mille de chemin, et le matin, mouillasmes à 16 brasses d'eau sans voyr terre, et fusmes là tout le iour. Et la nuict suyvante fismes fort peu de chemin. Ces lieus sont les secs nommés de Bourge. Le iudy fismes voille les tans estant levans, mismes la proue par mydy, et à la carte du mydy vers siroc à la volte des secs de Palo, et la nuict à la troysiesme guarde donnames fonde à 35 brasses d'eau ayant navigué avec la mezane, et le matin serpasmes allant avec le trinquet seul, et cheminasmes iusques à ce que nous fusmes à 15 brasses d'eau, et sur le mydy iour de la Sainct Ihean, descouvrismes un vaisseau quy nous restoit par la carte de grec vers levant et tiroit par tramontane, nous luy donnasmes chasse iusques au soir que nous le ioignismes, et fuct une germote de Grecs quy venoit des Gerbes, et alloit au Zante. Il y avoit neuf Turcs dessus que nous prismes, et tournasmes donner fonde vers le mesme lieu d'où nous estions partys, et le samedy matin descouvrismes un vaisseau quy restoit par grec, et luy donnant chasse le prismes, et fuct une autre germotte de Grecs quy venoit du Mille et alloit à Tunys pour le rachat de quelques esclaves, et ce faict retournasmes d'où nous estyons partys quy est sur la teste des secs de Palo, et donnasmes fonde iusques à la nuict que nous fismes voille, tirant par la carte de maestre vers tramontane, et fismes quelques trante mille et landemain matin descouvrismes l'isle des Gerbes, et la coste de terre ferme quinze mille large, et vogasmes iusques sur le mydy que nous donnasmes fonde à 15 brasses sur la bouche du canal, en vcue de la pointe de la Roquette, quy restoit par mydy et lebeichs 15 mille larg les lans estant aus levans. Et le lundy matin descouvrismes catre voilles, et leur donnant chasse les prismes à dix mille de terre sur Maguarize et Pina. C'estoit des gualbes, la capitane en prit un chargé d'orge et layne et 26 esclaves et quelque iarre d'huile; Sainct Alfonsse un autre chargé d'orge et 11 esclaves quy venoit de Tunys et alloit aus Gerbes; Saint Laurens un autre chargé d'orge et 8 esclaves, la patrone un autre chargé d'orge et layne et sept esclaves. Cella faict, donnasmes fonde iusques au soir que nous partismes, et la nuict, sur le comancement de la troisiesme guarde, descouvrismes deus vaisseaus. La capitane en prit l'un quy estait le pleus gros quy ce truva chargé de layne et barraquans avec soisante deus esclaves ; Sainct Laurens prit l'autre chargé d'orge et d'esclaves. Nous prismes donc pendant ce voyage cent trante un esclaves, et les chargemans des vaisseaus quy vallut encor quelque choze. Après cella, nous mismes la proue par grec, les tans estant aus levans, et sur l'heure des vespres laissasmes soutevant les islles des Camollières et des Querquenes quy restoit par ponant et maestre, et mettant la proue par la carte de grec vers tramontane arrivasmes le iudy devant iour à la Lampadouze, et le matin après avoir faict la descouverte par l'homme à la penne y donnasmes fonde, et lismes de l'eau et du boys et en partismes le même iour sur le mydy, mettant la proue par grec et levant, et arrivasmes à Malte par la grace de Dieu le vendredy matin deus de iuilhet 1611, n'y ayant que deus iours que la premyere caravanne de ceste année estoit finye.

Voyage faict en Barbarye avec trante catre qualleres comandees par le Marquys de Saincte Croys en l'année 1611, nos qualleres estant comandées par

VOYAGE VOLONTAYRE

Partismes de Malte le 15 septambre au randre de la seconde guarde de la nuict, et fallut à cauze du mauvais tans s'arrester à la calle Sainct Paul et au Guozo iusques au dimenche au soir 19me dudit moys que partismes ayant les vans par proue à signe de ponant et lebeichs. Nous prouviasmes toute la nuict et le lundy sur la minuict arrivasmes à la Lampadouze où nous fusmes iusques au mardy soir que nous en partismes, mais trouvant les tans contrayres fusmes constraints dy rectourner mercredy matin, et nous y arrestasmes iusques au vandredy au soir que nous en partismes, et prismes notre routte vers l'isle des Querquenes où nous arrivasmes le dimenche au soir, et fallut donner fonde les tans estant fort frais et contrayres. C'est une islle à quelques vingt mille de terre ferme, et huict ou dix mille tout au tour c'est tout de bas fons qu'ons nan peut approcher sans s'engaier à tout moment; tellement, que le dezambarquemant y est tout à faict dificile ny ayant moyen d'accoster la terre sy l'ons n'est extrememant pratic du canal pour le pouvoir tenir. A la fin, il ce trouva sur la Capitane de Naples un esclave qui avoit esté pescheur sept ou huict ans en ce cartier là, quy s'obligea moyenant qu'on luy donnat la liberté de montrer le canal, ce qu'il fit; et le mardy 27 septembre, fismes notre dezambarquemant, et mismes catre mille hommes en terre à troys mousquetades d'une tour que les Mores y ont comancé. Ce que voyant, les Mores s'enfuyret tous à une autre petite isle qui est au bout de la grande, y en ayant pluzieurs autres autres aux environs, et ils vont de l'une à l'autre dens l'eau comme des canarts.

Tout le mercredy nous battimes la campaigne sans rien trouver, tout estant abandonné. L'ons truvait des maisons escartées où l'ons mettoit le feu. Le soir nous truvasmes un endroit où il y avoit une vingtayne de maisons où nous fismes le logemant, ne sachant encore où les ennemys c'estoit fuys, et le iudy nous en retournant vers la tour, il vint avys qu'ons avoit descouvert les Mores, et partismes deus heures devant iour pour aller à l'isle où ils c'estoit retirés, et cheminasmes iusques à une heure après mydy avec une challeur extreme, et passant près d'un cazal, le marquys de Sainete Croy, ordonna à notre esquadron de Malte que Monsieur de Matta, lieutenant de mareschal de l'ordre comandait, d'aller voir d'un costé la posture des ennemys, et luy d'un autre, avec environ soisante chevaus à la teste du gros, s'avancea iusques en veue des ennemys, et pour les aborder, il fallait passer d'une isle à l'autre en eau iusques à la sainture durant cinq ou six cens pas; la cavallerye voullut passer la premyere, et l'infanterye suyvait. Estant à demy du canal, les chevaus truvant du bourbier, ne pouvant aizemant ce remuer, les Mores vindret à eus et les chargearet et tuaret quelques hommes, et entre autres le duc de Cherchy, napollitayn, de la famille des Caraffes, le chevallier de Châteauneuf de notre ordre, et pluzieurs autres. Le duc de Nochère napollitayn, blessé de troys ou catre coups de zaguaye. Sur cella nous parumes à l'autre bout de l'isle, et voyant les notres aus mains, passasmes un samblable canal en eau iusques à la sainture, pour arrester l'ennemy et le mettre entre deus. Sur quoy vint un comandemant du marquys de Saincte Croys de nous retirer, et repassasmes l'eau ; les troupes du marquys prindret environ troys cens esclaves la plus part femmes et petits enfants. Le soir, après avoir faict pour le moins dix lieues avec une challeur insuportable, allasmes fere notre logemant en dix ou douze maisons escartées. Il arriva ce iour là une choze digne de remarque, quy est que le batailloun des Espaignols et le notre marchoit asses proches l'un de l'autre. Un soldat Espaignol tira son mousquet quy estoit chargé à la balle et qui vint tomber dans notre batailloun sans pourtant blesser personne. L'ons cria qu'ils prinsset guarde quant ils tiroit. Le marquis sceut cella, et comanda que ce soldat fuct sur l'heure passé par les armes. Nous fusmes tout aussy tost avertis que ceste iustice s'alloit fere. Nostre général manda supplier le marquys de Saincte Croys de sa part, et de tout notre cors, de luy voulloir faire grace ; il y eut toutes les peines du monde de l'obtenir, et fallut fere pluzieurs replicques. Enfin il l'accorda, et l'après dignée, ce mizerable soldat fuct tué par les Mores ; ce quy tesmoigne l'heur et le malheur quy suit les hommes.

Le samedy matin nous nous retirasmes vers l'embarquemant. Cette isle est belle et y a grande quantité de datyers, de vignes, nombre infini de chameaus et bestiaus, force lievres petits comme des lapins.

Soudain estre embarques, nous partismes vers la Lampadouze, et la pleus grande partye des gualleres y furet fort proche et l'auroit guaignée, mais le lundy 4me d'octobre, iour de Sainct Françoys, il se leva une tempeste de siroc et levant sy forte avec une mer comme les mons, de sorte que le marquys ce rezoulut de courre à la volte de Trapano; nous prismes donc par tramontane, et eusmes bien des afferes. Ceste nuict là sur la minuict le tans s'abbonassa un peu, et le matin nous trouvasmes huict ou dix gualleres à cinq ou six mille l'une de l'autre; catre des notres avec la realle ce trouvaret ensemble; les autres coururet quy d'un costé quy de l'autre, une des notres avec catre ou cinq de Cecille abordaret à Malte, et aucunes iettaret leur canon à la mer.

L'esquadre de Gennes compozée de huit gualleres comandées par don Carllo Doria courut vers Gennes. Celles de Cecille estoit comandées par Don Petro de Leyva. Nous tirasmes à la volte de Trapano tout le iour; mais la nuict le vent sauta au grec et tramontane, et ce raffraischit sy fort qu'il nous fallut moller vers Malte où nous arrivasmes le iudy matin 7me d'octobre 1611.

SIXIESME CARAVANNE

Voyage faict en Barbarye par les cinq guallères de la Religion, comandées par Monsieur le grand Comandeur frère Iheau de Vassadel Vacqueyras en l'annee 1612, moy estant de caravanne sur la quallere Sainct Laurens comandée par frere Rafael de Grave Serignan, Monsieur frere Tristan de Villeneufve Maurens estant son lieutenant

Partismes de Saragousse en Cecille le dimanche 6 may à minuict, et le lundy matin fusmes sur le cap Passero, et mismes la proue par ponant et lebeichs, les tans estant aus mestrals quy sautaret aus lebeichs, et le soir à minuict donnasmes fonde au Guoze de Malte où demurasmes au mardy nuict que nous en partismes, mettant la proue par ponant et lebeichs à la volte de la Lampadouze où nous arrivasmes le mercredy à minuict; et les tans se rasfraischyret ans levans et nous tindret là iusques au samedy 12 que nous en partismes sur la minuict, mettant la proue par le lebeichs, les tans estant aus greguals, et le dimanche fusmes mouiller à catre brasses d'eau sur les secs de Saint-Patriarche, d'où serpasmes le lundy 14 à l'antrée de la nuict, et mismes la proue par siroc et levant, et le mardy matin pour approcher un peu le terrain mismes la proue par mydy et lebeichs, les vans estant sirocs asses frais allant avec le trinquet. Et donnasmes fonde à quinze brasses d'eau, et le tans se rasfraischissant tousiours davantage, fallut retourner aus secs où mouillasmes à catre brasses d'eau; et les tans ce cheangearet grec et tramontane fortunals, et duraret iusques au 18 au matin que nous descouvrismes terre vers les Esfacs; et crainte d'être descouverts, nous reculasmes donner fonde à 35 brasses d'eau à demy canal des Esfacs et des Gerbes desarborés, et demurasmes là iusques à une heure après minuict que serpasmes, les tans estant grec et levant, et mettant la proue par grec et tramontane donnasmes fonde sur les dix heures du matin à douze brasses d'eau.

Le iour le vant se rasfraischit, et la mer grossit, et fallut s'oster de là et aller aux Secs; et fismes trinquet et mezane tenant la proue par la carte de tramontane vers grec, et fusmes mouiller à catre brasses, et le dimanche 20 may serpasmes, mettant la proue par la carte du grec vers levant, et cotoyant l'isle des Querquenes donnasmes fonde à cinq brasses. Les tans se miret ans tramontanes fortunals quy nous tindret là iusques au 22 may que nous en partismes mettant la proue par grec, les taus estant tramontanes et le 23 au point du iour arrivasmes à la Lampadouze constraints du bezoing de fere de l'eau, et en partismes le 24 au soir metcant la proue à la carte de grec vers tramontane à la volte de la Lycate, et le vendredy 25 estant vingt mille sur le Guoze de Malte descouvrismes un vaisseau lequel fusmes reconnetre, et ce truva estre Francoys qui venait d'Alixandrye nous le remorquasmes dans le port de Malte où il avoit bezoing de quelque chose, et y arrivasmes par la grace de Dieu, le 26 may 1612, sans avoir rien peu fere en ce malheureus voyage qu'essuyer force coups de mer. Au retour duquel Monsieur de Vacqueyras quitta la generalité des guallcres, et le signor dom Louys Mendes de Vasconcellos la prit, quy despuys a esté Grant Maistre, et ma sixiesme caravane finit le dernier de iuin 1612.

SECOURS EN 1612

Dans la caravane suyvante quy comenceoit en ieuilhet 1612, il ce fict un secours pour rcnfforsser les guallcres quy estoit à l'armée avec le prince Fellibert de Savoye, sur le bruict que le Turc avoit une puissante armée et qu'il sen pourroit ensuyvre une bataille. Ie pris donc ce secours en langue, et ay rapporté cy devant à folio 24 ce quy s'en ensuyvit; nous nous embarquasmes tous sur catre gualleres de l'armée quy vindret ycy, et fusmes truver les notres qui estoit à Messine avec l'armée.

Voyage faict en Barbarye par Monsieur le compte de Ioigny, Felipe Emanuel de Guondy général des gualleres du Roy. Monsieur le Comandeur d'Arifat estant pour lors capitaine de la Realle, et comandant toute la charge en l'absence de Monsieur le général, et moy estant lieutenant sur la mesme Realle en l'annee 1620; en nombre de sept gualleres.

Partismes de Marseille le 28 de iuin 1620, pour les nouvelles frequantes qu'on savoit des corsayres quy ravageoit la coste d'Espaigne. Ceste routte fuct estimée la meilleure, n'an ayant point paru pour tout en la coste de Provance et mers du Roy.

Notre premyer abort fuct au cap de Quyers en Cataloigne où le mauvais tans nous tint troys ou catre iours, au bout desquels nous continuasmes notre chemin vers Barcellonne, où nous passasmes asses proche sans y voulloir antrer pour ne perdre le tans, et allasmes vers Tarragone, reconnoissant tousiours tous les vaisseaus petits et grans que nous rancontrions. A Tarragonne nous eusmes nouvelles que le iour auparavant deus galleres d'Argers y avoit paru, ce qui nous obligea soudain avoir rasfraischy notre eyguade de partir de là pour nous en aller vers les Esfacs où apparamment l'ons iugeait quelles auroit pris leur routte, comme le lieu le pleus propre pour fere leur cours. Néanmoins y estant arrivés à la pointe du iour, nous n'y apprismes autres nouvelles sy ce n'est qu'un briguantin y avoit esté quelques iours auparavant. Nous partismes de là le dix de iuilhet, et landemain matin, à la pointe du iour, nous nous truvasmes quazy pesle mesle avec six gualleres d'Espaigne où estoit la Patronne realle de ceste esquadre comandée par le signor Dom Guabriel de Chaves Chevallier de notre ordre, et chascun de son costé c'estant mis sous les armes en estat de combatre, l'ons crya les uns aus autres quelles gualleres c'estoit, et cestant reconnues, l'ons leur demanda le sallut. Ledict signor dom Guabriel voyant que nous portions estandart, fict demander si Monsieur le Général y estoit en personne, il fuct respondu que ouy. En effect il sallua ausy tost de catre coups de canon, et chascune de ces gualleres autant. A quoy mondict seigneur le Général fict responder en la mesme sorte, et non contant de ceste civillité, le signor Dom Guabriel ce mit dans la felloucque, et vint voir Monsieur le Général quy le fit salluer à l'antrée et à la sortye de la guallere de catre coups de canon. Monsieur le Comandeur d'Arifat et dom Guabriel estoit anciens amys, et ce randyret ausy mille civillités. A la séparation, ces gualleres firet une salve de mosqueterye et tiraret chascune catre coups de canon, nous leur respondismes tout de mesme mais avec pleus grant feu car nous estions fort bien armés. Après cella chascun suyvit sa routte. La nostre fuct vers le cap Martin quy est le lieu de ceste coste le pleus frequente des corssayres. La nuit ce leva une terrible bourrasque de vant et de pluye; néanmoins, notre navigation fuct si iuste qu'au point du iour nous fusmes sur le cap où il y avoit un bon redos pour le vant quy regnoit, et y fismes ausy cyguade. Partant de là, fusmes mouiller à la plage d'Allicquant où les magistrats vindret fere civillité à Monsieur le Général, et luy offrir toutes sortes de services. Il les en renvoya très satisfaicts de sa courtoizye. Nous partismes de là à l'entrée de la nuict, prenant notre routte vers Cartagène en Castille où nous arrivasmes lendemain au soyr, et y fusmes un iour entyer pour raffraischir notre eau. Les magistrats vindret complimenter Monsieur le Général avec grande civillité.

Nous prismes là un pillot pour la Barbarye nommé capitayne Palme quy étoit en estime. De là nous fusmes sur cap Aguate sans rien truver, et nous rezoullusmes de passer en Barbarye et de traversser vers Oran. Dans le canal nous eusmes un tans sy desespéré que nous eusmes bien de la payne de gaigner Oran où le Duc de Maqueda, quy estoit gouverneur en ce pays là, fict un acceuil à Monsieur le Général du tout magnifique et plain de courtoizye; le vint voir le premyer en guallère landemain de son arrivée, le regualla de toute sorte de rasfraichissemans, luy donna deus beaus chevaus. Monsieur le Général le fuct voir en terre avec une très grande suitte. Il les festina tous avec esplandour et liberallité. Nous tenions une guarde sur un petit mont proche d'Oran qui descouvroit de bien loing. Le 22 ieuilhet, elle nous vint avertir qu'il y avoit deus vaisseaus qui venoit du costé du Ponant, esloignés l'un de l'autre de cinq ou six mille. Le premyer qu'ons accosta nous tira vingtcinq ou trante coups de canon et quantité de mosqueterye; toutes foys, se truvant incomodé de trante coups de canon de courssye dans le cors du vaisseau ou dans les voilles, le Rays et quelques autres emportés, et le vaisseau faizant quantité d'eau, ils cessaret leur rezistance et ne voulluret pas attandre l'abbort et amaynaret.

Monsieur le Général comanda à chasque guallère d'y envoyer son caïq avec dix mosquetayres et partye de la maestrance, pour remedyer ce vaisseau, et m'envoya à moy avec la felloucque pour comander et donner les ordres nescessayres. Ie me saisis du vaisseau, et envoyay les Turcs sur les gualleres, et fis travailler prontemant la maestrance pour remedyer avec des platines de plom, aus ouvertures que le vaisseau avoyt quy s'en allait a fons. Néanmoins, le tans estant bonnasse calme, nous en vinsmes à bout, et cependant l'ons envoya prontemant catre gualleres à l'autre vaisseau quy le prindret tout de mesmes après quelque rezistance, et le soir nous retournasmes en Oran encore de soleil.

C'estoit deus navyres d'Argers quazy d'une mesme portée de six à sept mille quintaus chascun et 18 pièces de canon l'un. Il y avoit sur tous les deus deus cens soisante Turcs, et quarante Françoys, Espaignols, Flamens, et Engloys esclaves, qu'ils faizoit navyguer avec eus pour marinyes, ausquels l'on donna liberté, et en Oran nous raccomodasmes nos vaisseaus de toutes les choses nescessayres, et les envoyasmes à Marseille où ils arrivaret heureuzemant. Il ne se peut pas exprimer les courtoyzyes et les civillités que le duc de Maqueda rendit à Monsieur le général; enfin, après avoir envoyé nos vaisseaus, et faict notre eyguade, nous partismes pour nous en aller vers Argers où nous avyons envye de fere dezordre. Estant au cap de Tennis un mauvais tans nous y arresta, troys ou catre iours pendant lesquels il vint à passer un briguantin quy fuct pris tout ausy tost. Sur les troys heures après mydy nous mismes à la mer, et descouvrismes à vingt mille de nous un gros navyre auquel donnasmes chasse à voille et à rame avec un petit vant sur l'eau quy nous faizoit fere bien du chemin. Comme il nous descouvrit, il fict force de voilles tout autant qu'il peut pour guaigner pays. Néanmoyns, à deus heures de nuict, nous luy fusmes à portée de canon, et nonobstant l'obscurité de la nuict et que le vant fuct frais, à dix mille l'heure, les gualleres centretindret tousiours à ces environs, l'entretenant tousiours à coups de canon, chascun son fanal allumé pour ne nous séparer. Le vaisseau respondoit de tous cottés à cest entretien, ayant de bonne et grosse artillerye et en bonne quantité, car il portoit quarante pièces et nous tua quelques hommes, entre autres, un de nos chevalliés de l'auberge de Provance nommé Byos d'un coup de balle d'affiche, quy estoit sur la guallere ou comandoit monsieur de Fourbin. Nous tyrions incessemant à ce vaisseau quy aparammant devoit estre mal traité et s'annuyet de ceste converssation. Iugeant bien que quant il seroit iour la pluye tomberoit pleus grosse, le vant estant frais, il changea tout à coup de chemin, effleurant la prouc de nos gualleres quy luy firet toutes une descharge, et luy nous laschea tout le costé, et se tint orsse pour ne s'embarrasser avec nous, et fict force de voilles. Il nous fallut amayner, parce que, pour le suyvre, il fallait fere le carré, et tourner fere voille, avant que tout cella ne fuct faict nous l'eusmes perdu de veue. Nous iugeasmes que ce vaisseau guaignoit la terre d'ou nous estyons à quelques trante mille, de sorte que nous prismes le bort en terre. Comme il fuct iour, nous vismes notre marchant à quelques dix mille de nous quy san alloit terre à terre, le vant s'abbonassoit, nous fismes force pour l'approcher.

Soudain qu'il nous vit il investit terre, et tous les Turcs s'anfuyret et myret le feu au vaisseau tellemant qu'à mezure que nous approchions ces canons prenoit feu, et quant nous fusmes à un mille le feu prit aus monitions et tout sauta en l'air, et ne resta que la carcasse du vaisseau quy estoit de portée de douze mille quintaus portant quarante pièces de canon quy tiraret toutes pendant que le vaisseau brusloit. Nous ceusmes despuys que c'estoit le vaisseau de Sollyman rays, un des plus fameus corssayres d'Argers, quy y estoit en personne et deus cens Turcs avec luy. Cella faict, nous prismes la routte d'Argers, et landemain descouvrismes un autre vaisseau corssayre quy investit en terre soudain qu'il nous vit proches. Nous prismes le cors du vaisseau, et après avoir retiré quelque artilerye qu'il y avoit, le coullasmes à fons, et allasmes mouiller à trante mille d'Argers pour fere notre ayguade en un certain lieu nommé le goulfe de la Mala Muger, et ie devoys aller le matin avec deus cens mosquetayres à terre pour fere l'eau, car en ce cartyer la cavallerye y est nombreuze, mais la nuict il ce leva un vent sy furieus traverssye de la coste, que nous eusmes grant payne de sortir de là où le fons estoit sy mauvais que nous ne pouvyons retirer nos ancres et en fallut laisser deus ou troys. Ce mauvais tans nous contraignit de courre vers Maillorque avec une mer comme les monts. Nous y arrivasmes donc et y fusmes receus avec toute courtoizye, non seullemant là, mais en tous les lieus de l'Espaigne où nous abordasmes, et dizoit hautemant que nos guallerres faizoit ce que les leurs devoit fere pour la seuretté de leurs costes. Partant de là, monsieur le général voullut reprandre encor la coste d'Espaigne pour voir sy nous y pourrions fere quelque chose. Nous passasmes à veue de Barcellonne sans y voulloir aborder, et le six d'aoust vismes deus barques et une pollacre cinq ou six mille devant nous. Les deus barques estoit de Marseille, quy estoit partyes de Lisbonne, asses riches et chargées de bonnes marchandizes. La pollacre quy estoit Turque les avoit descouvertes le soir et avoit navigué sy iuste que landemain matin elle ce truva au milieu des deus barques quy furet surprizes de ce voir troys, et le soir n'estre que deus. Sur cella le iour ce fict clair. Elles vyret nos sept gualleres, et iugearet bien que c'estoit nous, et cryaret à ceste pollacre d'où elle estoit. Ils ne respondiret rien et contrefaizoit le marchant, ne faizant paroître que deus ou trois hommes sur la couverte quy nous voyet ausy. Enfin les barques voyant ceste pollacre espalmée de frais, entraret en mesfiance et tiraret un coup de perrier. Soudain nous fismes force de rame et luy donnasmes chasse. La pollacre alla investir en terre près d'un bon village fermé nommé Sainct Felio, où l'ons prit tous les Turcs. Nous truvasmes que la pollacre s'estoit effondrée en investissant en terre, mais nos maestrances la raccomodaret ausy tost; nous mendasmes demander nos esclaves aus habitants de Sainct Felio, mais ils s'excuzaret de les randre qu'ils n'en eussent l'ordre du patrimoyne de Cataloigne séant à Barcelonne, parce que selon les Constitutions du Compte de Cataloigne, ils estoit confisqués au Roy, et que s'il plaizoit à monsieur le général d'envoyer quelqu'un des siens au Viscerroy quy estoit le duc d'Alcalla et au patrimoyne, ils envoyeroit un de leurs officyes pour ly accompaigner et recevoir les ordres Monsieur le général sy accorda, et manvoya pour cet effect à Barcellonne, et Sainct Felio envoya un nomé mossen Cabanilles. Je fus voir le duc d'Alcalla quy me receut avec grande civillité, et m'assura que sy la chose despendoit absolluemant de luy, monsieur le général recevroit toute sorte de satisfaction, mais quan ceste principauté les Viscerroys ne ce meslloit que du commandemant des armes du Roy et le patrimoyne dizpozoit de l'administration des afferes; que néanmoins, il employeroit tout son pouvoyr pour me fere donner bonne et pronte expédition. Ce qu'il fict, et le patrimoyne ordonna que les esclaves seroit randus à monsieur le général, et qu'il seroit supplyé de fere quelque charité à une Eglize proche du lieu dedyée à la Saincte Vierge où il y a grande dévotion. Monsieur le général y envoya deus cens piastres d'aumosne.

L'ons nous randit donc nos esclaves en nombre de cinquante sept, tous très propres pour la rame, et sy l'on les nous eut refusés, nous estions assurés de fere une pièce quy les nous auroit faict envoyer à Marseille tous parfumés.

Nous partismes donc de Sainct Felio avec notre nouvelle prize le 16 aoust de matin, et avec un tans du tout favorable arrivasmes landemain au soir 17 du mesmes moys aus isles du chateau d'If près Marseille, et le 18, fismes notre antrée à la ville avec toute sorte d'esclat et de resiouissance, ayant demuré cinquante un iour en ce voyage.

Monsieur le général m'avoit donné la part quy toucheroit à la realle de toutes les prizes quy c'estoit faictes, à la réserve des esclaves quy sont au Roy, quy m'eust bien vallu deus mille escus. Monsieur de Guyze, pour piccotter monsieur le général, fict proceder au iugement de ces prizes aus officiers de l'admirauté des mers de Levant, contre toute raison et iustice, de sorte que tout ce mangea en chicannes, et ie nan eus quazy rien. Ie puys pourtant assurer que ceus quy san accomodarent sans l'avoir guaigné n'an ont pas laissé leurs heretyers pleus riches, estant bien certayn que les biens mal acquys ne prosperet iamays. Les commandans de ces sept guallcres en ce voyage estoit les suyvans :

Monsieur le comandeur d'Arifat, capitayne de la realle, et moy son lieutenant.

Monsieur Dory, capitayne de la guállere de la reyne mère.

Monsieur le baron d'Allemaigne avec sa guallere.

Monsieur de Fourbin, comandant la guallere de Lantyère.

Monsieur de Montouliou, comandant la guallere patronne.

Monsieur le chevallier de la Mollette, comandant la guallere de Monsieur d'Espernon.

Monsieur de Beauregart, comandant la guallere de monsieur le mareschal de Lesdiguyeres.

Ce que ie remarquay de plus considérable en ce voyage, c'est que Oran seroit le lieu le plus propre quy soit en toute la Barbarye pour destruyre les corssayres d'Argers, ou du moins pour les incomoder beaucoup et en voycy les raisons :

Tous les vaisseaus qui partet d'Argers pour passer le destroict de Gibaltar, ou quy en reviennet après avoir faict des prizes ou les envoyet les ayant faictes, passet nescessayremant à la veuc d'Oran ou, d'une petite montaigne qu'il y a, l'ons faict une descouverte de cinquante mille. Sy l'ons pouvet donc tenir là une esquadre de six ou sept bonnes gualleres, les moys de may, iuin et milhet qu'ils ce retiret pour fere leur Ramadan, il n'y a point de doupte qu'ons nan prit pluzieurs. Le port d'Oran est très bon. Les vivres et rasfraischissemans y sont en abondance et à bon marché ; il faudret ce prouvoir de biscuits et vin pour ces troys moys, et les y fayre conduyre sur un vaisseau, ou bien fere son maguezin à Maillorque pour les y aller prandre à mezure qu'ons en auroit bezoing, et ie m'assure que sy nos gualleres de Malte avoit le loizir d'aller prouver quelque foys la commodité de ce poste, elles y fayroit quelque chose de bon. I'an ay voullu fere ceste reprezantation, pour laisser considérer la propozition aus pleus experimantés que moy.

Voyage faict en la mer Oceane avec dix des gualleres du Roy en l'annee 1621. Monsieur le comte de Ioigny, Felipe Emanuel de Guondy général d'icelles, y estant en personne avec la guallere Realle portant l'Estandart Royal. Monsieur le Comandeur d'Arifat, frere Felippe de Soubiran, estant capitaine de la Realle, et premnant par ceste charge a tous les autres capitaynes, et moy son lieutenant, quy, par la mesmes raison precedoys ausy tous les autres lieutenans.

Nous partismes de Marseille le 27 septembre 1621. Avec un tans favorable quy nous porta bien tost à la coste d'Espaigne, et passant devant Barcellonne, nos gualleres de Malte comandées par monsieur le compte de Brye cy truvaret, quy, nous voyant venir de loing, sortiret catre mille loing au devant de nous, parées avec leurs flammes et bandyeres, et salluaret l'estandart du roy de leur canon et mosqueterye.

Monsieur le général leur fict responde de tout le canon de la Realle.

Monsieur le compte de Brye avec tous ces capitaynes vint sur sa felloucque voir monsieur le général quy les receut avec toute sorte d'honneur et de civillité, et ledict seigneur compte de Brye donna quelque envye à monsieur le général d'aller voir la ville incognito où il y avoit une fort bonne bande de comediens. Ils san allaret donc chascun dens sa felloucque en terre. Toutes les quinze gualleres estoit cependant à trois mille du port avec bonnasse calme. Mondict seigneur le général demura en terre environ catre heures, et apres san revint aus gualleres. Monsieur le compte de Bryc et ces capitaynes l'accompaignant tousiours, et vindret prandre congé de luy sur la realle.

A la séparation, nos gualleres de Malte firet une autre salve de canonades auquel la realle respondit, et parce que deus des gualleres de la religion devoit aller à Cartagenne pour des affcres de l'ordre, elles prindret notre companye pour fere ce voyage. L'une estoit comandée par monsieur de Cuges, et l'autre par dom Petro de Sousa, chevallier portuguays. Nous nous separasmes donc à Cartagenne, et nous prismes notre routte vers le destroit de Gybaltar, et passasmes par Mallegua où arriva le guallion de Monsieur de Guize quy venoit d'estre fabricqué en Hollande, comandé par le sieur du Tor, quy avoit esté suyvy de vingt six navyres d'Argers iusques aupres de Mallegua et ce voyet encor.

Nous iugeasmes que ceste flotte estoit trop forte pour nous, et que nous ne devions point changer l'exécution de nos ordres, ny entreprandre chose quy les peut interrompre ni retarder. Nous suyvismes donc notre chemin avec toute la dilligence possible.

Le tans nous pressoit, la saison estant fort avancée; nous fusmes mouiller et fere cau à Gybaltar, et en partismes aussy tost, et passasmes le destroict de nuict avec un tans favorable, et en veue de Callis quy est une isle considérable tout contre terre ferme, et sur la bouche de la rivyere de Seuille. Delà nous guaignasmes le cap Sainct Vincens, et ensuitte Lisbonne capitalle ville de Portugal où nous arrivasmes le 10 d'octobre 1621. Le marquys d'Allinquerque y comandoit pour le roy Catollique, quy fict toute sorte de bon accueil et de civillité à Monsieur le général. I'ay raporté cy devant despuys folio 37 jusques à folio 49 les causes quy nous contraignyret d'hiverner à Lisbonne, et la resouluction quy fuct prize de mon voyage à la cour avec tous les succès et rancontres de notre voyage, iusques à ce que la paix des huguenots fuct faicte, de sorte que ceste redite seroit superflue; reste donc à rapporter le rectour des guallerés en la mer Méditerranée quy fuct ausy heureus et brief que nous auryons sceu dezirer, et de la sorte cy après descrite.

Rectour du voyage que dix des guallères du roy firet en la mer Océane, aprés que la guerre contre les Rochelloys fuct finye en l'annee 1622, et qu'il pleut a Sa Majesté de leur accorder la paix.

Monsieur le general ce truvant des afferes importantes à la cour, rezouluct d'envoyer Monsieur son fis quy avoit la survivance de sa charge, lequel il avoit nommé capitayne de la Realle par la mort de Monsieur le comandeur d'Arifat, eagé de dissept ans, pour ramener les gualleres en la mer Méditeranée. Despuys la paix faite nous avions tousiours demuré à Bordeaus, de sorte quà son arrivée, nous nous mismes prontemant en estat pour fayre ce voyage, et partismes dudict Bordeaus le 23 de Iuin veille de la Saint Ihean 1624, et demurasmes quatorze iours dans la rivyere, tant à Blaye, Pouilhac, que Royan, à cauze des mauvais tans quy ne nous permettoit pas de pouvoir desboucher ny par le pas de Grave près de la Tour de Cordouan, ny par la grant passe de Matellier, quy est la meilheure et la plus frecquantée. Nous partismes donc de Royan le 7me de Ieuilhet après mydy, et nous tirasmes trante mille à la mer tirant par la carte de surouest vers ouest; après, cheangeant de proue, tirasmes par la carte de surouest vers le sud quy nous portoit à Lareda pays de Biscaye appartenant au Roy catholicque. Le lundy 8me dudict moys, à la pointe du iour, tirasmes par ouest pour prandre port à Sainct André de Biscaye où arrivasmes à catre heures après mydy, et y restames tout le reste du iour, et le mardy à deus heures de iour le matin, sortismes dudict port tirant par ouest, iusques à une heure après mydy, costoyant le reste de la coste de Biscaye qui va iusque à Villeviciouza, et de là l'ons entre dans la coste de l'Esturie. Et les tans cestant changés, nous fallut mettre la proue par la carte d'ouest vers norouest iusques à dix heures du matin du mercredy 10, et les tans cestant mys ouest surouest, proueiasmes iusques dans le port de Ribadeo où à deus heures de nuict entrarent partye des gualleres. Les autres prindret port de iour au mesme lieu quy est en Guallisse, où nous seiournasmes le iudy 11, et vandredy 12, à cauze que les tans estoit ouest quy nous venoit par proue. Le samedy matin 13 partismes dudict Ribadeo, et costoyant la terre, passasmes le cap d'Artyguere et le cap de Pryour, tirant par la carte de surouest vers ouest. A l'antrée de la nuict nous truvasmes vis à vis de la Couroigne, et changeasmes de proue, tirant par la carte de l'ouest vers surouest. Naviguant ainsin toute la nuict passasmes le cap Finisterre, et le dimanche 14 à mydy arrivasmes à Pontevedere près des isles de Bayonne en

Guallisse, fort bon port, mais meschant pays, à une iournée de Saint Iacques de Guallisse. Nous y restames toute la nuict, et le lundy 15 en partismes à mydy et passasmes devant les islles de Bayonne, où nous vismes cinq gros vaisseaus de guerre du Roy d'Espaigne Dunquerquoys, quy estoit antrés dans lesdites isles à mezure que nous entrions dans Pontevedere, et envoyasmes la felloucque pour voir quels vaisseaus cestoit douptant qu'ils ne fusset Turcs. Et naviguant tout ce iour là, par la carte du sud vers surouest, à l'entrée de la nuict sortismes de la coste de Guallisse quy finit à Camino et s'entre dans celle de Portugual, et le mardy 16 passasmes sur les Berllingues, à catre heures après mydy tenant la prouc par sud suest, et arrivasmes à minuict à Cascays. Le mercredy 17 serpasmes à l'aube du iour, et à dix heures fusmes à l'antrée de la rivyere du Taje du costé de la forteresse de Sainct Ihean, et voullant aller mouiller à Betlen tout proche de la ville de Lisbonne, le vant et la marée contrayres nous en empeschant, et donnasmes fonde à la bouche de ladicte barre près de la forteresse de Sainct Ihean. Deux heures après mydy que la marée entroit nous fusmes mouilher à Betlen, et la guallerre patronne et celle de Monsieur le chevallier de la Vallette ayant bezoing d'un arbre de maestre chascune, furet à Lisbonne pour en achetter, et les choyzir, et y en ayant truvé de beaus et de bons les firet travailher, et y demuraret troys iours. Après les avoir arborés, san revindret ioindre la realle à Betlen où l'on seiourna tout le iour, attandant l'embarquemant du Compte de Lignarès, quy san alloit gouverneur de Tanger pour Sa Maiesté Catolicque, quy avoit demandé passage à Monsieur le général pour san aller à son gouvernemant, lequel il ordonna sur la guallere de la Reyne Patronne-Real afin que ledict Compte y fuct avec plus de commoditté, et qu'il y peut embarquer tout son équipage. Tanger est une place du costé de la Barbarye à six lieues du destroit de Gibaltar. Le lundy 22 Iuilhet après mydy nous sortismes de la barre du costé du sud vers la forteresse de Cabesse et ayant faict voille, l'antenne du trinquet de la guallere Guizarde ce rompit et fallut retourner dans la barre pour raccommoder ce deffaut, et fusmes mouiller entre la forteresse Sainct Ihean et celle de Saincte Catherine ou l'ons demura ceste nuict. Le mardy 23 nous tournasmes sortir mettant la proue par sud vers le cap d'Espichel où arrivasmes sur le mydy. De là tirasmes vers le cap Sainct Vincens par la carte du sud vers surouest. Le mercredy matin 24 fusmes mouiller à la plage entre le cap Signe et le cap Sainct Vincens, le tans cestant mis fort frais à l'est sud-est, et fallut desarborer et arrester là iusques à la minuict que le tans s'abbonnassa, et tout lendemain 25 flet un brouillart sy espays qu'une guallere ne voyet pas l'autre, et falloit battre les tambours pour ce tenir unyes. Nous naviguasmes encor landemain 26 tirant vers le destroit de Giballar, et landemain 27 au point du iour nous truvasmes sur la bouche du destroit, et entendismes ce matin une infinité de canonades qu'ons tiroit à la mer sans voir rien. Despuys nous ceusmes que c'estoit les gualleres d'Espaigne quy combattoit troys navyres turcs lesquels elles piret. Sur les dix heures du matin, ayant la proue par est, nous tirasmes vers l'Isle de Tarife, et Monsieur le general envoya la guallere de la Reyne pour dezambarquer le Compte de Lignares à Tariffe où il y a une villatte, ce qu'elle fict, et nous allions bellement notre chemin en l'atendant. De là à Tanger ny a que quinze mille. Une heure après mydy nous fusmes reioints sur l'isle de Tarife, et à catre heures du soir nous fusmes à Gibaltar où nous mouillasmes, et y passasmes la nuict, et fismes eyguade. Et landemain 28, iour de dimanche après avoir ouy la messe, partismes. De l'autre costé du destroit, vers la Barbarye, y a une bonne place nommée Ceuta quy est au Roy d'Espaigne, quy luy assure la domination du destroit. Nous poursuyvismes notre route vers cap des Moullins quy est au vant d'ouest de Maligua, nous naviguasmes toute la nuict, et landemain 29 par le vant d'est. Ainsin tirant vers le cap d'Aguate à Masaren et Cartagenne où fismes notre eyguade, et achetasmes quelques provizions, et tirasmes pays vers le cap de Pallo. Nous eusmes la rancontre de catre gualleres de Gennes quy alloit à Cartagenne. Elles randyret le sallut quelles devoit, auquel fuct respondu, et en continuant notre chemin par nord nordest, passasmes sur Alliquant au royaume de Vallenoo.

La nuict, le tans estant fort obscur, et néanmoins bonnasse, faizant notre chemin terre à terre sous Ville Joyeuze deus de nos gualleres toucharet mais ne ce firet point de mal. De là passasmes au cap Martin, à Mont Collouretto sur la rivyere de Tourtousa, et le cap de Salle près Tarragounne du Royaume d'Aragoun, et ainssin suyvant toute la coste de Cataloigne iusques au cap de Creu, et de là tirant par est nord est, et passant le goulfe de Leon, le vant cestant tiré au Ponant et Maestre, le mercredy 7ᵉᵐᵉ aoust 1624 au matin arrivasmes aus islles de Marseille, et deus heures apres mydy parusmes devant la ville parés de toutes nos flammes et bandyeres. La ville sallua de tout le canon qu'elle avait, et tout ce peuple croyet que nous allyons entrer dans le port. Nous respondismes à leur beau sallut par une salve de mosqueterye bizarre, et une autre de tout le canon des gualleres, et aprèz cella tournasmes la proue, et fismes voille. Les principaux de la ville avec les magistrats, vindret supplier Monsieur le Général de voulloir honnorer leur ville de sa presance, et de donner ceste consollation aus habitans qu'ils peusset encor revoyr les gualleres du Roy dans leur port. Il s'an excuza et respondit qu'il avoit nouvelles qu'il y avoit des corssayres Turcs aus islles d'Yeres, qu'il san alloit travailler pour le public, et qu'il aymoit mieus souffrir la mortification de ne pouvoir aller voir ces amys que de perdre l'occazion de leur procurer du bien. Force belles dames luy firet les mesmes persuassions, mais il demura ferme dans ceste rezoulloution et en effet Monsieur le General avoit quelque souvenir que pandant les contextes qu'il avoit eus avec Monsieur de Guyze, la ville ne cy estoit pas bien conduitte, et pluziers l'avoit desobligé. Ainsir. que la suitte le fict voir, car nous allasmes aux isles d'Yeres, et nous promenasmes quinze iours en ces meis, et après fismes notre retraicte à Toullon où les guallères establyret leur garnizon iusques en l'année mille six cens trante que Monsieur de Guize s'exilla en Itallye où il est mort.

Ceux quy comandoit les dix gualleres du Roy au voyage qu'elles firet à la mer Océane sont les suyvans :

Monsieur le Comandeur d'Arifat, capitayne de la Realle : (quy mourut en voyage) Monsieur le chevalier du Guarané son lientenant.

Monsieur de Beaulieu qui mourut en ce voyage : Monsieur de la Salle Villages son lieutenant.

Monsieur Dory patrone Realle pour estré la guallere de la Reyne : Monsieur de Farges son lieutenant.

Monsieur le baron d'Allemaigne : Monsieur le chevallier Mestyes son lientenant.

Monsieur de Fourbin : Monsieur le chevallier Tornezy son lieutenant.

Monsieur le Chevallier de la Molette quy fuct tué, lieutenant de Monsieur le Chevallier de la Vallette.

(Monsieur le Chevallier de Lambertye ramena la guallère de Ponant.)

La guallere de Monsieur de Pilles, Monsieur de Gerenty lieutenant.

Monsieur de Montoliou : le sieur Bonnet son lieutenant.

Monsieur Martin, lieutenant de la guallere de Monsieur de Vincheguerre.

Capitaine Arnaut lieutenant de l'autre guallere de Monsieur d'Ayguebonne.

Allant en ce voyage de Ponant nous laissasmes les troys gualleres suyvantes à Marseille avec les gens inutilles. et relaissés des guallères qui faizoit le voyage :

La guallere de Monsieur le Mareschal de Lesdiguyeres

quy estoit à Monsieur d'Ayguebonne : capitayne Antoyne lieutenant quy fict le voyage sur celle du capitayne Arnaut.

La guallere de Monsieur de Lantyere entyerement dezarmée : Monsieur le Chevallier de Boisize lieutenant quy fict le voyage.

La guallere du sieur Claude Marin : Monsieur Espinassy son lieutenant.

———

Pour savoir le nom des vens en l'une et l'autre mer il faut savoir pour l'intelligence des routtes que :
Nord, c'est tramontane,
Nord est, c'est grec,
Est, c'est levant.
Sued, c'est siroc,
Sud, c'est mydy,
Surouest, c'est lebeichs,
Ouest, c'est ponant,
Norouest, c'est mestral.

INSTRUCTIONS NAUTIQUES

Instruction de ce que les Officyers d'une guallere, du pleus grant iusques au moindre, doivent savoyr et praticquer pour ce bien et dignement acquitter de leurs charges; comenceant par la personne du Capitayne, comme celle quy doit ordonner la conduitte de tout le reste, et respondre des bonnes ou mauvaizes actions quy ce font soubs son comandemant pour la gloyre ou le preiudice du service du Prince qu'il sert, desquels son honneur et sa vye doyvet respondre.

Quallités requizes a la personne d'un Capitayne de guallere.

Ceste charge est de notable importance, et veut estre exercée par une personne capable et intelligente, et à quy l'expérience aye donné de l'acquys car pour bien comander une guallere, il fauct que le capitayne soit prudant, considéré, actif, vigilant, circonspect en toutes choses, et vaillant, et par dessus tout extrememant dilligent, estant très certain que par la dilligence l'ons ce guarantit de beaucoup d'accidans à la mer; il fauct donc qu'un Capitayne possède ceste partye à un haut point.

Il faut ausy qu'il sache la function de tous les officyers

quy sont soubs son comandemant, et à quoy son employ l'oblige, affin qu'il puisse sagemant discerner ceus quy font leur devoir d'avec ceus quy ne le font pas, car bien souvant ils font des manquemans considérables pour n'antendre pas bien le mestier dont ils ce mesllet, et faut pozer pour fondemant infailhble que ce n'est pas asses qu'un Capitayne soit instruict de l'obliguation de sa seulle charge, mais il fauct encor qu'il soit très scavant de celles de tous ces officyers, affin qu'avec dilligence et adresse il fasse fere à chascun les choses à quoy ils sont destinés, et que lorsqu'ils y manqueront le Capitayne soit asses capable pour remarquer leur deffaut et leur fere prudamment connoître les moyens de san corriger pour fere micus une autre foys.

Et pour compozer ce memoyre avec quelque sollidité et le randre de facille intelligence, affin que celluy quy le faict en retire la satisfaction qu'il san est promys quy est de servir et ce randre utile à un de ces pleus chers amys quy c'est ietté dans ceste nature d'employ, il a iugé nescessayre dy represanter en particullier le devoir de chasque officier de guallere dans la charge qu'il exerce, du moins suyvant le peu de connoissance que l'expérience luy en peut avoir appris pendant le tans qu'il cest occupé dans cest exercice, sauf aus pleus capables dy adiouter ou diminuer ce qu'ils truveront à propos.

Il faut sur toutes choses ne confondre point la charge d'un officyer avec celle de l'autre, affin que chascun s'atttache fixemant à ce qu'il est destiné; car le meslange de divers employs dans une mesme personne engendre de la confuzion et faict tousiours connoître quelque imperfection en l'un ou en l'autre; ou au contrayre lorsque chascun sçait ce qu'il doit fere, il y prant habitude, et le service san faict beaucoup mieus avec moyns de rumeur et pleus de promptitude.

Un Capitayne doit estre respecté aymé et craint de ces gens affin qu'il y truve une parfaicte obeissance; il doit ausy aymer et fere cas de ces officyers et soldats, et ne les mal traicter qu'à l'extrémité, et lorsqu'ils cescartet tout à faict de leur devoir ou ce randet désobeissans, en un mot il doit estre le pere comun de tous, les fere soigner quant ils sont blessés ou mallades avec toute la charité quy luy sera possible et ne leur fere iamays rien perdre de la solde que le Prince fournit.

Il doit tenir grant ordre parmy ses soldats et sur tout dans les actions de la guerre et que chascun sache precizement son poste de combat en la forme quy sera cy après pleus particullièremant escrite affin que sans confuzion et avec grant silence l'ons ce truve en un instant les armes à la main.

Il est ausy du tout nescessayre quan tout ce quy reguarde la naviguation le Capitayne escoute les avys, et prenne conseil de ceus quy sont entendus au mestier, avec ceste restrinction qu'après avoir bien ruminé dans son esprit la diversité d'opinions quy cy peut rencontrer il sache sagemant prandre le party quy luy sera plus avantageus et quy apparammant luy doit le mieus reussir et san servir. Les rezouluctions les pleus promptes sont estimées les meilheures, lorsqu'il y a quelque nescessité quy presse, car à la mer pleus qu'an tout autre lieu, le tans est extrememant cher, et, bien souvant la perte d'une heure vous peut amener bien loing.

Il faut qu'un Capitayne soit en perpetuelle deffiance de tous les accidans quy luy peuvet arriver pour n'estre surpris de pas un, et fauct qu'il se represante tousiours qu'à la mer les fautes sont moins réparables qu'ailheurs, parce que le pleus souvant l'ons nan revient pleus, il ne fauct pas cespouvanter dans le peril qu'ant l'ons y est; ny moins en fere semblant mais il ce fauct guarder quant il ce peut de cy ietter mal à propos, car outre qu'ons est blasmé de peu de iugemant le service du Prince en pâtit quy nous doict estre pleus cher que notre vye.

Le Capitayne doit prandre grant soing de sa chorme, la nourrir et habiller le mieus qu'il pourra, et ne souffrir pas qu'il luy soit rien retranché de ces allimans, soit dans le travail ou dans le repos; car c'est elle quy par ces efforts et avec sa vigueur doit guarantir la guallere de divers perils; ou au contrayre sy elle est abatue et enervée faucte d'estre nourrye cella peut traysner beaucoup d'accidans; et par contre il fauct ausy que les chormes soit tenues dans une crainte et humillité rigoureuze et luy fere santir les châtiemans à propos; car une chorme audacieuze est extrememant dangereuze, et san est veu et voit tous les iours des inconvenians considérables; car comme elle est compozée de gens vaguabons, ennemys du travail, sy la crainte du baston ne les tient en haleyne, ils s'avillisset vollontyés, et ne fauct pas seullemant permettre qu'un esclave ou forssat dans le service aye la hardiesse de reguarder un officyer entre deus yeus lors qu'il luy comande quelque chose.

Mais parce qu'il y a des Comittes, soubs Comittes, argouzins et soubs argouzins, quy sont les seuls quy ce doyvet ingérer de mettre la main sur la chorme chascun en sa function, quy ne leur scavet pas donner les chatyemans à propos et quelquefoys les estropyet plustôt que de les battre, sans iugemant ny raison, en ce cas le capitayne y doit prudemmant remedyer par des reprimandes aygres, qu'il leur fera en secret pour ne donner trop d'audace et de cœur à la chorme.

Il est ausy necessayre et très important que la guarde soict bien, et soigneuzemant faicte soit de nuict ou de iour, naviguant ou estant à l'ancre; et à cest effect et surtout la nuict, il fauct que le capitayne ou son lieutenant soit tousiours esveillés pour voir comme les autres officyers agissent; car quant les chefs s'endorment tout le reste néglige le service et mettet vollontyes la teste soubs le capot.

Et comme les armemans des gualleres sont compozées de diversses sorte de gens, parmy lesquels il y en a tousiours d'insollens, et qu'il arrive souvant des mutineryes parmy eus, ou qus bien souvant ils mal traictent le chorme; en telles rencontres il fauct que le Capitayne ce montre hardy rigoureus et severe pour empescher que personne ne perde le respect.

Le Capitayne ne doit point souffrir les blasfemes ny discours impyes parmy ceus quy sont soubs sa charge; car tout lieu où la crainte de Dieu ne rezide, il fauct absoulluemant qu'il périsse.

Et parce que les chormes sont compozées la pleus grande partye de gens libertins et meschans et quy sont là pour leurs crimes, il fauct prandre un soing très particullier à les fere vivre chrestiennemant, et quant les voyes de la douceur sont inutiles, il y fauct ioindre celles de la force et du chatyemant pour esviter que l'innocent ne perisse avec le coulpable.

Voillà les pleus ordinayres maximes que notre Capitayne de guallere doit pratiquer. Il y a pluzieurs autres petites particulliarités quy ne ce peuvet bien desduyre que par un discours pleus prolixe, quy ce fera à son tans.

Sur toutes choses, il fauct que les Capitaynes ce maintiennet dans la bonne grâce de leur général, qu'ils l'honnoret, l'estimet, et le respectent, et l'aymet tout ensemble ; qu'ils obéissent aveugleemant et sans réplicque à ces comandemans ; car comme c'est luy quy a l'authorithé du Prince à la main, et quy représante sa personne, c'est ausy à lui de respondre des ordres qu'il donnera dans sa charge, outre que c'est un desplaizir très sansible à tout homme de cœur d'estre dans la disgrâce de celluy quy le doit comander quy luy faict souffrir bien souvant d'estranges mortifications ; en un mot l'honneur et le respect qu'ons rant à son chef reiaillit avantageusemant sur tout le cors. Ie ne conseilleray iamais amy que i'aye, de servir sous un chef quy aura de l'aversion pour luy.

Parmy les Capitaynes quy servet dans une mesme charge, l'union et l'amytye y doit estre tres grande ; ils ce doyvet respecter, les uns aus autres, et dans le rang de leur ancieneté, et les rancontres du comandemant, chascun doit traicter son compaignon comme il voudroit estre traicté luy mesmes ; car pour peu que la division et l'envye ce iette dans une charge, il est impossible que la dignité et le lustre du cors ne s'affoiblisse, et que les deffauts, s'il y en a, ne soit connus à tout le monde.

Les Capitaynes doyvet tenir l'œil à ce qu'en naviguant

ou prenant poste, leurs comittes suyvet le rang de leurs gualleres suyvant l'ordre de leur anciennetté, et guardet de s'embarrasser mal à propos les uns avec les autres, rompre des pallemantes ou cauzer quelque autre mal; car le pleus souvant cella traysne des haynes et des querelles parmy eus, et neanmoins procède de l'émullation ou incapacitté de leurs comittes, quy cherchet à ce descharger de leur faute les uns sur les autres. Sur les gualleres de Malte, quy sont celles de toute la mer où la pollice est le moins pratiquée, l'ons observe sy soigneuzemant le rang que l'anciennetté donne, que par ordre estably la guallere moins encienne ne doit point passer par prouc de celle quy doit marcher devant elle quan cas de nescessité, et lorsque les comittes s'investisset imprudammant les uns avec les autres, sans grace ny pardon l'ons leur fait payer le mal qu'ils ce sont faict, et bien souvant le châtyemant san ensuit suyvant l'exigence des cas.

LES CHARGES DE LIEUTENANT ET SOUDS-LIEUTENANT ET L'OBLIGATION QU'ELLES PORTENT.

Ces deus officyes pour la function de leurs charges sont de mesmes que les Lieutenans et Enseignes des compaignyes d'infanterye. Il seroit à dezirer qu'ils eussent quelque expériance, et telle, s'il ce pouvoit, que le Capitayne mesmes; ils ce doyvet ayder l'un l'autre, et, tous deus soullager leur capitayne autant qu'ils le pourront, et fere executer promptemant et avec adresse les ordres qu'il donne, maintenir la pollice parmy les soldats et les marinyés, les tenir esveillés en leur faction, amortir les mutyneryes et les dissentions qui arrivet parmy eus; car il n'est pas nescesayre que le Capitayne aye la teste rompue de toutes les choses quy le peuvet porter à quelque ressantimant, lorsqu'il c'y peut donner par autre voye.

Lorsqu'il despandra du Capitayne de prouvoir à ces deus charges, ie seray tousiours d'opinion qu'il les remplisse de personnes quy despendent absoulluemant de luy, et quy luy en ayet obliguation, et surtout qu'il ne leur fasse rien payer de leur employ, et les assiste et favorize autant qu'il le pourra, pour leur donner tout subject d'aymer sa personne, et avoyr soing de ces intérêts.

Ils doyvet ausy vivre avec leur Capitayne dans un respect nompareil, aymer son honneur et ces intérêts comme les leur propres, praticquer une fidellité incoruptible au manyemant de son bien, lorsqu'il leur passe par les mains.

Le Capitayne leur doict donner la table, du moins quant ils naviguent, les aymer et les estimer comme les ayant reconnus dignes de ces charges, les doict traicter civillemant et leur procurer et fere du bien quant il le peut; car personne ne peut doubter qu'il n'y a rien qui guaigne tant l'affection d'un homme d'honneur que les bienfaicts.

Le Lieutenant doit, par ordre de son Capitaine, dresser catre esquadres de soldats avec chascune son caporal et son lanssepassade, quy prandront le soing de pozer leur guardes et santinelles lors qu'ons ne naviguera point et qu'ons sera à l'ancre, ainsin qu'il leur sera ordonné par leurs officyers maiours, ce rellevant tout de mesmes que les guardes des marinyés.

Doit ausy despartir la marinerye en catre guardes, ayant chascune son cap de guarde et son timonyer, quy est celluy quy, suyvant l'ampoulette, doit conduyre la iustesse des guardes pour les changer chascune à son heure; et c'est au Comitte de prandre guarde que les marinyés soit attentifs et dilligens à leur service, et les guardes du iour pour les marinyés se font en la mesmes sorte.

Parmy le nombre des marinyés, il en faut choizir un pour patron du caiq, quy soit pratic du mestier et robuste pour le travail; car il a sa bonne part de la fatigue quy se prant pour le service ordinayre de la guallere.

Les mesmes officyes doyvet prandre grant soing de fere tenir les armes nettes, qui ce rouillet et ce guattet extrememant à la mer, et les doivet fere vizitter deus foys la septmaine; car sy lons tarde pleus long tans, et qu'il arrive une occazion, l'ons truvera la moytye des mosquets quy ne pourront pas servir.

Et parce qu'an la compozition des armemans des gualleres du roy l'ons est constraint bien souvant de prandre ce que l'ons truve, et que tel s'offre pour soldat quy ne sauret manyer un mosquet, et en le chargeant mettra plus tôt la balle que la poudre, il est bon qu'un Capitayne veuille connoître la doctrine de ces soldats, en les faizant exercer quelquefois à tirer leur mosquet, pour discerner ceus desquels il peut fere estat d'avec les autres. Car cella est important, et ceus quy ne seront pas propres à manyer le mosquet, leur bailher une arme daste ou une demy-pique.

Le Capitayne doit ausy despartir les postes de combat, affin que chascun sache et reconnoisse sa place pour pouvoir dans un instant prandre les armes sans confuzion ; il doit choizir sa retenue de poupe suyvant le nombre de gens qu'il a, et quelle soit des hommes les pleus assurés qu'il aura et en quy il ce puisse fier.

Il est ausy nescessayre que les rambades soit garnyes des plus hardys et assures soldats quy soit dens la guallere; car aus abborts c'est a eus de fere l'honneur de la maison, et en donnant chasse d'essuyer les premyes coups. I'approuve fort qu'ons choisisse deus hommes de valleur connue pour comander chacun une rambade aus combats de guallère contre guallère. Les retranchemans sur les rambades sont utilles ; savoir avec des paillets de cordage et des matellas; car sy c'estoit avec des tables les coups de canon et les esclats du mesme boys sont capables de fere un notable dezordre. Le reste de la soldatesque doit estre despartye le long des fillarets par les arbalestrieres, quy seront remplyes sellon le nombre d'hommes qu'ons aura; et, comme i'ai desia dict, il est important que les meilheurs hommes soict logés de l'arbre à la proue.

Ie trouveroys ausy très a propos que, le caiq estant dans la guallere, d'y loger six mosquetayres pendant le combat des pleus adroits et de ceus qui scavent bien canarder et vuyder diligemment une bandollyere. Car ce poste est avantageus et peut fere bon effect, et, sy le bezoing portoit de mettre le caiq à la mer, les mesmes mosquetayres ce logeroit aus arbalestrières que le caiq occupoit. Tous les marinyés quy ne seront pas propre à manyer le mosquet doyvet avoir l'espée et la rondelle, armes daste ou demy-piques.

Personne nignore que dans un combat la veritable

place du Capitayne ne soit sur le tabernacle de la guallere, pour bien voyr tout ce quy ce faict et envoyer ces ordres ou courre aus lieus où le bezoing l'appellera; et comme c'est un endroit asses eminant et descouvert et où l'ons voit souvant pleuvoir du plomb, il doit avoir un pot et une rondache à preuve, et l'espée à la main fere le vray office de Capitayne, donner ces comandemans avec flegme, et reguarder le peril sans blesmyr. Les braves du tans truveront peut estre que c'est estre trop soigneus de sa vye, et que pour paroître pleus fanfarron il faudroit combatre tout nud; mais en cella i'ayme myeus suyvre l'opinion et l'exemple des pleus grans capitaynes des siècles passés que la leur, par ce qu'ils sont plus raisonnables; ie dis bien pleus que, sy par la témerité ou le mespris qu'un Capitayne peut fere de sa vye le service du Prince patit, il merite chatyemant.

Le Lieutenant de la guallere doit estre de l'arbre à proue, pour pousser chascun à son devoir, soit en attacquant ou en ce deffandant, et fere que le canon fulmine avec dilligence, tant qu'ons sen pourra servir, et que la mosquetterye fume ausy abondammant, et prandre guarde ausy de remedyer promptemant aus accidans quy peuvent arriver.

Le Soubs-Lieutenant doit demurer en courssye pour recevoir les comandemans du Capitayne, les apporter à proue suyvant le bezoing, tenir l'œil à ce que les soldats font, les fere prouvoir de monjtion quant la leur a finy, quant il y a des morts les fere couvrir ausy tost; car bien souvant ceste vue effraye les soldats nouveaus, quy ne sont pas accoutumés à ceste muzicque; il doict ausy prandre soing de fere secourir les blessés, et le

Lieutenant doit ausy fere la mesme chose du côté de la proue.

Il fauct ausy pandant le combat establir deus hommes de iugement, l'un pour fere sortir la poudre du lieu où l'ons la tient, l'autre pour la fere sortir par le portel de proue pour s'empescher du feu, car il est souvant arrivé d'estranges malheurs en semblables rancontres, et, sy l'ons ny prant guarde, il serait dangereus qu'ons ne fict un saut pleus grant qu'ons ne voudret.

Et à ce propos, il fauct ausy fere soigneuzemant prandre guarde que les mousses des chambres de la guallere ne tiennent iamais les lumyeres des chambres que dans des lanternes expressemant faictes pour cella, et lorsqu'ils y manquet, les fere rigoureuzemant chatyer, et de telle sorte qu'ils ayet subiect de n'y retourner pleus.

Ie voudres ausy deffandre l'uzage du tabac ; car c'est une dangereuze drogue et bien propre à causer l'accidant du feu dans la guallere.

Pendant les combats, le prêtre et le sirurgien ce tiendront à bas sous couverte : le premyer pour donner l'assistance espirituelle aus blessés et aguonizans, l'autre avec ces fers et emplastres prets pour pansser promptemant les blessés.

Les mousses des chambres prandront soigneuzemant guarde, s'il venoit quelque canonade dans le cors de la guallere, d'an avertir prontemant. Le maître d'ache et guallefat ce tiendront tousiours prêts avec des platines de plomb pour y donner ausy tost remede; et, sy le caiq n'est point à la mer, il faut l'y mettre avec diligence pour ce remedyer par le dehors.

Lors qu'ons navigue avec la personne de Monsieur le

Général, les Capitaynes particuliés n'ont qu'à suyvre pontuellemant les ordres qu'il leur donnera, soit pour leurs rangs, ou pour les signals quy ce font en naviguant. Ils n'ont qu'à fere suyvre exactemant les mesmes choses qu'ons verra fere à la Réalle, et avec la pleus grande dilligence quy ce pourra; chasque guallere viendra tous les soirs, souttevant et par son rang, prandre l'ordre de la Réalle, en la salluant avec trompettes ou à la vois, sellon l'uzage; et, le matin à la diane, randra le mesme sallut; et sy par la tempeste ou mauvays tans l'ons ne la pouvet approcher, en ce cas l'ons ce servira du dernier ordre qu'ons aura receu.

Le matin avant le iour, il fauct fere bailher son biscuit à la chorme pur toute la iournée, la fere manger et ce rasfraichir, et au point du iour fere la descouverte, pour voir s'il y a rien quy puisse nuyre ou qu'il faille poursuyvre. L'ons appelle cella fere l'homme à la penne.

LE PRETRE DE LA GUALLERE.

Le Pretre quy sert une guallere doit avoir la candeur et bonté que sa profession requyert. Il doit estre docte, charitable, et dilligent d'assister tant les gens de liberté que les pauvres forssats; car toutes les ames sont esgallemant chères à Dieu. Il doit veiller aus confessions, cellebrer les divins services aus occasions et bezoings quy san offriront, réprimer les vices avec douceur et charité; le Capitayne le doit appuyer de son autorité, en fere cas et le fere vivre à sa table.

LE PILLOTTE.

Le Pillotte est un officier considérable; c'est luy quy

donne le chemin et quy truve les routtes à la mer. C'est luy quy doit savoir les ports quy sont assures ou dangereus, pour conduyre partout la guallere avec suretté.

Il doit savoir les esceuils et bas fons où il navygue; car, sy par son ignorance la guallere pereclitte, il meritte un severe chatyemant.

Il doit estre homme de cœur et iudicieus, et demurer tousiours en destience des mauvais tans, et prandre soigneuzemant guarde aus marques et indices des changemans qu'ils donnet, pour n'estre surpris; ne dormira la nuict en naviguant que le moyns qu'il pourra; car c'est à luy à iuger combien de chemin il c'est faict chaque heure, par quel vans l'ons a tenu la routte, le destour et deschec que le vant et la mer donnet à la mesme routte, remarquera aussy tous les subicts changemans des vants et leur durée, pour pouvoir pleus facillemant connoître le lieu où il est, et aborder avec pleus de facillité celluy où il va.

Il doit ordonner et prandre guarde à la iustesse des guardes selon l'ampoullette, donner le chemin aus timoniés. Son vray estude conciste en la boussole, la carte et l'ampoulette; il doit avoir bonne veue pour recounoître les terrains par les marques que la praticque et l'expérience luy en ont appris dans les perils des fortunes et mauvais tans. Le Capitayne doit beaucoup deférer à ces avys : voillà pourquoy il doit tousiours chercher les meilheurs et pleus experimantés; et parce que les hommes ne sont pas infatiguables, et ne peuvet pas tousiours veiller et demurer sur pied, et peuvet encor tumber mallades ou estre surpris de la mort, il est important et nescessayre d'avoir un compaignon de Pillotte pour le soullager, quy soit, s'il se peut, de la mesmes capacitté que ce Pillotte. Ces deus officiers doyvet avoir une honeste ordinayre, et doyvet manger à la table du Comitte; et pour le Pillotte, il y en a de telle considération que le capitayne mesme le doit appeller à sa table; car enfin c'est la guyde de tout le pacquet; observant toutesfoys la diférance qu'il y a des uns aus autres.

Le Comitte.

Le Comitte est un officyer très considérable dans la guallere : il est important de le choyzir très capable et qu'il soit bon marinier. C'est luy quy comande la chorme, quy l'instruict à bien voguer et a fere tous les autres services de la guallere, quy doit avoir soing de les fere tenir nets, et de la conservation de leurs habits.

Il ce doit charger des voiles, tantes, cordages, et de tout le reste des attras de la guallere quy servet à la naviguation et en donner compte.

Il faut qu'il ayme la chorme et soit soigneus à la conserver, qu'il luy sache donner les châtiemans à propos, et ce fasse craindre à elle, en sorte qu'elle tremble à ces comandemans; car sans cella tous les services ce feront mollement. Car comme elle est compozée de gens vaguabons, quy sont naturellamant ennemys du travail, poltrons et faynéants, sy le baston ne la resveille et la force et la crainte ne les y constraint, ils ne fayront rien quy vaille.

Il n'y a que les Comittes et les Argouzins quy doyvet chastier la chorme, chascun dans la function de sa charge.

Le Comitte doit instruyre la chorme d'entendre ces

comandemans par le sifflet et à savoir parfaictemant et prontemant fere tous les services de la guallere, chascun sellon la place qu'il occupe.

Il doit ausy despartir sa chorme par les bancqs, ainsin qu'il le iugera pleus à propos, logeant chascun aus lieus où il verra qu'ils peuvet mieus servir, observant la taille, la vigueur et la force des hommes pour ramplir les postes les plus expozés au travail.

L'Argouzin est obligé de les ferrer et de les defferer ainsin que le Comitte l'ordonnera.

C'est aussy aus Comittes de prandre adroictement leurs postes, sellon le rang de la gualleres. Ils doyvet bien prandre guarde de ne s'investir ou embarasser avec les autres gualleres; car la dextérité d'un Comitte ce cognoit autant à cella qu'à tout autre choses. C'est aussy à luy, ayant pris sa poste, de remeger et assurer la guallere le myeus qu'il luy sera possible.

C'est au Comitte à tampérer les voiles sellon les tans et le chemin que le Pillotte luy ordonne; c'est ausy luy quy a le soing de l'estime ou lest de la guallere, qu'il doit despartir et changer à sa fantaizye pour fere bien cheminer la guallere.

Il doit ausy connoître ceus quy sont les pleus propres pour estre mousses des chambres, et les y mettre et accoutumer à ce service.

Il doit avoir soing que chasque forssat apprenne un mestier, pour pouvoir tousiours guaigner quelque choze pour l'ayder à vivre; car n'ayant que le pain du roy, ils font fort mauvaize chère. Les Comittes n'y perdet rien lorsqu'ils scavet travailler: mais il faut ausy que le Capitayne prenne guarde que les Comittes ne soit les tyrans des chormes et ne manget tout leur travail; car il fauct que chascun vive.

C'est ausy au Comitte, sous l'authorité du Capitayne, de comander les marinyés, et les ferre courre diligemant aus services qu'il fauct fere en naviguant, et pour les tenir esveillés à leur guarde.

Un Comitte ne doict point dormyr la nuict en navyguant, et doit avoir le soing de fere tenir le Cap de la guallere net.

La taverne de la guallère appartient au Comitte, en donnant leur part du profit à ces deus Soubs-Comittes. Il fauct qu'ils vandet le vin aus pris qu'ons la mys sur la guallere quy comande.

Le Capitayne doit fere cas de cet officyer, luy donnant son sallayre et un honneste ordinayre sellon luzage. Il doit avoir son Soubs-Comitte et Comitte de mézanye pour l'ayder et soullager, quy soit les pleus capables quy ce pourront truver.

Voillà à peus près les choses pleus essentielles de la charge des Comittes; car pour en dyre generallement tout ce quy en despant, il faudraict un plus long discours.

L'Argousin.

L'Argouzin est chargé de tous les forssats; s'il san pert par sa faute, il merite chatyemant.

Il y a un Soubs-Argouzin, un Mousse, et dix Guardes pour guarder la chorme, et la mener et conduyre aus lieus qu'il faudra pour le service de la guallere.

Il n'y a que l'Argouzin quy puisse ferrer et desferrer les forssats; c'est ausy à luy d'en donner compte.

C'est à luy d'avoir soing de la conservation de l'eau. et, quant il faut fere ayguade, c'est à luy de l'aller fere. Il est chargé des barrils nescessayres au service de la guallere.

Quant il fauct aller prandre du boys pour la provizion de la guallere, c'est à luy d'y aller. Il est chargé des instruments nescessayres pour cella.

C'est luy quy a le soing de fere razer la chormc.

Il est chargé de toutes les chesnes et de tout ce qu'il fauct pour ferrer et desferrer les forssats.

Il a en charge les bandyères et ornemans de la guallère.

Il ausy en charge les ornemans pour dyre la saincte messe, et, quant il faut aller dresser la tante en terre pour la dyre, c'est à luy de le fere.

Quant il meurt quelque forssat, c'est à luy de l'aller fere enterrer et fere fere sa fosse.

Quant quelqu'un a mérité d'avoir l'estrapade en guallere, c'est à luy de l'attacher.

C'est à luy d'avoir soing des fanaus quy veillet la nuit en guallere, et de fere fere la guarde aus dix guardes quy dependet de luy.

Il a pouvoir de chatyer la chorme en certayns cas.

L'Escrivain.

L'Escrivain tient le registre de toutes les affaires de la guallere. Il reçoit l'argent pour la despance et l'employe ; il faict tous les achats et le débit des vyvres, et en doit donner compte par iournées et par le menu à son Capitayne ; enfin il est l'administrateur de tout le mesnage ; il ne ce peut rien dyre de cest officier sy ce n'est

que le Capitayne le doit choizir intelligent de cest em-
employ, habille, et homme de bien, et d'une probité
connue; car autrement sa boursse san ressantira. Il y a
quelques petites observations quy ce doyvet dyre à
l'oreille pour descouvrir s'ils s'aydet des mains; il y a
ausy de deus sortes de mesnages : l'un a pour règle
l'honnesteté, et l'autre l'avarice; ce dernier est insépa-
rable de quantité de deffauts qui peuvet mettre en ha-
zart l'honneur d'un Capitayne. Ie ne conseilleray iamais
amy que i'aye despairguer le bien, là où il hazarde son
honneur et sa vye,

L'Escrivain doit assister au despartimant des rations,
pour fere distribuer à chascun ce quy luy touche, et en
tenir compte iour par iour, affin que le Capitayne puisse
tousiours savoir au iuste pour combien de tans il a des
vyvres. Car il n'y a rien de pleus fascheus dens un
voyage d'importance, que d'estre le premyer à dyre qu'il
n'y a pleus de vyvres, car cella veut dyre publier la retraicte.

L'Escrivain doit tenir registre des forssats quy entret
et sortet de la guallere, avec la note de leur condamnation iustifiée sur leurs arrêts de condamnation, conforme
au registre de contrerolle de la marine du Levant, duquel le Capitayne doit avoir une copye, pour n'estre
trompé, lorsque les vizittes pour l'eslargissemant des
forssats ce font, dans lesquelles il ce peut fere des coups
de souplesse bien guaillarts.

Le Mayordome.

C'est celluy quy a soing de fere assaizonner les viandes
pour les gens de solde, et quy faict la part à chascun.

Le Sirurgient.

Le Sirurgient tient la caisse des medicamans de la guallere sous sa charge pour en uzer sellon le deu de sa profession. Il est extrememant nescessayre qu'il soit capable et suffizant, puys que la vye de tant de gens passe par ces mains.

Maistre-Canonyer.

Le Maistre-Canonyer a soing de tous les attras de l'artillerie, tient la clef de la chambre où ce tient la poudre ; pendant qu'on est en voyage, il doit tenir compte des coups de canon quy ce tiret et de la poudre quy ce distribue aus soldats. Il y doit avoir deus au troys autres Maistres-Canonyers au dessous de luy, et lors que le canon ioue, le Cap-Maistre-Canonyer doit conduyre celluy de corssye, et les autres les bastardes ou autre artillerye.

Maestrance.

La Maestrance est compozée de catre personnes, quy menet chascun un guarsson, savoir : Charpentyer, Remollar, Barrillar et Guallefat. Chascun deus faict l'office de son mestier, quant il en est bezoing.

Lorsque la personne de Monsieur le Général navygue, il faict donner les ordres par escrit à chasque Capitayne, affin que chascun sache ce qu'il doit fere. Ie vous ay bailhé deus coppyes de ceus quy ce praticquoit dans la charge, du tans que i'y servois sous Monsieur le Compte de Ioigny et Monsieur le Duc de Rets son fils ; ie les dressay par leur comandemant. Ils ne vous seront point inutilles ; car lors que nous savons ce qu'ons nous doit comander, l'obeissance en est pleus pronte et de meilheur grace. Vous n'aves qu'a changer le rang des gualleres quy est à presant tout autre qu'il n'estoit en ce tans-là.

Lors que ie dressay cette petite instruction, à la prière d'un de mes pleus chers amys, quy le voullut ainssin, ie la luy adressay avec la lettre suyvante.

Il m'en fict des remercyemans, quy valloit beaucoup mieus que les avys que ie luy avoys donné.

« Monsieur,

« Vous aves voullu que ie vous donne compte du peu que i'ai appris de la conduitte des gualleres pendant quarante ans que i'ay faict proffession de me promener par les mers. I'obeys donc pour vous tesmoigner que vous pouves toutes choses sur moy; sachant bien que vous estes asses de mes amys pour cacher avec mon nom les deffauts de mon discours. Ie ne voudres pas que la mauvaize fortune qu'un de vos pleus proches et moy avons faict au mestier dont ie vous parlle, decreditat les avys que ie vous y donne; car il paroit bien estrange de voir beaucoup de personnes, quy en savoit un peu moins que nous, quy sy sont pleus avancés dens une heure que nous navons sceu fere en la catryesme partye d'un siècle. Mais vous saves que bien souvant le malheur maistrize les destinées. Force gens d'honneur ont creu qu'on nous a faict grant tort, et ie vous advoue ingenuemant que ie le croy ausy, et confesse qu'il man reste encor quelque doulleur, et que ie suys confus quant ie me reprézante qu'apres avoir donné vingt cinq ans, les meilheurs de notre vye, au service du pleus grant Roy du monde, nous en soyons sortys les mains et l'escarcelle vuydes, et, sy le bon sainct Ihean neut donné remède à notre dezordre, nous estions deffaicts; mais Dieu nous a faict ceste grace d'estre en posture pour nous pouvoir mocquer de la servitude, en plaignant le malheureus employ de nos pleus florissantes années. Il est vray que nous ne gouttons ceste douce liberté qu'à mesure que les incommodités du declin de nos iours nous advertisset que notre fin s'approche; i'espère que vous y rencontreres une meilheure fortune, et que notre exemple ne vous desgoutera pas de l'employ que vous y aves pris; puys que vous aves l'inclination et le tallent pour y réussir parfaictemant. Ie vous y souhaicte un contantemant du tout accomply, et à moy des occazions frecquantes à vous pouvoir tesmoigner que ie suys pleus qu'homme du monde,

« Monsieur,

« Votre très humble et pleus passionnay serviteur,

« GUARRANÉ. »

Ordres quy doyvet estre observes sur des gualleres du Roy pendant leur navigation, pour y maintenir une bonne pollice, dressés, de l'ordre de Monsieur le Général, par frére Bertran de Lupe Guarrané, chevallier de l'ordre Sainct Ihean de Ieruzalem, pour lors lieutenant de la guallere royalle, en l'année 1616.

Phelipe Emanuel de Guondy, Compte de Ioigny, chevallier des ordres du Roy, Lieutenant-général en ces mers de Levant et Ponant, et Général des gualleres de Sa Maiesté.

Reconnoissant combien il est important en toutes les grandes charges d'y fere observer une bonne pollice, affin que la punition des vices en amoindrisset le nombre, et que le chatiement des actions honteuzes soit un suffizant remède pour empescher chascun de les commettre, nous avons desiré pour tesmoigner combien d'inclination nous avons à servir dignement le Roy notre maistre dans la fonction de la charge dont il luy a pleu nous honorer, fayre publyer les ordres que nous voullons estre tenus et observés sur toutes les gualleres de Sa Maiesté, et comandons par ces presantes à tous les Capitaynes d'icelles de fere soigneuzemant observer tous les articles suyvants :

Premyeremant, ordonnons très expressemant à tout soldat ou autre, de quelque qualité qu'il soict, de ne blasfemer le sainct nom de Dieu, ny de la Saincte Vierge, ny proferer autres imprécations impyes, comme chose punissable devant Dieu et devant les hommes; et quy tumbera dens un tel forfaict sera puny ainsin que pourrame ritter le crime.

Et parce qu'il n'y a rien de pleus nescessayre que d'esvitter les rumeurs, querelles et seditions en des lieus sy perilleus comme sont les gualleres, nous ordonnons que aucun soldat ny autre, de quelle condition qu'il soit, par parolles iniuricuzes n'offance ny blesse l'honneur de quy que ce soit.

Que de pleus, personne n'aye la hardiesse d'entreprandre à donner soufflet, coup de baston, ny mettre main à quelle sorte d'armes que ce soit, sur payne de souffrir une soudayne et inevitable punition exemplayre à un chascun, comme mauvais soldat, perturbateur de la discipline mylitayre, et indigne de vivre.

Item, que sy ceus quy auront receu quelque affront, bien que provocqués, sous pretexte de ce descharger de l'offence, prennet la hardiesse de donner dementys, soufflets ou coups de baston, ou mettre main à nulle sorte d'armes, ils encourront les mesmes paynes que les provoquans; ce devant quytter, puys que, par ceste loy, ce déclare que tout l'affront et l'iniure doit manifestemant rester au provoquant, lequel, outre que pour ceste cauze, il doit estre tenu pour infame, sera de surplus soudaynemant chatyé rigoureuzemant, sans aucune esperance de remission.

Tout soldat ou autre personne de mediocre condition quy sera à la solde du Roy sur les gualleres, quy aura la hardiesse d'entreprandre d'offancer quelqu'un mal à propos, sera sans remission mys à la chesne et razé, sy le cas le meritte; mais s'il donne coups ou met la main aus armes, il doit estre condamné en guallere pour le tans que son exces aura merité.

Item, que pas un soldat marinyer ni autre, de quelle condition qu'il soit, en quelle part ou part qu'ons puisse estre, ne soit sy hardy de mettre la main à l'espée ny à nulle sorte d'armes, en veue de l'estandart, pèrdant par ce moyen le respect quy luy est deu, sur payne à ceus quy contreviendront d'estre rigoureuzemant punys sur le champ, pour servir d'exemple à tout le monde.

Quant il arrivera quelqu'un des cas sus escrits, les Capitaynes des guallercs quy accompaigneront notre personne nous en viendront incontinant avertyr, pour recevoir notre comandemant là dessus, affin que par une prompte iustice les exces soit reprimés.

Que pas un soldat marynyer ny autre nentreprenne de maltraiter et battre la chorme; mais, quant ils auront quelque subiect de plainte, qu'ils s'adresset aus comittes, aus sous-comittes, ausquels il touche de luy donner les chatiemans à propos, et ausquels nous comandons ausy tres expressemant de la tenir en crainte, sur payne de respondre en leur propre du mal quy arrivera par leur negligence.

Item, tout homme quy fera la guarde aus calces du iour, et qui descouvrira le premyer un vaisseau ennemy, s'il est pris, aura tout ausy tost dix escus, en faizant signe tout ausy tost qu'il l'aura descouvert.

S'il arrive qu'ons rende combat contre quelque vaisseau ennemy, où il failhe antrer par la force, le premyer quy sautera dedans, outre l'honneur quy luy en restera et l'estime que nous en ferons, aura de surplus sur le champ pour gratification d'une sy bonne action cent escus, et le second quy le suyvra cinquante, et le troisiesme vingt cinq.

Que pas un soldat, marinier ny autre entrant dans un vaisseau, n'entreprenne, s'il est chargé de marchandize, de toucher à l'estive, ny de couper sartyes, voilles, ou autres equipages nescessaires pour la conservation du vaisseau, le rendant par ce moyen innaviguable; et ne toucheront ausy aus monitions et vivres quy seront dans le vaisseau, sur payne d'estre grievemant punys tout sur l'heure.

Estant entrés dans un vaisseau en combattant, chascun prandra exactement guarde dens ceste confuzion de n'y mettre le feu par inadvertence, comme il est souvant arrivé.

Tout soldat, marinyer ou autres, de quelle condition qu'il soit, quy, entrant dans un vaisseau quy combat, trouvera quelque somme de denyés ou pierreries de valleur considérable et qui excede le pris de cent escus, seront obligés de le reveller à son Capitayne, pour nous en donner ausy tost cognoissance; desquelles sommes ou pierreryes les revellans auront vingt pour cent de gratification, ou au contrayre le voullant cacher, ils perdront non seullemant ce droict, mais seront encor punys ainsin qu'il sera de iustice.

S'il ce rancontre quelque vaisseau quy ce rende sens rezistance, qu'il n'y aye marinyer, soldat ny autre qui ce iette à la nage pour y aller, sur payne d'estre condamné pour deus ans en guallere.

Que les soldats quy seront comandés pour aller deffandre les eyguades en pays ennemy, ne ce retiret à la nage ny autremant, abandonnant honteuzemant leur chef, sur peyne d'estre pendu à l'heure mesme.

Que tout soldat ou autre personne de solde quy desobeyra à son chef, ce truvant à l'occazion ou ailheurs, encourra en la mesme payne.

Quant il ce rancontrera à donner chasse ou la recevoir, ou lorsqu'on courra quelque fortune de tans à la mer, que tous les soldats et marinyés soit pronts d'obeyr exactemant et sans aucune rezistance à changer de place et aller de lieu en autre, sellon qu'il leur sera comandé et que la nescessité du tans le requerra.

Tous les soldats et marynyés prendront leur ration de catre en catre, et il n'y aura qu'un des catre qui puisse aller à la campaigne pour la prendre, pour esvitter la longueur du tans et la confuzion qu'il y auroit à chasque repas.

Que pas un soldat estant à sa poste de combat nentreprene dan sortir que par un comandemant expres de son chef, afin d'esviter les confuzions quy en pourroit arriver, sur payne d'estre rigoureuzemant puny ; et si quelqu'un dans la challeur d'un combat, par lascheté et poltronerye, ce cache ou abandonne ces armes, il est permys à son Capytayne d'an fere un exemple sur le champ.

Les soldats prendront soigneuzemant guarde dans les combats de ne mettre feus aus monitions les uns des autres, et surtout observeront le sillence, affin que les comandemans des chefs soit entendus de poupe à proue, et que par ce moyen ils soit exécutés dilligemmant et sans retardemant.

Chasque soldat sera soigneus de tenir ces armes nettes

et en bon estat et les vizittera deus foys la semayne, conservera ces monitions sens en fère deguat.

Tout soldat ou marinier quy ce truve endormy durant sa guarde merite pour la premyere fois troys traits de corde, et pour la seconde une payne pleus pezante, puys que toute la seureté de la guallere repoze sur la vigillence des sentinelles.

Que pas un soldat ny marynyer ne descendra en terre sans permission du Capitayne ou Lieutenant de la guallere, et que ceus quy en auront la permission prennet bien guarde de ce réambarquer dilligemmant, soudain qu'ils verront metre la bandyere de partence ou tirer un coup de canon, sur peyne à ceus quy demeureront d'an estre severemant punys comme dezerteurs du service.

Et affin que personne nan pretande cauze dignorence, nous ordonnons à tous les Capytaines des guallores de Sa Majesté de fere lyre et publier, chascun dans sa guallere, avant que de partir les presans ordres, et mesmes les fere transcrire sur une petite table, pour les tenyr expozées à la veue de tous, à ce qu'ils nan pretandet cause d'ignorence; les faisant observer inviolablemant avec toute sorte de soing et dilligence, à peyne d'en respondre en leur propre.

Autres ordres dans la naviguation des gualleres du Roy, dressés en mesme tans que les precedans et sellon les rangs que lesdites gualleres tenoit parmy elles, dont le cors estoit compozé pour lors du nombre de treize.

Affin que les Cappitaynes des gualleres du Roy, notre maistre, quy, à ce voyage ou à l'avenir, auront de navyguer avec notre personne, sachet ce qu'ils auront à fere dens la naviguation et autres choses dependantes d'ycelle. Notre volonté est que, pendant qu'ils n'auront point d'autre ordre contrayre, le suyvant soit observé sens nul manquemant.

Au voyage quy ce va fere chasque Capitayne fera prendre soigneuzemant note de tout ce que la réalle fera, et ce conduira sellon les articles suyvans :

Quant la guallere réalle voudra partyr du port ou plage où elle se truvera, apres avoir fait sonner la recolte par un trompette, elle arborera une bandyere ou flame au bout de l'entenne; quallors tous les Capitaynes de l'esquadre ce tiennet prêts à fere sarper à mesme tans qu'elle, et à ces fins auront soing de ne laisser dezambarquer leurs gens en lieus suspects et dangereus.

Lorsque la guallere sortyra ou entrera en quelque port que ce soit, on donnera fonde, chascune des autres gualleres la salluera avec les trompettes ou à la vois, et, sy lons est avec la tende, l'amayneront à demy en signe d'obeissance.

Nulle guallere ne tirera nul coup de canon en prezance de la réalle pour salluts de rencontres d'autres gualleres, forteresses, entrées de ports ou villes, entrées de personnes de quallité, sans en avoir la permission ou l'ordre de celluy quy comandera.

Naviguant à la rame, les gualleres tiendront leur rang selon l'enciennetté des Capitaynes, ce reglant sur l'estat du Roy. La guallere de la Reyne doit tenir la place de patronne réalle; mais le Capitaine d'icelle ne doit opiner ni avoir seance dans les conseils que sellon son anciennetté; tant qu'il ce voguera, chascun prendra son poste à droicte et à gauche de la réalle, sellon qu'il luy touchera.

Le dernier Capitayne doit précéder tous les lieutenans, et les Lieutenans parmy eus doivet observer l'enciennetté de leurs Capitaynes, soit en navyguant ou assistant dans les conseils; lorsqu'il faudra fere les cyguades par la force, le Lieutenant de la réalle doit donner les ordres à tout les autres comme le preminaut.

Lorsqu'on donnera fonde dens un port assuré, chasque guallere prandra sa poste suyvant le mesmes ordre, et, sy les moins enciennes y arrivoit les premyeres, elles laisseront libre la place qui touche à l'encien; mais quant lons moillera dens une plage ou lieu de levée, sans reguarder à ceste ceremonye, s'accomodera quy pourra.

Nulle guallere ne mouillera de terre ny par proue de la réalle, sy ce n'est en cas de nescessité.

Lorsqu'ons cheminera à la rame, la guallere encienne peut passer par proue de la moins encienne, et non autrement; en cela chascun observera l'ordre de son enciennetté.

Naviguant a la voille, la réalle sera tousiours sur le vant, et les autres en suitte tiendront comme dessus le rang de leur encienneté.

A la voille ni au ram, pas une guallere ne passera devant la réalle, sy ce n'est qu'ons donnat chasse à des vaisseaus de rame; car, en ce cas, chascun fera la force qu'il pourra, jusques à ce que la mesme Realle fasse signal de ce ioindre à elle par un coup de canon, et soudain abandonneront la chasse et reviendront en dilligence reiondre la réalle pour recevoir les ordres qu'il plairia à monsieur le Général de leur donner.

Nulle guallere ne passera par proue ni souprevant de la réalle que par un comandemant exprès.

Les Comittes des gualleres prandront bien guarde entrant ou sortant des ports, prenant poste ou en quelle autre fasson que ce soict, de ne s'embarrasser les uns avec les autres, et, par leur peu de soing ou par leur émullation, s'investir et ce fere quelque dommage, sur payne de payer de leur propre le mal quy ce sera faict et d'estre chatyés ainssin que nous verrons estre de iustice.

Toutes les gualleres ce tiendront en estat d'executer et fere promptemant tout ce qu'elles verront fere à la réalle.

Lorsque la réalle naviguant de iour voudra fere voille, et montre une foys une bandyere auprès du fanal, cella signyfye qu'il faut fere le marabout; sy deus, qu'il le faut fere avec le tercerol; sy troys, c'est la mezane, et sy catre, le tréau.

Pour le trinquet, chascun le voit isser; s'il le fauct fere avec le tercerol, l'ons fera signe sur la rembade une foys seullemant, et sy c'est de nuict, l'ons fera les mesmes signes avec un lempion allumé.

S'il est bezoing de mettre la pallemante sur les filarets, l'ons fera signe de la réalle montrant deus foys une bandyere à l'espalle de soutevant.

Quant la realle voudra changer de voyle, elle en avyzera la guallere pleus proche ; cella-là en fera de mesmes et ainssin de l'une à l'autre, et sy cella ne ce peut par la distance à cauze du mauvays tans, sy c'est de iour, montre une bandyere sur la courssye, et sy c'est de nuict, un fanal allumé.

Sy la nuict la réalle veut amayner ces voilles, elle montrera un peu de tans un fanal allumé au caiq.

S'il arrive de iour quelque accidant sinistre à quelqu'une des gualleres, elle fera mettre un homme sur le tabernacle tenant une bandyere haucte à la main ; incontinant toutes les autres san aprocheront pour l'assister de tout le possible; celles quy seront devant reculleront, et celles quy seront apres ce hasteront d'y arriver; sy ce signal n'estoit veu, tirera un coup de canon ; et sy la chose arrive de nuict, redoublera de tirer, sellon le bezoing quelle aura d'estre secourue.

Naviguant de nuict, si la réalle n'allume qu'un fanal, les autres nan allumeront point, mais procureront de ce tenir iointes et en veue le pleus qu'il ce pourra sens ce fere mal; et sy par hazard quelqu'une demure par trop derrière, et perde les autres de veue, elle tirera un coup de canon, et redoublera, s'il est bezoing, affin que par ce signal l'ons la puisse attandre; et sy la fortune du tans estoit grande et que la réalle allume troys fanals, chascune des autres gualleres en allumera deus, pour s'empescher de se heurter et investir et ce avoir et assister tant que la viollence du tans le permettra.

Lorsque la réalle voudra changer de chemin, elle montrera troys fanals à l'esquif.

Sy pendant le iour, un ou pluzieurs vaisseaus de voille carrée ou latine ce descouvert, la guarde quy les descouvrira en fera incontinant le signal et par quel vant ils restet, et tout ausy tost toutes les gualleres s'accosteront tout autant qu'il ce pourra de la réalle, pour recevoir l'ordre de ce quy ce devra fere. S'il ce descouvre quelque chose de nuict, il en faudra avertir à la voix; et sy la distance est telle qu'on ne puisse estre ouy, et que le tans fuct trop mauvais pour s'accoster, ce fera signe par deus fanals allumés l'un sur l'autre; et sy le nombre des vaisseaus quy ce decouvret est supérieur au notre, on adjoutera un troisiesme, et tous couverts du costé de l'ennemy pour luy en oster la veue.

Soit de iour ou de nuict qu'ons descouvre des vaisseaus, pas un des Capitaynes n'entreprandra de les suyvre qu'après avoir reçu de nous l'ordre de ce qu'il aura de fere, ny moins investir aucun vaisseau rond, sens avoir le signe et le comandemant de nous, affin que les choses soict faictes avec iugemant et sans confuzion, et que les abborts soit bien conduicts pour en avoir heureuze reussye.

Lorsque la réalle voudra raffraischir la chorme, elle en avertira les autres gualleres affin que chascune en fasse de mesmes.

Sy par la force des mauvais tans, les gualleres venoit a ce séparer et par après ce retrouver, affin de ce bien reconnoître et ne ce meprandre pas, il fauct en tous les voyages donner les signals et contre signals et les rendes-vous, et les changer à chasque voyage, pour empescher qu'ils ne puisset estre penétrés que de ceus quy les doivet mettre en uzage.

Tous les matins à la dyane, chasque guallere salluera la réalle avec trompeltes ou à la voix, et sy elle faict la penne pour fere la descouverte, chascune en fera de mesmes.

Le soir avant le coucher du soleil, chasque guallere suyvant l'ordre de son enciennetté viendra fere le mesme sallut; sy c'est à la voille, ce sera sous le vent; sy c'est au ram, ce sera du costé où la réalle aura son entenne de la maestre, et ainsin prandront l'ordre l'une après l'autre; chascune après l'avoir pris, faizant place à celle quy vient après, reprenant son rang et sa place ordinayre; et en cas que le tans fuct sy desespéré, qu'ons ne ce peut accoster, chascun ce servira du dernier ordre quy luy a esté donné, et le mesmes ce fera lorsque la réalle voudra fere quelque force ou dilligence et quelle ne voudra point perdre de tans. Naviguant de nuict en lieus suspects, les Comittes pourront comander sens siflet et avec le moins de bruict qu'ils pourront.

Pas une guallere ne mettra son esquif à la mer que la réalle n'y mette le sien, sy ce n'est par quelque nescessité de laquelle le Capitayne nous avertira pour sa descharge.

Naviguant de nuict en lieus suspects et ou l'ons ne veuille point estre descouverts, chasque Capitayne aura soing d'ordonner qu'on ferme bien les cantarettes et porteaus des chambres, affin que les lumyeres ne soit veues; et sy l'ons prant les armes pour accoster le terrain ou entrer dans quelque port desabité, aura le mesme soing que les soldats et les canoniers tiennet leurs mesches bien cachées.

Sy naviguant de jour, il ce presante quelque occazion de combat, les canoniers auront soing de tenir l'artillerye libre de tous embarras, pour san pouvoir bien et libremant servir, à quoy le Lieutenant et Soubs-Lieutenant tiendront soigneuzemant l'œil.

La premyere choze quy ce fera au comencemant d'un voyage sera de despartir les postes de combat, affin que chascun ayant bien reconnu sa place, il n'y aye nulle confuzion lorsque l'occazion arrivera. Le Capitayne, après avoir retenu pour la poupe ceus qu'il iugera les pleus utilles, et en quy il aura pleus de confiance, despartira le reste sellon le nombre des gens qu'il aura, et fortifiera des meilheurs les rembades et les cartyes de proue; car dens les abborts ce sont ceus là quy font l'honneur de la maison; ordonnera ausy qu'abordant un vaisseau ceus quy seront de retenue de poupe, et ceus quy armeront les fillarets des deus cortyes de poupe ne bougeront de leurs places iusques à ce que le vaisseau qu'ons combat soit remys, pour empescher que sy, dans la challeur du combat, les ennemys ce rezolvoit de ce ietter en bon nombre sur la guallere, ils ne san rendisset les maîtres; car ce ne seroit pas la premyere foys que semblables choses sont arrivées. Mais tenant l'ordre cy dessus, ils seront aizéemant repoussés, et reprandront avec payne et en dezordre le chemin pour ce retirer au lieu d'où ils sont sortys.

S'il arrive qu'ons combatte quelque vaisseau ennemy, soudain qu'ons verra que la réalle arborera une bandyere rouge sur la flesche derrière les fanals, toutes les gualleres cesseront de tirer; car ce sera un signe que le vaisseau c'est rendu, et par ce moyen l'ons esvittera les confuzions de dezordres quy ce font lorsqu'un navire est remys.

Pendant les combats, que les Comittes observet soigneuzemant de ce mettre une guallere devant l'autre, s'empeschant les unes aus autres de ce servir de leur canon à propos, mais que chascune observe ces distences, affin que toutes choses ce fasset avec l'ordre qu'il fauct.

Que dens les voyages esloignés, les Argouzins soit soigneus de conserver l'eau, laquelle ils distribueront par mezure tant aus soldats et marinyés qu'à la chorme, et lorsqu'il sera nescessayre de raffraischir l'eyguade ou fere du boys, qu'ils fasset toute la dilligence possible pour achever bientôt l'un et l'autre.

Si la viollence des tans nous mettoit en nescessité de courre, que chasque Capitayne fasse ce qu'il pourra pour ce tenir près de la réalle, pour demurer unys et nous secourir les uns les autres en cas de bezoin du mieus qu'il ce pourra.

Sy l'ons ce truvoit forssay de prandre chasse, et que aucunes de nos gualleres chemineront mieus que les autres, elles s'entretiendront et feront moins de force tout autant qu'il ce pourra, iusques à donner le cap à celles quy demureront derrière pour les ayder et donner cœur; et en semblables rencontres chascun doit avoir les considérations convenables à la quallité de l'occazion, au service du Prince et à son honneur particullier.

Sy dens l'occazion d'un combat un Capitayne voit quelqu'un de ces compaignons en quelque pressente nescessité et quy aye bezoing d'estre assisté, comme il arrive beaucoup d'accidens impreveus et variables, il fera toute sorte d'efforts pour le secourir prontemant, ce représentant qu'il peut tomber dans le mesmes inconveniant.

Que les guardes ordinayres de nuict et de iour soict faictes avec toute sorte de vigillence, comme une des choses la pleus nescessayres.

Les soldats et marinyers seront despartis par esquadres à l'accoutumée, et le long du iour, il y aura tousiours un marinier de guarde au calces quy ce changera chasque guarde sellon l'empoullette.

Quant l'ons prendra port de nuict, et que quelques guallères seront demurées derrière, la guallere moins encienne de celles quy seront arrivées les premyeres demurera à l'entrée du port avec un fanal allumé, iusques à ce que les autres soict arrivées.

Tout Capitayne quy aura faict mettre quelque personne de liberté à la chesne pour avoir comys quelque crime, nous en donnera tout ausy tost avys pour en fere informer dans les formes, et ne le pourra oster que par notre comandemant exprès.

Pendant qu'ons combattra, le prêtre de chasque guallère, le barbier et barberot, et la maestrance demureront sous couverte : les uns pour assister les blessés, les autres pour remedyer aus accidens quy pourroit arriver au cors de la guallere.

Dens un pressant besoing, les Capitaynes pourront fere desferrer le nombre des forssats qu'ils iugeront à propos, et les pleus propres à manyer les armes qu'ils leur feront bailher.

Et parce qu'aus voyages de considération il est nescessayre de fere porter des carrés et entennes de maestre et trinquet de respect, et ce regler pour la quantité au nombre des gualleres quy feront le voyage, l'ons les embarquera avec esguallité sur les gualleres moins entiennes quy les porteront quinze iours, et ainssin de l'une à l'autre ce les remettront pour semblable tans, bien entendu que la réalle n'en prant iamais, ains au contrayre pour ce tenir libre, elle embarque les provizions qu'il plaict à monsieur le Général pour l'uzage de sa suitte quy est tousiours grande, sur les autres gualleres.

Remettant tous les autres comandemans pleus particulliers, quy ne sont point aus presans articles, à les donner verballemant, sellon que le tans et l'occazion nous y conviera, et comandons à tous nos dicts Capitaynes de fere exactemant observer tout ce que dessus, sans y manquer en quelle façon que ce soit.

Espérant que par un nombre considérable de gualleres que le Roy comandera de mettre en estat, la forme de la naviguation pour la dignité de son estandart ce pourra establir avec pleus de lustre, naviguant avec avantguarde et rière-guarde, comme il convient aus armées navalles d'un si grant Monarque.

MISSIVE

DE M. LE CHEVALIER DU GARRANÉ

19 mai 1633

A Monsieur

Monsieur de la Cassaigne mon frère,

à la Cassaigne.

Monsieur mon frère,

Il ny a que catre ou cinq iours que ie vous ay escrit, et adressé mon pacquet à Monsieur le Conseilier de la Porte auquel ie prie instammant de vous le fere tenir. Néanmoins ianvoye encor ce porteur expres, craignant que peut estre mes autres l^{res} ne vous seront pas randues. Ie comanceray donc mon discours au subiect de cedit porteur, quy est l'homme pour quy Monsieur levesque de Lectoure ma tant priay. Ie luy ay comandé de me revenir truver, parceque à la premyre vizitte quy ce fera pour l'eslargissement des forssats quy ont finy leur tans sur les gualleres, quy sera ce moys d'octobre, ie le feray sortir pour incapable, puysqu'il est fort veritable quil a leage de soisante ans. Les comissayres luy donront sa descharge avec laquelle il pourra demeurer libre partout ou il luy plairra. Ie desire pourtant quil ne ce fasse voir ny connoitre en lieu où lon le puisse nuyre iusques a ce qu'il aye pièce en main. Vous ne dires donc a personne que cest luy ; ou seroit que Monsieur de Lectoure eut envye de le voir a la Cassaigne, sans toutefois fere esclatter cella, parcequil nan est pas bezoin ; encore il y a long tans que ie lay pris a mon service comme iavois promis, tellemant, que n'ayant personne pleus propre pour le subiect que ie vous envoye, il a fallu me servir de luy. Ie luy ay bailhé ce qu'il luy a fallu pour aller a vous, ie vous prie luy bailher ce quy sera necessayre pour son rectour, et du tout nous ferons compte.

Au reste mon frere ie vous envoye la copye des lres que Monsieur le chevallier de la Vallette mescrit. Il ma donne une lieutenance dans les companies que la republique de Venize luy antretient a presant, pour mon frere Alexandre, avec assurance qu'a la premyere occazion il me le fera capitayne en chef. Il me faict l'honneur, destre de mes amys à un point que il dois absoluemant croyre ce quil me dit, or il trouve que cest amploy est bon et honorable pour beaucoup de raizons. Car, outre qu'il sera avec un des braves hommes du monde, ie scay que sy nre dict frere veut suyvre mes lecons, il luy reussira parfaictemant. Il est donc question pour parvenir à nre but que vous et moy nous saignions iusques au sang mais il faut que vous faizyes les avances et qua quel pris que ce soit, vous truviez prontemant mille livres pour bailher a mondict frère pour son voyage, et pour sacomoder un peu affin de nantrer pas gueuzemant en sa charge. Car ie scay par experiance combien il importe d'abord de paroitre digne de ce quon prant et dy antrer avec une authoritté commode et dailleurs il ne serait pas civil que dabort ie le ietasse sur les bras a celuy quy veut estre son bienfacteur il faut donc absouluemant que quant vous devries enguaier le meilleur de votre bien vous faizies cella pour lamour de moy; et pour remplasser partye de ceste somme ie me contante de donner ma pansion escheue ce premier de may passé et le revenu de mon bien de Pasques prochaynes, quy sont six cent trante cinq livres. Le reste il faut que vous le donnyes du v^{re} il est v^{re} frere comme le mien et vous vous descharges dautant. Sy ie pouves mieus, Dieu voit mon cœur et ce que ie voudre fere pour tous.

Il est question que cest affere veut dilligence et quil faut que mondict frere soit ycy a la sainct Ihean pour le pleus tart, affin de san pouvoir aller avec mondict sieur de la Valette, et esvitter le danger des chemins car lon croit la guerre en Itallye. Il luy faut un bon cheval à luy, et un bidet pour son lacquay quil lui faut choizir un peu grant et robuste. Quil ne se charge point de hardes; cest asses quil porte un habit bien honeste et un peu de linge, et ycy nous affusterons son petit faict, mais ausy ie ne veus pas qua son arrivée il paroisse debiffé devant mes amys. Au nom de Dieu, mon frère, travailles dilligemmant à cella. Il me samble que l'affere le meritte. Ie vous envoye les l^{res} que Monseigneur le general et Monsieur son père mescrivent touchant lafferc de n^{re} frere Tristant vers Monsieur d'Agen. Vous verres quelle nest pas en mauvais termes. N^{re} neveu de la Laque mescrit ausy celle que vous verres. Ie me souviens de nosdits freres peut estre pleus quils ne ce souvienet de moy; ie suis en grant payne de la santé de Monsieur n^{re} pere donnes moy de ces nouvelles bien au long et de tout le parantage et particullieremant de toutes nos afferes.

Il y a long tans que iay cinc pieces de camellot d
Levant pour nos sœurs; il y en a une pour ma sœur de la
Cassaigne, et dune autre iolye estoffe pour un habit à sa
fille ma niesse, mais ic ne scay comment envoyer cella.
Ie ne pers pourtant pas esperance de leur y apporter
moy mesmes, une fois de ceste année, car si ie puis une
fois expedier Alexandre ie songeray apres a ma routte.
Vous verrez par la 1re de Monseigneur le general que iay
congé pour cella par precaution. I'attans avec impatiance
de vos nouvelles, Dieu nous les doint bonnes.

 Ie suis,

   V^{re} affectionné frere et serviteur,

     Le chevallier DU GUARRANÉ.

Mille baise mains a Monsr n^{re} pere et a tout le reste du
parantage. Faictes luy voir la presante. Faictes tenir la 1re
cy incluse a Agen et mandes moy la responce.

    A Marseille ce 19 may 1633.

TABLE

A

ACQUAFREDA, 82, village de la côte de Caramanie.

ADALLENTADE (l') de Castille, 16, 17, 83. Jean de Padilla, Manrique et Acugna, seigneur de Valdescaray, comte de Sainte-Gadée et de Buendia, était adelantado mayor de Castille. Cette dignité avait été conférée par le roi Jean Ier à Didace Gomez Manrique, seigneur de Valdescaray, mort en 1385, pour lui et sa postérité. (Imhoff. — De Thou.)

AFFRIQUE (Sainte-), 153, maintenant Africah, sur la côte de Tunis.

AGEN, 194, ville de Guienne, chef-lieu du département de Lot-et-Garonne.

AGEN (Mgr l'évêque d'), 193. Agénor Gaspard de Daillon, évêque depuis 1631. Transféré à l'archevêché d'Albi en 1634.

AGUATE (cap d'), 93, de l'île de Chypre à l'O. du cap Passaro, aujourd'hui Cap Gatta, 134, 148, situé au S. de l'Espagne, aujourd'hui Cap Gatta ou de Gata.

AIGUEBONNE (M. d'), 150, 151. François d'Urre (baron d'), mort en 1636.

ALCALA (duc d'), 138, 139. Don Pedro Giron, vice-roi d'Espagne à Barcelonne, en 1620; fils du troisième duc d'Alcala et d'Antonia Porto-Carrero.

ALDEGAILÈGUE (village sur le Tage), 39. Aldea Gallega, vis à-vis Lisbonne.

ALEXANDRIE. 81-82-96-119-130 (ville d'Égypte).

ALFONSE (Emmanuel), 25, capitaine portugais

ALIXANDRETTE, 63, 96. Alexandrette, ancienne Alexandrona, au N. d'Antioche.

ALLABOS (l'), 60, aujourd'hui l'Alava, province basque.

ALLAYS (comtesse d'), 64. Henriette de la Guiche, dame de Chaumont, veuve de Charles de Matignon, comte de Thorigny, mariée en en 1629 au comte d'Alais (Louis-Emmanuel d'Angoulême).

ALLEMAIGNE (baron d'), 140, 150. Jean Louis du Mas de Castelane, baron d'Alemagne, était fils de Nicolas et de Jeanne de Grasse de Bar.

ALLICQUANT, 133, 148. Alicante, ville et port du royaume de Valence.

ALLINQUERQUE (marquis d'), 143. Rodrigue Sarmiento de Silva Villandrado, huitième comte de Salinas et Ribadeo, deuxième marquis d'Alenquer ou Allinquerque, duc et seigneur d'Hijar, comte de Belchite par sa femme, Isabelle-Marguerite, duchesse et dame d'Hijar, gouverneur de la ville de Lisbonne.

AMBOISE, 36, ville de Touraine, sur la Loire.

ANDIPSARA (Ile), 91, petite île de l'Archipel, à l'ouest de Psara et au N. E. de Chio

ANDRÉ DE BISCAYE (Saint-), 145. Santander, sur le golfe de Biscaye.

ANDRÉ (Cap Saint-), 96, 98, cap à l'extrémité N E. de Chypre.

ANDROS (île), 86, 91, île de l'Archipel, au S. E. de Négrepont.

ANGE (cap Saint-), 77, 89, 116, 118, aussi nommé Maléa, situé à l'extrémité S. E. de la Morée.

ANNEZY (M. d'), 83. François Damas d'Annezy ou Anlezy, reçu le 10 novembre 1586.

ANTEMILE (Ile), 78, 90, 91. Antimilo, au N. N. O. de Milo.

ANTIBOU, 51. Antibes, ville et port de France, sur la Méditerranée.

ANTIOCHE (île Sainte-), 112, située au S. O. de la Sardaigne

ANTIOCHE (montagnes d'), 98. L'auteur a voulu désigner les pentes occidentales du Liban.

ANTIPARYS (île), 79, aujourd'hui Antiparos, île de l'Archipel.

ANTOYNE (le capitaine), 151, lieutenant de galère.

ARAGON (royaume d'), 148, province de l'Espagne.

ARBENQUE, 50, aujourd'hui Albenga, dans le Piémont.

ARCHIPELAGO, 78. Mer Égée.

ARGENTON (Ile sur la Gironde), 43.

ARGENTYÈRE, 71, 91, 94, aujourd'hui Argentiera ou Kimolo, dans l'Archipel.

ARGERS, 63, 108, 132, 135, 137, 140, 143, Alger.

— 197 —

ARIFAT (commandeur d'), 3, 20, 33, 34, 44, 45, 49, 133, 140, 144, 150. Philippe de Soubiran d'Arifat, reçu en 1582, mort en 1622.

ARLES, 13, 65, ville de Provence.

ARNAUD (capitaine), 150, 151, lieutenant de galère.

ARNAUT (capitaine d'un vaisseau rochelais). Jacques Arnaut, d'Orléans.

ARNOUX (le père), 37. Jean Arnoux, père jésuite, confesseur du roi, mort le 14 mai 1636.

ARO (cap d'), 91.

ARQUYEN (M. d'), 14. Antoine de la Grange, seigneur d'Arquyen, de Prie et d'Infy, mort le 9 mai 1626.

ATHÈNES, 91, 116, 117, capitale de la Grèce.

AUBIN (le chevalier de Saint-), 12, 13. Pierre de Roquelaure, dit de Saint-Aubin, fut grand prieur de Saint-Gilles. Né à Saint-Aubin en 1537, reçu en 1556, mort en 1602.

AULARY (St-), 69. Commanderie de l'ordre de Malte.

AULONNE. Voyez Olonne.

AUSTRICANT (Ile), 25. Ustica au N. de la Sicile (Dans les anciens portulans, Lustrica, et Lustriga).

AVIGNON, 57. Capitale du comté Venaissin.

B

BADAIOS, 39. Ville d'Espagne.

BAFFE, 95, aujourd'hui Baffo sur la côte O. de l'île de Chypre.

BALIEBAUT (M. de), 64, 66. Un Baliebaut de Dreul était capitaine de galères le 21 novembre 1626. Il servit de 1634 à 1636. Un Baliebaut de Druel (de Ruel) fut capitaine de galère de 1634 à 1653. Une note de M. Jal, porte : Baliebaut : un parent de cet officier fut aussi capitaine de galères. Voici l'acte de son inhumation, qu'on trouva aux anciens registres de Saint-Eustache (arch. de la ville de Paris).

Le vendredy 8 mai 1693, effunct messire François de Reüel (Rueil), seigneur de Vueilx Balliebaut (sic). Bizancourt et autres lieux cy-devant capitaine d'une des galères du Roy, demeurant rue Neuve-Saint-Eustache, chez Madame Chopin, décédé le 7 du présent mois, a été inhumé au cimetière de Saint-Joseph. (Signé) : Anne Galhon (curé). 17 novembre 1858. A Jal. (Archives du ministère de la marine.) C'est tout ce que nous avons pu trouver sur cette famille

BALLAN (commanderie de), 165, 177, était située en Touraine et appartenait au gr. prieuré d'Aquitaine. Ballan se trouve dans le canton de Mont-Bazon, près Tours.

BARBEROUSSE, 77. Aruch Barberousse, corsaire mahométan, né a Mitylène, ville de l'Archipel; mort en 1518.

BARBIER (Le), 83 Corsaire turc.

BARCELONNE, 132, 138, 139, 142. Ville et port de Catalogne.

BARON (N.), 41, 42. Secrétaire de M. de Gondi.

BASSOMPIERRE (le maréchal de), 40. François, seigneur de B., colonel général des Suisses, etc, fut nommé général en 1621. Il mourut le 11 octobre 1646.

BATYE (le chevalier de la), 68, 69. Jean Flotte, reçu en 1574.

BAUME (M. de). Louis de Fortia, capitaine de galères, était fils de Paul de Fortia et de Jeanne de Tollon.

BAYONNE (Iles de), 145, 146. Iles sur la côte de Galice (Espagne), au S. du cap Finisterre.

BASLIO (patron), 101.

BEAUCHANS (le chevalier de), 68, 113. Jean-Baptiste de Doni, fils de Paul-Antoine de Doni et d'Eléonor de Sade. Mourut le 7 mai 1655.

BEAULIEU (de), 150. N. de Beaulieu, fils de Gaston de Beaulieu et de Catherine Raynaud, qui, au dire de la Chesnaye des Bois, eurent, sur trente-deux enfants, vingt garçons, dont douze furent tués au service du roi.

BEAULIEU (commanderie de), 69. Elle dépendait du grand prieuré de St-Gilles, en Provence.

BEAUREGUART (le chevalier de), 3, 20, 140. Guillaume de Gadagne de Beauregard, général des galères du duc de Florence. Il était natif de Lyon.

BÉFANY (cap St-), 95. Cap Saint-Epifani, au N.-O. de l'ile de Chypre.

BENQUE (le chevalier de), 12, 69, 70, 71. Alexandre de Benque, reçu en 1597. Capitaine de galères en 1620. Grand commandeur en 1655. Fils de Paul, seigneur baron de Benque, et de Louise d'Orbessan de Touges.

BERLLINGUES (les), 43, 146. Iles Berlengos, sur la côte du Portugal.

BERNICH (cap), 120. Ancien Bérénide, au S. du cap Tolometta.

BESLILLE, 46. Ile sur la côte du Morbihan, aujourd'hui Belle-Ile.

BESMAUX, 58, 60, 67. François de Montlezun, chevalier, seigneur de Besmaux, Lasseran, Pomeuse, Lumigny; maréchal des camps et armées du roi, capitaine lieutenant des gardes du cardinal Mazarin, gouverneur de la Bastille, était fils de Louis de Montlezun, seigneur du Bosc et de Desmaux et de Philiberte de Luppé. Il épousa, le 3 octobre 1654, Marguerite de Pérol.

BETLEN, 146. Aujourd'hui Belem, au S. de Lisbonne.

BEZIERS, 54. Ville de Provence.

BIZERTE, 25, 26, 110, 111. Ville de la régence de Tunis.

BLANC (cap), 95. Cap de l'île de Chypre. — 97 Cap du mont Carmel. — 101. Cap Bianco, en Calabre Ultérieure première.

BLAYE, 43, 144. Ville de France, sur la Gironde.

BLOIS, 37. Ville de France, sur la Loire.

BOESSE-PARDAILLAN (M. de), 40. Arnaud d'Escodéca, baron de B. Pardaillan.

BOISISE (le chevalier de), 37, 151. Edouard de Tumery, reçu en 1607, fils de Jean, seigneur de Boisise et de Marthe L'huillier.

BOMBE (île de la), 99.

BON (cap), 103, 108, 109, ou Raz Addar, sur la côte de Tunis.

BONANDRÉ (cap), 81, 110. Aujourd'hui cap Bonandria, sur la côte de Barbarie.

BONNET (1 patron), 150.

BONNET (port), 96, 98. Aujourd'hui port Bonell, dans le golfe d'Alexandrette, en Syrie.

BORDEAUX (ville de), 36, 41, 42, 43, 44, 45, 49, 144.

BOULOGNE, 14. Port du Pas-de-Calais.

BOURGE, 122. Aujourd'hui Bourj-el Kadiah, sur la côte de Tunis.

BOYS D'ARNAUD (M. de), 68. Nous n'avons retrouvé ce nom que dans les Mss des archives de la marine. Son orthographe y varie, car il s'y trouve écrit soit Boudrenau, soit Boudregnault, Boudrenaut. Il est porté comme capitaine entretenu et reçoit 3,200 livres pour l'entretenement d'une galère précédemment commandée par M. de Royville, en 1646, 1647 et 1648 La seigneurie de Boudregnault avait appartenu aux Piédefer.

BRAZE DE MAYNE, 77, 83, 87, 90, 115. Province et ville de la Morée méridionale.

BREST, 44. Port du Finistère.

BROSSARDYÈRE (M. de la). Nous n'avons trouvé trace de cet officier que dans les Mss de la marine, où il est porté en 1648 comme capitaine entretenu de la galère la Princesse. Ruffi, tome II, p. 360, le désigne comme ayant bravement combattu, en 1636, devant Gênes.

BRYE (comte de), 142, 143. Frère Claude de Lorraine, fils de Charles, duc d'Aumale, et de Marie d'Elbœuf.

BYOS (chevalier de). Honoré de Castellane, reçu en 1604. Fils de Henry et de Françoise de Bompar.

C

CABANILLES (Mossen), 139.

CABESSE (forteresse), 147.

CAIFFAS (village), 97. Caiffa, au fond de la baie de Saint-Jean d'Acre.

CAILLERY (ville), 21, 95, 97, 98, 99, 111. Cagliari, en Sardaigne.

CALISMENO, 100. Porto di Calus Limiom, sur la côte S. de Candie.

CALLABRE, 84, 87. Province du royaume de Naples

CALLAIS, 37. Calais, port sur la Manche.

CALLIMENO (île), 85. Aujourd'hui Calimnos, ville de la Turquie d'Asie.

CALLIS (île), 143. Ile où est Cadix, sur le Guadalquivir.

CAMINO, 146. Aujourd'hui Caminha, en Portugal.

CAMOLLIÈRES (les), 124. Iles de la côte de Tunis.

CAMPAIGNO (compagnie de), 14. Bertrand Patras, mort en 1617, fut seigneur de Campagno ou Campaigno, capitaine au régiment de Picardie, commanda Bourg, sous M. d'Epernon. Fut nommé en 1584, capitaine de la compagnie de Charpentier, se démit de sa compagnie en faveur de son frère, Michel Patras de Campagno. Ce dernier était aussi capitaine dans le régiment de Picardie. Il défendit Calais.

CANDIE, 82, 83, 89, 90, 94, 99, 100, 104, 118. Grande île dans la Méditerranée, au S. de l'Archipel.

CANNÉE (la), 89, 118. Ville et fort de Candie, sur la côte N.

CANNES, 2, 12. Ville et port de Provence, près d'Antibes.

CANZIR (cap). 96. Cap de la Syrie, dans le golfe d'Alexandrette.

CAPDAN (Matthieu), 44.

CAPOULLE (tour de la), 103 Capullia, ville et fort de la côte de Tunis, près des Querquenes.

CAQUAMO (rivière), 95. Elle a son embouchure près de la ville et du cap de ce nom, entre le cap Celidoyne et les Sept Caps.

CARAGUOL (port), 95.

CARBONARI (cap), 111. Aujourd'hui Carbonara, au S.-E. de la Sardaigne.

CARCHI (île). Aujourd'hui Karki, près Rhodes.

CARA OSMAN (dey de Tunis), 23, 26.

CARMANIE, 82, 98, 99. Province d'Asie Mineure.

CARPOUZE (forteresse), 89, 118. Garabuzza, sur la pointe N.-E. de Candie.

CARTAGÈNE, 107, 134, 143, 148. Ville et port d'Espagne.

CARTHAGE (cap), 110, 111. Située près de Tunis.

CASCAYS, 146. Cascaes, ville et port du Portugal.

CASO (île), 80, 94, 95. Aujourd'hui Caxo, sur la côte d'Asie Mineure.

CASSAIGNE (la). Château et seigneurie situés dans la commune de Saint-Avit (Gers).

CASSAIGNE (M. de la), 11, 40, 191, 192. Bertrand de Vezins, seigneur de la Cassaigne, fils de Jean de Vezins, seigneur de la Cassaigne, et de Charlotte des Essarts de Laudun.

CASSAIGNE (ma sœur de la), 78. Jeanne de Montesquiou, épouse de Charles de Lupé, seigneur de la Cassaigne, frère de Jean Bertrand.

CASSANDRE, 93, ville de la Turquie d'Europe, dans la presqu'île de Salonique.

CASSE (frère du), 12, frère servant de l'ordre de Malte.

CASTELLAMARE (golfe de), 109. Sur la côte N. de Sicile.

CASTELLAR (M. de), 61, 72, 73. Jean-Paul de Lascaris, de la langue de Provence, fut capitaine de galères, ambassadeur extraordinaire en Espagne, conservateur conventuel de l'ordre, bailli de Manosque, grand maître le 12 juin 1636; mourut en 1657.

CASTEL-JALOUX (compagnie de), 12. Barthélemy Scipion de Carbon, sieur de Casteljaloux, fut gratifié de la 13ᵉ compagnie de la Motte en 1597; mourut en Guienne. Alexandre de Carbon, sieur de Casteljaloux, succéda à son frère et vendit sa compagnie en 1644, pour se retirer du service.

CASTRI (village et fort de), 86. Castri, dans l'Attique.

CATAIGNE, 101, 102. Catane, ville de Sicile.

CATHERINE (Sainte-), 28, village de l'île de Malte ; 147, forteresse à l'entrée du Tage, près de Lisbonne.

CECILE (île de), 24, 25, 26, 38, 73, 83, 87, 88, 104, 109, 128, 129. (Sicile).

CELIDOYNE (cap), 82, 99, cap et île de ce nom Situés sur la côte de Caramanie.

CELIDROMI (île), 62, 93, aujourd'hui Chelidromi, dans l'Archipel.

CELINO (fort), 118, aujourd'hui Castel-Selino, en Candie.

CEUTA, 148, fort appartenant à l'Espagne, sur la côte d'Afrique.

CHAFFELLONIE (île), 77, 82, 87, 113, la plus grande d s îles Ioniennes.

CHAMO (île), 86, aujourd'hui Samos.

CHARANTE, 49, rivière de France.

CHARLES (patron), 181.

CHARLES V, 153. L'empereur Charles-Quint.

CHARLES-EMMANUEL, 13, 35. Duc de Savoie, surnommé le Grand ; né le 12 janvier 1562, mourut le 26 juillet 1630.

CHATEAUNEUF (le chevalier de), 127. Charles-Marc, reçu en 1602. (Provence.)

CHATEAUROUGE, 81 Castelrosso, île sur la côte de Caramanie.

CHATEAU-ROUS, 86, aujourd'hui Castaro, sur la côte de Négrepont.

CHATELLUS (le chevalier de), 60. George de C., général des galères de Monaco, en 1626 ; quatrième enfant d'Hercule, vicomte d'Avallon, baron de Carré et de Marigni, comte de C., décédé en 1644, et de Charlotte fille de Pierre, le Génevois, seigneur de Bleigny et de Françoise d'Anglade.

CHATTES-GESSAN (M. de), 74. Annet de Clermont de Chattes-Gessan était le quatrième enfant de Aimar de Chattes, seigneur de Gessan, de la maison forte de la Bretonnière, chevalier de l'ordre du Roi, gentilhomme de sa chambre, et de Madeleine-Françoise de Hostein-Claveson. Reçu le 1er juin 1604, commandeur en 1622, bailli de Lyon, puis grand maître le 9 février 1668 ; mourut le 2 juin 1660.

CHAVES (dom Gabriel de), 133. Dom Gabriel de Chaves-Osorio, chevalier de Saint-Jean-de-Jérusalem, fut gentilhomme de la bouche du roi d'Espagne, général de la flotte de la Nouvelle-Espagne, etc.; fils de Juan de Chaves et de dona Beatrix de Trejo y Villalva.

CHERCHY (duc de), 127. Jérôme Caraffa, duc de Cerci, fils du premier duc de Cerci et de Laure de Coste ; fut tué en investissant l'armée des Turcs en la Cherchene (îles Querquenos). (Martyrologe de Malte, par Goussancourt, p. 112, t. I.)

CHIFANO (île), 91, aujourd'hui Siphanto, au N.-E. de Milo

CHIO (île), 91. Île de la Turquie d'Asie, près Smyrne.

CHOMBERG (maréchal de), 48. Henry de Schomberg, comte de Nanteuil, et Duretal, marquis d'Epinay, maréchal de France ; fut gouverneur de la Marche, du Limousin, de l'Angoumois, de la Saintonge et du Languedoc ; grand maître de l'artillerie, connétable de France ; mourut en 1632.

CHRISTOPHE (Saint), 129.

CHYPRE, 81, 82, 95, île de la Méditerranée.

CIMBALO (île déserte), 17, 88, 103, 108, 109 Zimbalo, au N.-E. du golfe de Tunis et de Carthage.

CIMBALLOT (le), 109. Écueil sur la côte de Tunis.

CIRA, 91, île de l'Archipel.

CIUTAT, 36, petit port près de Marseille, aujourd'hui la Ciotat.

CIVITA-VECCHIA, 28, 32, 50, 51, port des États de l'Église, sur la Thyrhénienne.

CLAUDE (marin), 151, commandait une galère en 1622.

CLUMAN (fort), 98. Fort en Caramanie, vis-à-vis de Chypre.

COLLOURETO (mont), 148., cap de la Cullera, près de l'Ebre.

COMBAUT, 22. Frère Jean de Combaut, de la langue de France, fut capitaine d'un vaisseau de guerre ; pris esclave et mené à Tunis, où il demeura plusieurs années, et, depuis sa délivrance, fut en la Terre Saincte et se rendit religieux au mont Sinaï, où il est décédé l'an 1630, en grande réputation de saincteté. Il étoit fils de Pierre de Combault, seigneur de la Follière. (Martyrologe de Malte par Goussancourt.)

CONFONES (île), 70, aujourd'hui Confonissia, dans l'Archipel.

CONNILHÈRES (îles), 103, aujourd'hui Conigliera, sur la côte de la Tunisie.

CONSTANTIN (patron), 102.

CONSTANTINOPLE, 30, 63, 74, 82, 119.

CORDOUAN (tour de), phare à l'embouchure de la Gironde.

CORINTHE, 177, ville de Morée.

CORON, 77, place forte située au S. de la Morée.

COTTONER (dom Raphaël), 74, régna de 1660 à 1663.

COUROIGNE (la), 145. La Corogne, port de guerre de Galice (Espagne).

COURON, 83, 115. Voy. Caron.

COURTADE (frère Dominique), 71, servant d'armes de l'ordre de Saint-Jean.

COUTRON, 87, ville forte de la Calabre.

CRÉMEAUX (chevalier de), 153, 157. François de C., grand prieur d'Auvergne, général des galères de la Religion ; deuxième fils d'Antoine de C. de Saint-Symphorien, seigneur de Chamosset, etc., chevalier de Saint-Michel, et de Françoise de Prunel, dame de Mons et de Bois en Velay.

CRESTIANA (écueil), 89, île Cristiana, au S.-E. de Milo.

CREU (cap de), 148, aujourd'hui cap de Creux, près du golfe de Rosas, en Espagne.

CROYS (marquis de Sainte-), 16, 23, 58, 87, 125, 126. Don Alvare Baçan, marquis de Sainte-Croix ou Santa-Crux.

CROYS (cap Sainte-), 101. Cap Santa-Croce, en Sicile.

CUGES (chevalier de), 44, 143. Antoine, Jacques et Jean, tous trois fils d'Antoine de Forbin-Glandevèz et de dame de Forbin-Janson, mariés en 1571, furent tous trois présentés, en 1592, au grand prieuré de Saint-Gilles, en Provence. Un autre Glandevèz-Cuges, nommé Sauveur, fut reçu en 1595. (Preuves, MSS, de la B. de l'Arsenal.)

CURY (chevalier de), 83. Frère Hennequin de Cury ; fut tué au siége de La Rochelle, 1622. (Goussancourt, Martyrologe.)

D

DAMIETTE, 82, 83, ville d'Égypte, sur la bouche du Nil.

DELLY (île), 92. Ile de l'Archipel, au N.-E. de l'île d'Eubée.

DEMERVAL, 86, soldat français.

DESPARUES (frère Scipion), 20, 21, 22, fils naturel de M. du Feaugua.

DORIA (dom Carlo), 16, 128, natif de Gênes, était fils de Jean-André Doria, fils lui-même de Gianettino Doria, neveu et fils adoptif d'André Doria. Ce Carlo Doria avait, le 28 décembre 1596, amené quatre galères chargées de quatre cents soldats au secours de Marseille, insurgée pour la Ligue. (Ruffi, histoire de Marseille, t. I, p. 164.)

DORY, 140, 150. Le sieur Dorie fut nommé capitaine de galères le 1er décembre 1611 ; il était mort avant 1633. (Arch. MSS. de la marine, Officiers de vaisseau, Contrôle général.) Leonora Galigaï s'appelait originairement Dori. Ne serait-ce point un de ses parents qu'elle aurait fait nommer à ce poste de confiance de capitaine de la galère *la Reine-Mère?* (Note de l'éditeur.)

E

ELBE (île d'), 51. Ile de la mer Tyrrhénienne entre la Corse et la Toscane.

ELME (Sainct). Château fort de Malte.

ENTRAYGUES (le chevalier d'), 68, 82. Antoine de Châteauneuf d'Entraygues, fils de François de Châteauneuf, etc., seigueur d'Entraygues, et d'Anne de Vassadel Vacqueiras. Fut reçu en 1561 et mourut le 19 mai 1655.

ESBIBO (cap), 110. Cap Zibid, à l'est de Bizerte.

ESCARPENTO (île), 79, 80, 81, 94, 93. Scarpanto, île de la Turquie d'Asie, entre Candie et Rhodes.

ESCOPOLY (île), 92. Aujourd'hui Scopelo, au S.-E. de Négrepont.

ESFACHYE (fort), 110, 118. Aujourd'hui Spakié, ville sur la côte de Candie.

ESFACS (les), 130, 132. Al Spakus, ville sur la côte de Tunisie, vis-à-vis les îles Gerbeh et Kerkenah.

ESGUEILLON (madame d'), 58. Marie-Madeleine de Vignerot se maria, en 1620, à Antoine du Roure de Combalet, fut depuis dame d'Aiguillon ; mourut en 1675. Était fille de René de Vignerot, seigneur de Pont-Courlay, et de Françoise du Plessis Richelieu.

ESPADA (cardinal), 50. Bernard Spada, fils d'un charbonnier, natif de Brisighella (Romagne), fut archevêque de Damiette, puis nonce apostolique en France sous Urbain VIII.

ESPADE (cap), 89, 90. Aujourd'hui cap Spada, sur la côte N. de Candie.

ESPAGNE, 4, 132, 133, 137, 138, 147, 148.

ESPAIGNOL (l'), 22. Soldat tué par Combaut.

ESPARTIVENTO (87, 101, au S.-E. de la Calabre.

ESPELLETA (frère dom Bernardo), 15, 16. Général des galères de la religion.

ESPERNON (M. de), 19, 148 Louis de Nogaret, né à Angoulême en 1513. Eut plusieurs abbayes, fut archevêque de Paris et cardinal sans être prêtre. Servit comme militaire sous le cardinal de Richelieu. Fut gouverneur de l'Anjou, et chevalier des ordres du roi. Commanda les armées d'Allemagne, d'Alsace et de Lorraine en 1636, et celles d'Italie en 1638. Mourut le 28 septembre 1639.

ESPICHEL (cap), 147. Aujourd'hui Spichel, en Portugal.

ESPINASSY, 151. Frédéric d'Espinassy, capitaine d'une des galères du roi. Se maria, le 9 décembre 1614, avec Anne de Sommaty. Il était fils de Lazariu d'Espinassy et de Lucrèce de Vilages, mariés le 2 août 1570.

ESQUIATE, 92, 94. Skiathos, petite île de l'archipel, au N.-E. de Négrepont.

ESQUINOUZE (île). Aujourd'hui Sikyno, île de l'Archipel.

ESQUIROL (patron), 101.

ESTAINS (M. d'), 2627. Charles d'Estaing, du diocèse de Rhodez ; reçu en 1607. Fils de Jean, seigneur et baron d'Estaing, vicomte de Cadart, et de Gilberte de la Rochefoucauld, 53.

ESTAMORAT, 53.

ESTAMPALLYE (fort), 79, 95. Ile de l'archipel, aujourd'hui Stampalie.

ESTRADE (île Sainte). Aujourd'hui Stagios Strati, au S. de Lemnos.

ESTRANFANY (île), 77, 83, 85, 141, 115. Aujourd'hui Strivali, sur la côte O. de Morée.

ESTURIE (l'), 145. Aujourd'hui Asturies, province espagnole.

F

FALCONARE (île deserte). Falkonera. Petite île de l'Archipel.

FAMAGOUSTE (ville), 96, 97, 98. Ville de Chypre.

FAQUARDIN (Émir), 88.

FARGES (de), 150. Claude de Farges, fils de Joseph seigneur de Mallignon, etc., et de Marguerite de Joannis, mariés en 1570. Fut, en 1608, capitaine entretenu des mers du Levant. Garde de l'arsenal des galères de Marseille en 1613. Capitaine de galères avant 1639.

FARGIS (du), 39. Charles du Fargis d'Angennes, cousin germain du marquis de Rambouillet, fils de Philippe, seigneur du Fargis, tué en 1590, et de Jeanne d'Hallewin. Était ambassadeur de France en Espagne en 1621.

FAURYE (chevalier de la), 12. Jean de Bonay de la Faurye, reçu chevalier de Malte en 1589, était fils de Gaspard et de Marguerite de Soubiran de Brassac.

FAVILLANNE (île), 104, 109, 110. Ile Favignana, sur la côte O. de la Sicile.

FEAUGUA (du), 20. François d'Esparbez de Lussan, seigneur du Feaugua.

FELIS (village de Saint-), 138, 139. Aujourd'hui San Félice, au sud du cap Sébastien.

FINICQUA, 55. Finica, sur la côte O. du golfe de Satalie.

FINISTERE (cap), 37, 145. A la pointe O. de l'Espagne, en Galice

FLANDRES, 4.

FLORENCE (le duc de), 21, 27, 32, 115, 116. Cosme de Médicis, IIe de ce nom, grand-duc de Toscane; né, 12 mai 1599; mort, 28 février 1621.

FONTANA AMOROSA, 95. Petit port au nord de Paphos.

FONTARABIE, 43. Place forte d'Espagne sur la Pidassoa.

FORNY (île), 139. Voyez Delly.

FOURA, 91, 92. Foura ou Ghioura, l'une des Cyclades.

FOURBIN (le chevalier de), 20, 50, 54, 55, 56, 57, 60, 71, 75, 136, 140, 150. Albert de Fourbin, reçu en 1589. Fut commandeur, puis grand prieur de Saint-Gilles dans l'ordre de Malte Capitaine de galères, Lieutenant-général des galères, puis Commissaire-général dans la marine française. Mourut le 12 juillet 1661.

FRAYSSINET (le chevalier de), 19. Jean-Jacques Isnard de Frayssinet, du pays de Rouergue, fut reçu chevalier de Malte le 16 mai 1589.

G

GENNES. 2, 3, 12, 20, 50, 128, 148. La ville de Gênes.

GEORGES (Cap Saint-), 96, cap de l'île de Chypre.

GEORGES D'ESQUYRE (Saint-), 92. Saint-Georges, dans l'île de Skyro.

GEORGES (île Saint-). 79, Située dans l'Archipel entre Siphanto et Milo. 81. Petite île, près Castel Rosso, sur la côte de Caramanie. 85, 95, île de la côte O. de la Turquie d'Asie près de Pathmos.

GERBES (les), 123, 130. Ajourd'hui Zerbi ou Gerbeh, dans le golfe de Tripoli.

GERENTE (le Camérier de), 65. Pierre Dominique de G. Camérier secret de Clément X, mourut en 1692; était fils de François Gabriel, et de Marie Madeleine de Merles.

GERENTY (de), 150, lieutenant de galère de M. de Piles

GERMAIN BEAUPRÉ (Saint-), 60. Henry Foucault, marquis de Saint-Germain Beaupré, chevalier des Ordres du Roi, capitaine de cinquante hommes d'ordonnance, gouverneur de la Marche, était fils de Gaspard Foucault, seigneur de Saint-Germain Beaupré, et de Gabrielle de Rance.

GERMAIN-EN-LAYE (Saint-), 14. Ville de France dans Seine-et-Oise.

GIBRALTAR, 37, 140, 143, 148. Aujourd'hui Gibraltar, forteresse espagnole dont se sont emparés les Anglais.

GILLES (Saint-), 2, 5, 11, 12, 20. 61, 71, 75. Prieuré à Arles en Provence.

GLANDÈVES CUGES (Frère Antoine de), 31. Reçu en 1592.

GOULFEICHS (Commanderie de), 20. Aujourd'hui Golfech village et commune de Tarn-et-Garonne.

GOUTTES (de), 114 Rostaing des Estards Laudun de Gout, diocèse de Viviers, reçu en 1561, suivant les preuves MSS de la bibliothèque de l'arsenal et en 1562, suivant Vertot.

GRAMMONT (chevalier de), 12, 15. Antoine de la Mazère de Gramont en Astarac, reçu chevalier de Malte à Toulouse, en 1598, était fils de Carbon de la Mazère, seigneur de la Mazère, baron de Las, et de Catherine de Sédirac.

GRÉGUE (cap de la), 96, 97. Cap de la Greca, au S. de Chypre.

GRIMALDI, 60. Claude G. chevalier de Malte, fut capitaine de galères en 1631 ; était fils de Jean Henry et de Anne de Grasse.

GRIMAUD, 3, 74. Capitaine d'un vaisseau marchand de Marseille.

GUALIBIA, 103. Aujourd'hui Kalibie ville de Tunisie dans l'El-Dakhel.

GUALLISSE, 145, 146. Aujourd'hui Galice, province de l'Espagne.

GUALLITA, 109, 110. Iles désertes sur la côte de Tunisie.

GUALO (cap), 90, 115. Aujourd'hui Cap Gallo au S. de la Morée.

GUARANÉ. Voyez Lupé.

GUARANÉ, 10, 14, 19, etc. Seigneurie située dans la paroisse de Pavie près d'Auch.

GUARONE, pour Garonne rivière de France.

GUARSSES (Martin), 11, 13. Frère Martin Garcia d'Aragon, fut châtelain d'Emposta, puis fut élu grand maitre le 8 Janvier 1595. Mourut le 7 février 1601.

GUARSSYE, 80. Timonier de la galère Saint-Jacques.

GUIDOTTY (Frère Opisso), 18. Chevalier ou servant d'armes italien.

GUITON (Jean), 46, né en juillet 1585. Fils de Jean Guiton et d'Elisabeth Bodin. Amiral des Rochelois le 5 septembre 1621. Maire de la ville de la Rochelle le 30 avril 1628, était, en 1638, capitaine de vaisseau au service de la France. Il mourut, en mars 1654, à la Rochelle. (V. Callot, p. 5.) Jean Guiton, etc. La Rochelle, Caillaud, libraire, 1847.

GUIZE (M. de), 19, 35, 36, 44, 46, 47, 48, 50, 139, 143, 149.

Charles de Lorraine, IVe duc de Guise, prince de Joinville, duc de Joyeuse, comte d'Eu, pair et grand maître de France, amiral des mers du Levant, gouverneur de Champagne et de Provence, commanda l'armée navale au siége de la Rochelle en 1621.

GOULLETTE (La), 108, 111. Fort de la ville de Tunis.

GUOZE (La), 100, 107, 118, 125. Gozzo île près de Malte.

GUOZZES (Les). Iles Gozzo et anti-Gozzo au S. de Candie.

H

HAVRE (Le), 63. Port de Normandie.

HAYE (M. M. de la), 74. Hilaire de la Haye avait épousé Marie Gilles, fille de Claude Gilles, seigneur du Colombier, et de Marie le Bourguignon. Claude Gilles avait été ambassadeur à Constantinople.

Jean de la Haye, seigneur de Ventelay et de la Bousselle, fils du précédent, fut conseiller au Parlement de Paris sous le règne de Louis XIII, l'espace de 20 ans.

HÉLÉNA (Ile d'), 116, 118. Aujourd'hui Makronisie à la pointe S. de Candie.

HÉLÈNE, 116.

HENRI III, 10.

HENRI IV, 112.

HILLIÈRE (M. le chevalier de la). Deux chevaliers portaient en même temps ce nom du temps de Jean Bertrand de Luppé :

1º Jean François, de Polastron la Hillière, reçu l'an 1557. Il était fils de Jean de Polastron seigneur de la Hillière et d'Antoinette de Serres dame de Fossat (cité page 281).

2º Un autre, son neveu, nommé Denis fut reçu en 1592. Il était fils de François, frère du chevalier qui précède, et de Marie de Polastron de Mérens.

I

IEU (Ile d'), 46. Aujourd'hui île d'Yeu sur la côte de Vendée.

IF (le château d'), 49, 139. Fort de la rade de Marseille

J

JHEAN (Etienne), 3, 74.

JHEAN (Saint) apôtre, 86, 123, 144.

JHEAN (Saint-), 89, 90, 100, 118, 134, 135, 150. Cap au S. O. de Candie.

JHEAN (Saint-), 146, 147. Fort à l'entrée du Tage.

JHEAN D'ACRE (Saint-), 97. Ville de Syrie.

JHEAN D'ARBOL (Saint-), 116. Ile déserte, aujourd'hui Saint-Georges d'Albora.

JHEAN DE CORNE (St-), 79, 94, 95. Ile d'Asie Mineure, aujourd'hui Saint-Jean de Cherni.

JHEAN DE LUZ (St-), 40 Ville de Béarn.

JHEAN DE PATINO (St-), 86, 94. Aujourd'hui Pathmos, dans l'Asie Mineure.

JÉRUSALEM, 22.

JOIGNY, 37. Terre située dans l'Yonne.

JOIGNY (M. de), 19, 32, 33. Philippe-Emmanuel de Gondy, comte de Joigny, marquis de Belle-Isle, baron de Montmirel, seigneur de Dampierre et de Villepreux, chevalier des ordres du roi, général des galères du roi le 15 avril 1598. Il combattit les Rochelais en 1622. Mourut le 2 juin 1662. Etait fils d'Albert de Gondy, duc de Retz, pair et maréchal de France, et de Catherine de Clermont Dampierre.

JURS (M. de St-). Charles de Castellane Saint-Jurs, fils de Marc-Antoine de Castellane et de Diane du Mas-Castellane-Allemagne. Fut reçu chevalier de Malte en 1614.

L

LACAN (notaire à Nérac), 70.

LACQUE (de la), 57, 67, 193.

LAILHÈRE (le chevalier de), 19, 68, 70, 71. Voir la Hilhère.

LAMBERTYE (le chevalier de), 150. Jean de Lambertye, reçu en 1602. Fils de François, baron de Montbrun, et de Jeanne d'Abzac, fille de Gabriel et d'Antoinette de Bernard.

LAMPADOUSE, 103, 122, 124, 125, 128, 129, 130. Ile de la Méditerranée, à l'E.-S.-O. de Malte.

LANGUEDOC, 50.

LANGUO, 80, 85. Ile de Cos, près Rhodes.

LAREDA, 145. Laredo, en Biscaye, près Santander.

LAUDUN (Charlotte de), 10, 12. Charlotte des Essarts de Laudun, fille de Joachim, seigneur de Laudun, et de Jeanne de Laudun (la dernière de sa maison). Mss de la B. de l'Arsenal. Preuves de Malte. Provence.

LAURENS (patron), 101.

LAUSTRIGUON, 16, 109. Voyez Austrigaut.

LAUTYÈRE (M. de), 151.

LECTOURE, 40. Ville de Gascogne, sur le Gers.

LECTOURE (M. de), 192. L'évêque de Lectoure était alors : Leodegarius de Plas, évêque depuis 1599, mourut le 24 mars 1635.

LÉON (golfe), 148. Voyez Lion.

LÉPANTE (golfe), 117. Golfe de Corinthe, en Grèce.

LESDIGUIÈRES (maréchal de), 140, 150. Charles, sire de Créquy, duc de L. Prince de Poix, comte de Sault, fut pair de France, lieutenant général en Dauphiné, maréchal en 1622, mestre de camp des gardes du Roi, ambassadeur extraordinaire à Rome en 1632, général des armées d'Italie, mourut au siége de Bremen, en Milanais, en 1638.

LEVANSSO, 109, 112. Aujourd'hui Levanzo, île sur la côte O. de Sicile.

LEYVA (don Petro de), 128, second fils de don Sancho Martinez de Leyva, seigneur de Leyva, vice-roi de Navarre, etc., et de dona Leonor de Mendoça ; fut capitaine général des galères de Naples et de Sicile, commandeur de l'ordre d'Alcantara, se maria en 1574 et mourut général des galères à Puerto santa Maria, le 10 juillet 1622.

LICATTE (la), 104, 112, 130. Alicata, en Sicile, côte S.

LIGNARÈS (comte de), 146, 147. Don Miguel de Noronha, IIe comte de Linharès, seigneur de Formos, Algodrès, Penaverde, fut gouverneur et capitaine général de la place de Tanger, etc., et vice-roi des Indes. Il mourut à Madrid, en 1647 (Casareal).

LIGOURNE, 3, 12, 20, 27, 32, 33, 50, 57, 75, 111. Livourne, port de Toscane.

LIMASSO, 96. Fort et ville de Chypre, aujourd'hui Limisso.

LIMINO, 92. Lemnos, île de l'Archipel.

LINGUA DE BAGASSE, 97, 98. Aujourd'hui Lenia di Bagasa. Port de Caramanie, en regard de Chypre, à l'E. de Port-Cavalier.

LINOUZE (la), 120, 122. Aujourd'hui Linosa, île de la Méditerranée, près Malte.

LION (golfe de), 148. Sur la côte de Provence et Languedoc.

LISBONNE, 37, 39, 41, 42, 43, 138, 143, 144, 146. Capitale du Portugal.

LONGUETILLE, 40.

LORETTE (N.-D de), 3, 27. Loreto, dans les Etats Romains.

LOUIS, 101. Maître

LOUIS XIII, 14, 31, 58.

LUC (M. de St-), 47. Timoléon d'Espinay, seigneur de Saint-Luc, comte d'Estelan, fils de François, né vers 1580, fut successivement vice-amiral, maréchal en 1628, gouverneur de Brouage et lieutenant général de Guyenne, mourut à Bordeaux, le 12 septembre 1544.

LUPÉ, 18, 194, etc.

  1° Le père de l'auteur des *Mémoires*, Carbonnel de Lupé se maria en 1582 et fit son testament le 7 mai 1632, 1½ 101.

  2° La mère de l'auteur se nommait Jeanne de Vezins, 21, 28, 29.

  3° Le frère aîné de l'auteur n'est nommé dans aucune généalogie et mourut en 1608. Il avait servi dans le régiment des gardes.

  4° L'abbé de Lupé, frère de l'auteur, se nommait Tristan. Il fut prieur du Garané, 69, 150.

  5° Le seigneur du Garané, Arnaud-Charles de Lupé, qui continue la descendance, sur le refus de Jean-Bertrand de Luppé.

LUSSAN (le chevalier de), 3, 11, 12, 13, 20, 23, 27, 28. Pierre d'Esparbez, fils de Bertrand, seigneur de L. et coseigneur de Lafitte et de Louise de Saint-Félix, fille d'Arnaud de Lussan et de Louise de Thémines. Il fut chevalier de Malte et fut blessé, en 1665, au fameux siége de cette île par les Turcs. La religion l'envoya comme ambassadeur près du roi Henri IV. Il fut successivement gouverneur de Goulfeichs, grand prieur de Saint-Gilles; il fonda une galère capitane et une commanderie. Il avait en outre le titre de conseiller du roi. Il mourut à Arles, le 5 novembre 1621.

LUYNES (le connétable de), 37. De simple gentilhomme, élevé dans la maison du Lude, Charles d'Albert devint duc de Luynes ou Maillé, près de Tours, seigneur de Lezigny, pair et grand fauconnier de France. Le 12 avril 1621, le roi Louis XIII l'honora de la charge de connétable, sur le refus de Lesdiguières. Il mourut à Longuetille, près Monheurt, en Languedoc, le 14 décembre 1621, et fut enterré à Luynes.

LYDO (île), 120.

LYON (ville), 13. Sur le Rhône.

LYVYES (le chevalier de), 67, 68, 69. Christophe-François de Levis Ventadour, fils de Anne de Levis, duc de Ventadour, et de Marguerite de Montmorency, reçu de minorité en 1607. Mourut le 26 février 1656.

M

MADRID, 39. Capitale de l'Espagne.

MAGUARIZE, 123. Autrefois Macharizum, sur la côte de Tripoli, au fond du golfe de la petite Syrte, près de l'île Gerbeh

MAHOMETTE (la), 17, 88. Aujourd'hui Hhammamet, sur la côte E. de Tunisie.

MAILLORQUE, 74, 137, 141. La plus grande des îles Baléares

MALAMUGER (golfe), 137, à l'E. de Tunis.

MALLEGUA, 143, 148. Ville et port d'Andalousie.

MALO (cap), 96. 98. Près de la ville de ce nom, à l'O. du golfe d'Alexandrette.

MALTE, 1, 2, 8, 12, 13, 14, 15, 16, 17. 18, 19, 20, 21, 23, 24, 26, 27, 28, 29, 30, 32, 53, 61, 63, 66, 67, 68, 69, 73, 74, 75, 77, 82, 84, 85, 87, 88, 89, 94, 96, 102, 103, 107, 112, 113, 115, 120, 121, 122, 124, 125, 126, 128, 129, 130, 141, 142, 143. L'île de Malte, après avoir été successivement conquise par les Phéniciens, les Grecs, les Carthaginois, les Romains, les Vandales, les Goths, les empereurs grecs, les Arabes, les Normands, les Allemands et les Angevins, tomba, en 1284, au pouvoir des Espagnols, qui la conservèrent jusqu'en 1530. A cette époque, l'empereur Charles-Quint, voulant s'opposer aux déprédations des corsaires barbaresques qui infestaient la Méditerranée, donna l'île de Malte à l'ordre de Saint-Jean-de-Jérusalem, dont le grand maître, Villiers de l'Isle Adam, venait d'évacuer, après une héroïque défense, l'île de Rhodes. En 1798, le général Bonaparte s'en empara, et, en 1800, elle fut prise par les Anglais, qui la possèdent encore aujourd'hui.

MALVOISIE, 116. Napoli di Malvasia, aujourd'hui Monembasie, sur la côte de Morée.

MANETTE (patron), 102.

MANOSQUE, 68, 73, ville de Provence.

MANSAN (M. de), 14. Paul de Mansan fut pourvu d'une compagnie des gardes-françaises en 1598; il devint gouverneur du duc d'Orléans, frère de Louis XIII; mourut en 1631.

MANTYS (M. de), 44. Théodore de Mantin, deuxième fils d'Étienne de Mantin, sieur de Montbonneau, et de Madeleine de Brancas, mariés le 20 janvier 1570. Il se distingua au siége de La Rochelle, où il commandait un vaisseau. Nommé plus tard vice-amiral des mers du Levant, il commanda en cette qualité vingt-cinq vaisseaux à la reprise des îles Lérins sur les Espagnols, en 1637.

MAQUEDA (duc de), 134, 135. Bernardino de Cardenas, troisième duc de M., gouverneur d'Oran en 1620; avait épousé, en 1850, Aloïse-Manrique de Lara ; mourut en 1627.

MARC (chevalier de Saint-), 72, 73. Michel de Saint-Julien-Saint-Marc. (Auvergne.)

MARETIMO, 109, 110, aujourd'hui île Marittimo, sur la côte O de Sicile.

MARIE (cap Sainte-), 87, aujourd'hui Santa-Maria-di-Leuca, province d'Otrante.

MARIN (Claude), 131, commandant de galère.

MARSE-SIROC, 103, 113, port de l'île de Malte.

MARSEILLE, 2, 12, 13, 15, 20, 27, 28, 33, 34, 35, 37, 41, 44, 49, 54, 61, 53, 63, 66, 67, 68, 74, 75, 132, 135, 138, 139, 142, 184.

MARSEILLE (iles de), 148, aujourd'hui îles Pomigras.

MARTIN, 150.

MARTIN (cap), 138, 148. Cap Saint-Martin, en Espagne.

MARTIN DE RHÉ (Saint-), 47, île de Rhé, sur la côte de France.

MASAREN, 148, aujourd'hui Almazarron, dans l'Andalousie.

MATELLIER (grande passe de), 49, 145. Passe de la Gironde.

MATHA (M. de), 30, 136. N. de Bordeilles, probablement fils d'André de Bordeilles, seigneur de Mastas ou Matha, et de Jaquette de Montberon, dame de Mastas ou Matha, mariés en 1558. (V. Vertot, vol. III, p. 72, éd. in-12, et Moreri, au mot Bordeillles.)

MÉDICIS (Marie de), 12, née le 26 août 1575 ; mariée le 26 décembre 1600 à Henry IV, mourut le 3 juillet 1642 ; fille de François-Marie de Médicis, Ier du nom, duc de Toscane, et de Jeanne d'Autriche, fille de l'empereur Ferdinand Ier.

MENDOSSE (dom Petro Gonsallès de), 12, était fils de Inigo Lopez, troisième marquis de Mondejar, quatrième comte de Tendilla, vice-roi de Naples en 1577, et de Maria de Mendoça fille de Inigo Lopez IV⁰ duc de l'Infantado, chevalier de Malte, fut commandeur de Viso et général des galères de Malte.

MENEHOU (Sainte-), 53, aujourd'hui Sainte-Ménehould, sur la rivière d'Aisne.

MENEVILLE (le baron de), 48. Louis, baron de Menneville, tué à.. .. fils de Pierre de Roncherolles de Menneville, et de Marie Suble d'Henprecourt; épousa la tante du président de Motteville.

(B. I. MSS., Dossier des Roncherolles.)

MENTON, 32, aujourd'hui Mentone, sur la Méditerranée.

MENUT (le), 101 (patron).

MESSINE, 2, 24, 25, 26, 32, 131, ville de Sicile.

MESTYES (le chevalier), 150.

MESURAT (cap), 120 Cap Mesurata, sur la côte de Tripoli.

METELLIN, 92, ou Lesbos, île sur la côte d'Asie.

METZ, 14, ville de Lorraine.

MIGRON, 44, 45, village sur la Loire, près de la mer.

MILHÈRE (M. de), 42. René le Maire de la Messelière ou de la Millière, fut capitaine de galère en 1634; mourut en 1644. (MSS du Musée de la marine.)

MILLE (le), 78, 85, 89, 90, 91, 123, aujourd'hui Milo, l'une des Cyclades.

MIRAMBEAU (marquis de), 40. Armand d'Escodéca, marquis de Mirambeau.

MODON, 77, 87, 114, 115, place forte de Morée.

MOLLETTE (chevalier de la), 33, 43, 140, 150. Jacques d'Ustou de la M., reçu en 1598; fils de Pierre d'Ustou, seigneur de la M, du diocèse de Comminges, et de Jeanne de Belière.

MOMBRUN (marquis de Saint-André), 53 Alexandre du Puy, marquis de Saint-André, né en 1600, à Monbrun ; mort en 1673.

MONHEURT, 40, ville de Guienne, près Tonneins.

MONLEZUN (de), 67. Hyppolite-Joseph de Montlezun-Bézemaus. Reçu en 1644.

MONMEILLAN. 13, place forte de Savoie, sur l'Isère, près Chambéry.

MONMEYAN (le commandeur de). Gaspard de Castelane-Monmeyan, fils de Honoré de Castelane, seigneur de Monmeyan et de Glandevez, fut reçu en 1579.

MONMIRAIL, 35. Petite ville de France. dép. de la Marne.

MONPELLIER, 44, chef-lieu de l'Hérault.

MONT (le chevalier de), 12. Antoine de Villeneuve-Monts fut reçu, en 1571, dans la langue de Provence.

MONTAUBAN, 40, chef-lieu du Tarn-et-Garonne.

MONTE-SANTO, 92, cap et golfe de la Roumélie. (Autrefois Mont-Athos.)

MONTOULLIOU (le chevalier de), 26, 27, 140, 150. Guillaume de M. était fils de Honoré et de Marguerite de Martins; il était commandant des galères du Roi, en 1610; il fut tué dans le combat naval du 1er septembre 1638, contre les Espagnols.

MONTREAL (M. de), Paul de Fortia, seigneur de M., capitaine des galères; mourut de ses blessures, en 1638, après le combat naval contre les Espagnols.

MORAT RAYS, 92, corsaire barbaresque.

MORÉE (la), 24, 77, 110, presqu'île méridionale de la Grèce.

MORGUES (le prince de), 52, 60. Honoré II, prince souverain de Monaco.

MORGUES, 52, aujourd'hui Monaco.

MORGUO (île), 85, une des Cyclades, aujourd'hui Amorgo.

MOUDON. Voy. Modon.

MOULIN (du), 1. Jean-Baptiste du Moulin, primicier de l'Église, était fils de Jacques du Moulin et d'Anne de Verdier.

MOULINS (cap des), 148. Pointe des Moulins, au S.-E. de l'Espagne.

MOUZOM, 54.

N

NAMOUR (place forte), 99.

NANFO (île), 79, 120. Aujourd'hui Anafé, l'une des Cyclades.

NANTES, 44, 45, 69. Chef-lieu de la Loire-Inférieure.

NAPLES, 3, 12, 13, 16, 17, 27, 28, 32, 87, 88, 125. Capitale du royaume de ce nom.

NAPOLY (golfe de), 116. Golfe de Napoli de Romanie, sur la côte E. de la Morée

NAQUIER, 66.

NAVARIN (place forte), 24, 25, 26, 77, 114, 115 En Morée. Sur la côte O.

NÉGREPONT (île de), 86, 91, 92. Grande île à l'E. de la Grèce.

NÉRAC, 40, 70. Petite ville dans le Lot-et-Garonne. (Condomois.)

NEXIO (île), 79. Autrefois Naxos, aujourd'hui Naxie dans les Cyclades.

NICE, 35, 52, 73. Ville de la Méditerranée, ancienne capitale du comté de ce nom.

NICOLLY, 91. Aujourd'hui Saint-Nicolo dans l'île de Tinos.

NICSIO (île), 91. Voy. Nexio.

NOAILHAN (le chevalier de), 12, 18, 71. Pierre Jean de Touges de Noailhan, reçu en 1592. Fils d'Auger de Touges, chevalier des ordres du roi, seigneur de Noailhan, gouverneur de Toul. (Preuves de Malte, MSS de l'Arsenal.)

NOCHERE (duc de), 127. François-Marie, nommé duc de Nocera, comte de Soriano, marquis de Saint-Ange, chevalier de la Toison d'or, vice-roi d'Aragon et de Navarre, fut blessé à la main gauche à Cherchenes en 1611, mourut en juillet 1642. (Histoire des Caraffa, par Aldimani, tome II, p. 247.)

NYO (île), 79. Aujourd'hui Nio, l'une des Cyclades.

O

OBITY (cap), 109, 110. Cap San Vito dans le golfe de Castellamare.

OLLIVE (port), 99. Sur la côte de Caramanie. Port Oliva à l'E. d'Antiochetta.

OLONNE, 36, 46. Les sables d'Olonne sur la côte de France. (Deux-Sèvres.)

ORAN, 134, 135, 140, 141. Port de l'ancienne Barbarie, aujourd'hui chef-lieu du département de ce nom en Algérie.

ORBITELLO, 63. Port de Toscane.

ORENS (dame de Saint-). Voyez Laudun.

ORO (cap d'), 137. Aujourd'hui cap Ortégal, à l'extrémité de la Galice.

OSSONE (duc d'), 26, 32. P. Tellez y Giron, duc d'Ossuna, né en 1579. Fut vice-roi de Sicile et de Naples, et mourut, en 1624, dans la prison d'Almeida.

OTRANTO, 87. Port du royaume de Naples.

OVA (Écueil), 116. Près de Cérigo.

P

PACHECO (prince et princesse de), 104. L'auteur a voulu probablement désigner par cette expression le vice-roi marquis de Vilena. Voir ce mot.

PAILHES (chevalier de), 12. Marc-Antoine de Villemur, reçu chevalier de Malte à Toulouse, en 1598 ; était fils de Blaise de Villemur, seigneur de Pailhes, chevalier des ordres du roi, et gouverneur du comté de Foix, et de Florette d'Armagnac.

PAILLASSE (le), 96. Payas, port au N. d'Alexandrette, au fond du golfe de ce nom.

PALERME, 16, 104 Capitale de la Sicile.

PALME (pilote), 134.

PALO (cap), 123, 148. Aujourd'hui Palos, sur la côte E. de l'Espagne.

PALO (les secs de), 122. Sur la côte de Tunisie, près de l'île Gerbeh.

PAMOS (île), 86. Voyez Pathmos.

PANTELLERYE (la), 107, 108. Aujourd'hui Pantelleria, dans la Méditerranée.

PARYS (île), 79. Aujourd'hui Paros, l'une des Cyclades

PARIS, 36, 37, 39, 40.

PASSAGE (le), 43. Port sur le golfe de Gascogne.

PASSARO (cap), 101, 102, 129. A la pointe S. de la Sicile.

PASTOUR (Saint-), 27. Ce doit être Savary de Saint-Pastour, baron de Bonrepaus, qui épousa Marguerite de Lauzières. Leur fils, Melchior, épousa, le 12 janvier 1622, Charlotte de Gélas.

PAS DE GRAVE, 209. Passage à l'entrée de la Gironde.

PATRIARCHE (Saint-), 129. Sur la côte E. de Tunisie, en face des îles Cherchenes, près des Sfaqs.

PAUILLAC, 144. Ville sur la Gironde, en Médoc.

PAUL V, 31. Camille Borghèse, né à Rome. Elu le 17 mai 1605. Mort le 28 janvier 1621, à l'âge de 69 ans.

PAULLE (de), 61. Antoine de Paulle, né à Toulouse en 1570, fut commandeur de Marseille et de Sainte-Eulalie, grand-croix en 1612, grand prieur de Saint-Gilles, et le 10 mars 1623, grand maître de l'ordre. Il mourut le 4 juin 1636.

PAULO (Capitan), 97,

PELLEGRIN (château de), aujourd'hui Athlit, au N. de Césarée, en Syrie.

PEPYEUS, 14. N. du Garané, seigneur de Pepyeus, fils de noble François du Garané, seigneur de Pepions ou Pepyeus, Montastruc, et Montbrun, coseigneur du Garané et de Lasseran.

PERTUIS BRETON (Le), 46.

PEYRUIS (commanderie de), 68, 69. Ville et commune du département de la Drôme (Dauphiné).

PIEDMONT (la princesse de), 53. Christine de France, fille de Henry IV, épousa Victor-Amédée, duc de Savoie ; elle mourut le 27 décembre 1663.

PIERRE (îles Saint-), 164. Iles San-Pietro sur la côte S.-O. de Sardaigne.

PILLES (M. de), 150. Pierre-Paul de Fortia, baron de Baumes, seigneur de Pilles, Forville et Costechaude, était fils de Paul de Fortia et de Jeanne de Tollon. Il commanda divers régiments et une galère de 1630 à 1635.

PILLIERE (M. de la), 60. Probablement M. de la Piaillière, capitaine des gardes du maréchal de la Meilleraye.

PIMENTEL (don Diego), 24.

PINA, 123. Ville sur la côte de Tripoli.

PISSARA (île), 91. Psara, au N.-O. de Chio.

PLESSIS (du), 60. Pierre de Signac du Plessis, reçu le 22 avril 1630, était fils de Pierre de Signac, chevalier des ordres du roi, gentilhomme de sa chambre et son maître d'hôtel ordinaire, seigneur du Plessis, etc.

PLESSIS BAUDOIN (M. du), 165. Lancelot-Pierre du Plessis Baudoin, chevalier de Malte en 1595, était fils de Guy Pierre du Plessis Baudoin, seigneur du Plessis et de Thénis, et de Catherine de Sauvigny.

POITIERS, 36.

POLINTRIQUO (îles), 91. Polycandro, une des Cyclades.

PONT-COURLAY (M. du), 57. François de Vignerot, marquis du Pont-Courlay, général des galères le 15 mars 1635. Mourut à Paris, le 26 janvier 1646. Il était fils de René de Vignerot, seigneur du Pont-Courlay et de Françoise du Plessis Richelieu.

PONTOVEDERE, 145-146. Aujourd'hui Pontevedra, ville de Galice.

PORTE (Frère Pons de la), 23.

PORTE (le conseiller de la), 191. Georges de la Porte, seigneur de Framboisière, maître des requêtes en 1622.

PORT-LOUIS, 44, 45, 45. Port de Bretagne.

PORTO-CAILLO, 77, 78, 87, 100, 115. Ville de la Morée.

PORTO-FARINA, 110, 111. Port et cap à l'entrée N.-O. du golfe de Carthage.

PORTO VECCHO, 83, 115. Porto Vetulo au fond N. E. du golfe de Coron.

POUILHAC, 144. Voyez Pauillac.

POUILLE (la), 87. Province du royaume de Naples en Italie.

POULLE (cap), 111. Au S. de la Sardaigne.

POULLE (île déserte), 116, 118. Bello-Poulo, rocher à l'E. de la Morée.

POUSSAL, 16. Pozzalo, port sur la côte S. de la Sicile.

PREIGNAC, 36. Bourg du département de la Gironde (Guienne).

PRIVAS, 53, 54 Sous-préfecture du département de l'Ardèche (Vivarais).

PRODANO (île), 25, 87, 114, 115. Ile au S.-O. de la Morée.

PROGITTO (île , 32, 33. Procida, dans le golfe de Naples.

PROVENCALLE (île), 99. Scoglio Podensal sur la côte de Caramanie.

PRYOUR (cap), 145. Aujourd'hui Prioro en Galice.

PUYFORT ESGENILLE (Château de), 70. Puyfort Guille Lot-et-Garonne (Condomois).

PUYMISSON (commanderie de), 68. Aujourd'hui Puymasson, près Port Sainte-Marie, Lot-et-Garonne (Agenais).

Q

QUAQUAMO, 148. Voyez Caquamo.

QUERQUENES (îles des), 23, 122, 125, 130. Aujourd'hui îles Kerkeni, ou Kerkenah sur la côte E. de Tunis.

QUYERS (cap), 132. Sur la côte de Catalogne (Espagne).

R

RAFFEAU (Charles), 101, 102. Pilote.

RAMBURE (le chevalier de), 101, Guillaume de Rambure, fils de Jean de Rambure, capitaine de cinquante hommes d'armes et de Claude de Bourbon Vendôme, dame de Ligny et de Lambercourt, fut reçu en 1597, fut fait prisonnier des Turcs en 1605, racheté en 1607 et tué en 1608.

RAVAILLAC (François), 112.

REDIN (dom Martin de), 72, 73. Grand maître de Malte, de 1657 à 1660. Il avait été général du roi d'Espagne, ambassadeur de la religion près du roi d'Espagne et du souverain pontife. Il devint prieur de Navarre et vice-roi de Sicile.

REQUYEN. Voyez Arquyen.

RETZ (le cardinal de), 36, 40, 41. Pierre de Gondi, né à Lyon en 1533, fut archevêque de Paris et cardinal. Il était fils d'Albert de Gondi duc de Metz, pair et maréchal de France, et de Catherine de Clermont-Dampierre.

RETZ (le duc de). Pierre de Gondy, duc de Retz, comte de Joigny, né à Paris en 1602, fut capitaine et général des galères, chevalier des ordres du roi, pair de France, et mourut le 29 avril 1676. Il était fils de Philippe Emmanuel de Gondi, comte de Joigny, général de galères, et de Françoise-Marguerite de Silly, dame de Commercy, mariés en juin 1604.

RHODES, 79, 80, 81, 95. Grande île sur la côte d'Asie Mineure.

RIBADEO (port), 145. Sur la côte N. de Galice sur la rivière d'Eo.

RICHELIEU (le cardinal de), 53, 54, 57, Armand-Jules du Plessis, cardinal duc de Richelieu, né à Paris en 1585, aumônier de la reine Marie de Médicis en 1615, ministre en 1616, cardinal en 1622, du conseil en 1623. Mort premier ministre en 1642.

RISSOUT (cap), 119. Autrefois Caput Rasaosemum, pointe N.-E. du pays de Barcah.

ROCHEFOUCAULT (le cardinal de La), 270. François de La Rochefoucault, né à Paris en 1558, fut évêque de Senlis, cardinal en 1607, était à Rome en 1612, fut nommé président du conseil d'Etat en 1622. Mourut en 1645.

ROCHEFOUCAUT (le comte de la), 47. François, V^e du nom, né le 7 septembre 1598, de François, IVe du nom, comte de la Rochefoucaut, prince de Marsillac et de Claude d'Estissac, fut chevalier des ordres du roi en 1619, et nommé gouverneur et lieutenant du roi en Poitou. Louis XIII érigea pour lui le comté de La Rochefoucaut en duché-pairie, à Niort au mois d'avril 1622. Il mourut, le 8 février 1650, dans son château de la Rochefoucault.

ROCHELLE (La), 46, 49.

ROCHES (le chevalier des), 60. Martin Fumée des Roches, chevalier de Malte en 1616, tué le 1er septembre 1638. Il était fils de Martin Fumée, seigneur des Roches et de Madeleine de Crevant.

ROCQUETAILLADE (le chevalier de), 3, 67. François de Montfaucon Rocquetaillade, reçu en 1625, était fils de François de Montfaucon, et de Marguerite de Montredon de Matin.

ROME, 3, 27, 31, 32, 51

ROMYEU (le chevalier de), 84. Aimon de Romieu, reçu en 1592, était fils d'Anselme de Romieu et de Doucette de Ruspe.

ROQUE FIMARCON, 14. Château en Armagnac.

ROQUETTE (pointe de la), 123. Sur la côte de Tripoli.

ROZE (cap), 110. Cap Rosa près de La Calle Algérie.

ROSSIGNOLY, 54. Rossignol était d'Alby. Il devint maître des comptes à Poitiers, en 1653. (Tallemant des Réaux.)

ROUVYERES (M. le chevalier de la), 62, 63. Jean le Blanc de la Rouvière, fut reçu en 1610. Il mourut commandeur de Salez avant l'an 1668. Etait fils de Pierre de la Rouvière, seigneur de la Roquette, et de Suzanne de Rosel.

ROYAN, 144, 145. Ville et fort de la Charente-Inferieure.

S

SABLONYÈRES (M. le chevalier de), 77. Claude de Ravenel, du diocèse de Soissons, reçu chevalier de Malte en 1586.

SACCAVEN (rivière de), 38. Aujourd'hui Saccavem, ville de Portugal, sur le Tage.

SALINES (cap des), 99, pres de l'île de la Bombe, 119. Cap Salina dans le pays de Barcah, sur la côte d'Afrique.

SALLE (cap de), 148. Aujourd'hui cap Salon, près Tarragone (Espagne).

SALLE VILLAGES (M. de la), 151. Nicolas de la Salle Village, fils de César et de Magdeleine de Connet, mariés en 1584. Il devint lieutenant de la Realle en 1638, et était en 1646 capitaine de galères. (*Gazette de France*, 1638 et 1646.)

SALLONICQ (port de la ville de), 93, 94. Aujourd'hui Salonique, dans la Roumélie.

SALOMON, 22.

SAMSON, 147.

SANTORINY (île), 79. Santorin, l'île la plus au S. des Cyclades.

SAPIENCE (île), 77, 87, 115. Aujourd'hui Sapienza, près Modon en Morée.

SARAGOUSSE, 18, 21, 22, 84, 87, 101, 129. Syracuse en Sicile.

SARDAIGNE, 21, 111, 112.

SATALLYE, 82, 95, 99. Aujourd'hui Satalieh, en Caramanie.

— 223 —

SATONCHY (cap), 93. Cap Salonchy ou Salonique. Dans les Portulans de l'époque, Salonique est écrit Salonchy.

SAUBANIAS, 20, 21. Partie de la commanderie de Goulfeichs, en Provence.

SAUBOLES (M. de), 14. Roger de Comminges, seigneur de Saubole et de Chantelle, près Lombez, né en septembre 1553, servit, en 1558, sous le duc d'Epernon. Il fut lieutenant du roi dans le pays Messin, et gouverneur en chef de la citadelle de Metz jusqu'en 1603. Il avait été nommé, par le roi, conseiller d'Etat et chevalier de Saint-Michel. Il mourut à Vérone, le 24 juillet 1615, à l'âge de soixante-trois ans.

SAVOIE (le prince de), 24, 26, 50, 131. Philibert de Savoie, fils de Charles-Emmanuel, surnommé le Grand, et de Catherine, fille de Philippe II, roi d'Espagne, chevalier de Saint-Jean-de-Jérusalem, fut de bonne heure grand prieur de Castille et Léon. Le roi d Espagne le nomma son généralissime de la mer, puis lui donna la vice-royauté de Sicile. Il mourut en 1624.

SAVOIE (Victor-Amédée, duc de), 53, 75. Ce prince, né le 8 mai 1587 et mort le 7 octobre 1637, avait épousé Christine de France, fille de Henri IV. Il était fils de Charles-Emmanuel de Savoie et de Catherine d'Autriche.

SAVOIE (le duché de), 4, 10, 20.

SAVONNE, 2, 13, aujourd'hui Savone en Piémont.

SCIO, 92. Voyez Chio.

SEGUYRAN (le président), 60 Antoine Seguyran, seigneur de Bouc, fut d'abord conseiller au Parlement, ensuite président à mortier, puis enfin président de la cour des comptes de Provence.

SEIPHANTO (Ile), 79, une des Cyclades, aujourd'hui Siphanto.

SENSAC (le chevalier de), 12. Jean-Pierre de Roquelaure de Sensac, fils de Jean-Blaise et d'Isabelle de Mun.

SEPT-CAPS (les), 80, 81, aujourd'hui Yedi-Bouroun, au S.-L. de la Caramanie, dans la Turquie d'Asie.

SERPHANTO (île), 91, une des Cyclades, aujourd'hui Zerphanto.

SERIGNAN (Frère Raphaël de Grave), 186, était fils de Guillaume, écuyer, seigneur de G S. et de Marquise de Ronch d'Arnoie.

SERIGNON (Ile), 78, 85, 89, 90, 100, 116, aujourd'hui Cerigo.

SERIGNOT, 89, 90, 91, 116, 118, aujourd'hui Cerigotte.

SERPANTARE (Ile), 111, aujourd'hui Serpantara, près de la Sardaigne.

SERVYEN (de), 60. Ennemond de Servyen, chevalier, seigneur de Cossai et de la Balme, conseiller d'Etat, président de la chambre des comptes du Dauphiné, ambassadeur en Savoie.

SÉVILLE (rivière de), 143. Le Guadalquivir.

SEYDE (ville de), 98, aujourd'hui Sidon, en Syrie

SIDRE (golfe de la). Grande Syrte sur la côte de Tripoli.

SIGNE (cap), 147, aujourd'hui cap Scines, en Portugal.

SIGUONIER (le chevalier de), 96, 97.

SILLY (village), 85. Village d'Asie-Mineure, aujourd'hui Zille.

SINAI (mont), 146.

SMYRNE, 104, 116, port d'Asie-Mineure

SOISSONS, 48. Louis de Bourbon, comte de Soissons, commandait en 1622 l'armée devant la Rochelle.

SOLLIMAN-RAYS, 106, 137.

SOLLIMAN (port), 99, aujourd'hui Sallamone, en Candie.

SOUSA (Dom Pedro de), 143.

SPELLETTA (Frère Dom Bernardo), 77.

SPINOLLA (Carlo), 80 Reçu le 15 août 1570. Capitaine de vaisseau en 1605

T

TAGE (rivière du), 38, 39, 146.

TAILLEBOURG (village de), 49.

TANGER, 146, 147, 148. Port du Maroc.

TARENTE, 87, aujourd'hui Taranto, dans le royaume de Naples.

TARIFFE (ville et île), 147, 148. Pointe S. de l'Espagne.

TARRAGONNE, 132, 148, aujourd'hui Tarragona, en Catalogne.

TAULARE (cap), 112, aujourd'hui Teulada, en Sardaigne.

TENNIS (cap), 135. Cap Tenès.

TERMYA (île), 91, aujourd'hui Thermia, une des Cyclades.

TERNES (de). Jean, baron des Ternes, était le second fils de François, baron d'Espinchal de Massiac, des Ternes et de Tagenac, et de Marguerite d'Apchon

TERRA NOVA (golfe de), 104, en Sicile.

TINO (île de), 86, aujourd'hui Tène, l'une des Cyclades.

TOLLOMETTA (cap), 120. Cap dans le pays de Barcah.

TOR (M. du), 143. Jacques, fils de Jean-Vincent d'Ancezune Cadart, baron du Tor, et de Diane de Crussol, reçu chevalier de Malte en 1618. Commandait un galion en 1621.

TORE (le), écueil, 112. Écueil sur la côte S.-O. de Sardaigne.

TORNESY (le chevalier), 150. Bertrand Tornesy, chevalier de Malte, était capitaine entretenu de galère aux gages de 400 livres en 1646... Le chevalier de Tornesy est porté comme officier de 1634 à 1643... Le chevalier de Tournoise (*sic*) est porté comme lieutenant de la Réalle ayant rang de capitaine de galère. (Manuscrits des archives de la marine : *Officiers de galères. Gages et entretènements*, etc. Passim.)

TOULLON, 13, 49, 50, 52, 57, 64, 65, 149. Toulon en France, sur la Méditerranée. — 53, fort de la ville de Privas.

TOULOUZE, 3, 11, 18, 70, 71.

TOUN (signor), 105. François-Sigismond de Thun, sixième fils de Jean-Sigismond, comte de Thun, en Tyrol, Bohême et Autriche, fut conseiller intime de la cour impériale d'Allemagne et prieur de l'ordre de Malte.

TOUNE CHARANTE, 49, aujourd'hui Tonnay-Charente.

TOUR DE BOUC (la), 36. Tour sur la côte de Provence.

TOURELOUROU (fort), 118. Rocher en face de la Canée, nommé maintenant Turluru.

TOURS, 37.

TOURTOUZA (rivière de), 148. L'Eb e.

TRAPANO, 103, 104, 112, 128, aujourd'hui Trapani, en Sicile.

TRAVERNE (le chevalier de), 83.

TRENEL (le marquis de), 32. François des Ursins, marquis de Trenel ou Traisnel, meurt le 9 octobre, à 81 ans, dans sa maison de Doux en Brie. Il avait été fait chevalier de l'ordre par Henri IV. Envoyé en ambassade au pape Paul IV par Louis XIII Il était le dernier des mâles de la maison des Ursins en France. (29 *octobre. Extérieur*. 1650. — *Gazette de France*.)

TRIPOLY, 30, de Barbarie, capitale de l'État de ce nom. — 196, de Syrie, sur la côte près de Beyrouth.

TUNIS, 22, 106, 108, 111, 123.

V

VALBELLE (Cosme), 60. Cosme II, sire de Valbelle, seigneur de Baumelles, fils d'Antoine et de Anne de Félix de La Reynarde, fut capitaine de cent hommes d'armes et d'une galère. Fut tué le 1er septembre 1638, avec trois de ses neveux, au combat naval devant Gênes.

VALLENCE, 8, 56, 61, 65, 69, commanderie de l'ordre de Malte, en Dauphiné — 148, Valencia, en Espagne.

VALETTE (le chevalier de La), 33, 43, 45, 57, 146, 150.

VALETTE (le cardinal de La), 85, 86. (*Voyez pour ces deux noms le mot Espernon.*)

VANDOSME (le chevalier de), 3, 31, 33, 34. Alexandre de Vendome, fils naturel du roi Henri IV, reçu en 1606 chevalier de Malte.

VASCONCELLOS (Dom Louis Mendèz de), 24, 131.

VASSADEL-VACQUEYRAS (Frère Guillaume de), 23, 24, 131. Était général des galères de la religion en 1611. Quitta cette charge en 1612

VAUGUYON (le chevalier de La), 165, 177. Gabriel le Petit de La Vauguyon, diocèse de Poitiers, fut reçu en 1578.

VÈGUE (le chevalier de), 33, 34. Sans doute *Bègue* de Marseille. Nous lisons dans la *Gazette de France*, 20 novembre 1638 : Le commandeur Cadet de Bègue, officier de galère, est blessé à Marseille dans une révolte des forçats. — Le sieur de Bègue fut blessé dans le combat naval devant Gênes, en 1036. (Ruffi.) — M. de Bègue commandait en 1646 la galère *la Fronsac*, prise sur les Génois en 1639. (Arch. manuscr. de la Marine.)

VÉNÉTIQUE (Île), 115. Ile sur la côte sud de Morée (Messénie), près de Modon, à l'est de l'île Sapienza.

VENIZE, 81, 107, 115, 116. Venise.

VERDELLIN (le chevalier de), 62. Jean de Verdellin, fils de Gaspard (des ordonnances du roi) et de Anne de Vassadel Vacqueiras, fut reçu grand prieur de Saint-Gilles en 15...

VERDELLY (signor), 105.

VICTOR (abbaye Saint-), 15, une des abbayes de la ville de Marseille.

VIGNACOURT (Alof de), 13, 18, 23, 113. Grand maître le 10 février 1601, mort le 14 septembre 1622.

VILLE-JOYEUSE, 215, aujourd'hui Villa Joyosa, ville et port d'Espagne, royaume de Valence.

VILLEFRANCHE, 50, 52, Villafranca, port du Piémont, près de Nice

VILLENEUVE (chevalier de), 69. Gaspard de Villeneuve, reçu en 1563.

VILLENEUFVE DE LA GUESLE, 37. Villeneuve la Guerre ou la Guyard, dans l'Yonne (Champagne).

VILLENEUVE MAURENS (Frère Tristan de), 186, reçu en 1591.

VILLEPREUX, 35. Ville de Seine-et-Oise

VILLEVICIOUZA, 145, aujourd'hui Villavicioza, Asturies.

VILLEYNE (marquis de), 104. Don Juan Fernandez Pacheco, cinquième duc d'Escalona, marquis de Villena, comte de San Estevan, seigneur de Belmonte, chevalier de la Toison-d'Or, ambassadeur d'Espagne à Rome, vice-roi et capitaine général de Sicile, épousa Dona Séraphine de Bragance. Il mourut à Escalona en 1615. (Haro nobil. Espag. T. II, p. 289.)

VINCENT (cap Saint-), 143, 147. Il est situé à la pointe S.-O. du Portugal.

VINCHEGUERRE (M. de). La noblesse de la famille de Vincheguerre a été glorieusement acquise par Marc-Antoine de Vincheguerre, officier dans les armées navales du roi Henri IV, et de la religion de Malthe. Cette religion lui donna une récompense honorable, sans être coûteuse à la religion. On lui permit de porter la croix de Malthe.

Le roy le récompensa du commandement de deux galères et d'une pension de 2,000 livres.

Les services de Marc-Antoine ont été récompensés et continués par ses descendants; Jacques de Vincheguerre, chevalier de Saint-Jean-de-Jérusalem, eut le commandement de quinze vaisseaux de guerre armés contre les corsaires de la côte de Barbarie par Louis XIII et par la ville de Marseille, en 1616.

Charles, Antoine, Jacques, et François de Vincheguerre, ses enfants, lors de la recherche des faux nobles, ne voulurent pas produire leurs titres devant les commissaires. Ils étaient tous quatre au service du roy; ils les représentèrent au conseil, et ils obtinrent arrêt par lequel ils furent maintenus dans leur noblesse. Ils portent pour armes :

Trois dauphins d'or dans une mer de sinople, posés deux et un; au chef d'azur chargé de trois cygnes d'argent.

(L'abbé Robert de Briançon, *Critique du Nobiliaire de Provence*. Bibl. de l'Arsenal, manuscr. français, p. 559 et suivantes).

Antoine Filandre de Vincheguères, capitaine de galères le 29 octobre 1647, était lieutenant général en 1644. Mourut en 1656. (Registres de Saint-Sulpice.) (Note de M. Jal aux manuscr. du ministère de la marine.)

VINDIQUERY (golfe), 102. Vindicari, au nord du cap Passaro.
VINTEMILLE, 50. Vintimiglia, ville d'Italie sur la Méditerranée.

Y

YDRE (île déserte), 116, 118 Hydra, sur la côte de Morée.
YÈRES, 3, 13, 49, 149. Iles d'Hyères, sur la côte de Provence.

Z

ZAMBECCARY (Frere Alexandre), 134. Alexandre Zambeccari fut nommé chevalier et comte palatin par le pape Clément VIII, qui était devenu duc de Ferrare par la mort d'Alphonse, duc d'Este, en 1597. (Visani, liv. XII.)

ZIA (île de), 91, une des Cyclades.

ZANTE (île de), 77, 87, 108, 123, l'une des îles Ioniennes.

FIN DE LA TABLE

MÉMOIRES

DE

JEAN-BERTRAND DE LARROCAN D'AIGUEBÈRE

CHEVALIER DE L'ORDRE DE SAINT-JEAN DE JÉRUSALEM

JOURNAL

Contenant les petites occupations qui ont rempli le tems de la jeunesse du chevalier d'Aiguebère, jusques à la soixante-dixième année de son âge et à la jouissance de la Commanderie de Bordères, qui lui est échue. Fait à Montaignan le 5ᵉ de may 1708, avec les réflexions suivantes :

Hæc tria sunt vere quæ faciunt me flere :
Primum quidem durum quia scio me moriturum ;
Secundum plango quia veniet mors nescio quando ;
Tertio vero flebo quia post mortem nescio ubi manebo.

LE CHEVALIER D'AIGUEBÈRE,
Commandeur de Bordères

Frère Jean-Bertrand de Larrocan d'Aiguebère, chevalier de l'Ordre de Saint-Jean de Jérusalem.

C'est aux heures perdues de ma petite récréation que, pénétré de la morale chrétienne, qui porte pour précepte à l'homme de fuir l'oisiveté, mère nourrice de tous les autres vices, j'entreprens ici dans mon aimable solitude de Montaignan, ma maison maternelle en Astarac, de passer une idée du temps employé pendant ma jeunesse, dont le souvenir ne m'est pas encore eschappé jusqu'à l'heure présente, que je suis déja parvenu à l'heure de la première vieillesse; et donnant commencement au petit ouvrage d'amusement avec mon ingenuité naturelle par le sacrement qui nous fait prendre place dans le bercail de l'Eglise catholique, apostolique, romaine, au nombre de ses enfans, j'y marquerai en premier lieu la cérémonie de mon baptesme, auquel je reçus le nom de Jean Bertrand, suivant le désir de mon illustre parrain, monsieur le commandeur du Garrané, qui commandoit l'une des galères du Roy à Marseille, où il faisoit son séjour pour veiller à son employ.

BAPTESME.

Mon frère aîné Léon Paul tint la place de mon parrain, qui ne s'éloignoit de Marseille que pour le service du Roy, et qui ne se fit pas un scrupule de régler pour mon baptesme.

Après que j'eus pris mon enroslement dans le christianisme, par la formalité de mon baptesme, faite à Lartigolle, parroisse de Pepieux, en l'archevêché d'Auch, mon père et ma mère, qui étoient gens d'honneur et de mérite et d'une vertu distinguée, mais avoient peu de biens, pour ne pas démentir les sentiments qu'inspire le sang noble, ne pensèrent pour mon regard qu'à me faire élever à la vertu; et dans cette vue, des que je fus assez fort pour m'éloigner des soins de la famille, je fus envoyé à Auch pour y faire mes études au collège des révérends pères Jésuites, où je ne fis pas un grand progrès, par le peu de penchant que j'avois pour cette occupation ; et dès que j'eus atteint l'age de quinze ans, tous mes frères étant deja au service du Roy en ses armées, sous la direction de monsieur d'Aiguebère notre oncle, qui après avoir acquis beaucoup de réputation par la longue et vigoureuse résistance avec laquelle il soutint le siége d'Aix jusqu'à la dernière extrémité, et qu'il ne rendit que six semaines après en avoir reçu son ordre exprés de la cour, en avoit été récompensé du gouvernement du Mont-Olimpe et de Charleville.

Il me fut proposé d'aller servir Dieu dans l'exercice des armes contre les infidèles mahométans sous l'étendard de l'ordre du glorieux saint Jean-Baptiste, en qualité de chevalier de Malthe, et comme cette aventure rencontra précisément une véritable vocation, je la reçus avec beaucoup de joye, et tout concourant à me faire presenter au chapitre provincial d'un ordre qui fut celèbre, le dernier dimanche de may de l'année 1653, en la ville de Toulouze, et j'y obtins pour commissaires de mon enquette de noblesse monsieur le commandeur de Chabaud-Tourretes et monsieur le chevalier de Verdelin, lesquels eurent la bonté d'y travailler et de le mettre en estat d'estre par eux présenté en l'assemblée provinciale de l'Ordre, qui fut faite le lendemain de saint André de la mesme année, en ladite ville; ce qui fut fait sans retardement, et les 1425 livres pour le droit de mon entrée dans l'ordre comptées à monsieur le chevalier Douzon qui y exerçait la charge de receveur pour les ordres.

Départ du 2e février 1654.

Jusques-là tout concouroit à souhait pour mon prompt départ; mais pourtant il fallut le suspendre malgré toutes ces favorables dispositions, à cause d'une facheuse fièvre tierce qui me survint, et me retint jusques au 2e février de l'année 1654; que me trouvant assez restabli pour faire voyage, je pris congé de ma famille, et me mis sur la route de Marseille, où mon père prit la peine de me conduire sur des chevaux de louage, pour y attendre au bord de la mer une bonne occasion de passer à Malthe.

Mon arrivée à Marseille le 14e février 1654.

La première qui se présenta pour cela fut celle du capitaine Brémond, marchand de Marseille, qui avec son vaisseau se préparait à aller faire son chargement en la ville de Smirne, au fond du Levant; et je m'embarquai avec lui le 26e du même mois, moyennant six pistolles d'or, que je luy donnai pour mon passage sans valet. Le chevalier de Lomné qui allait aussi à Malthe, pour y servir de page à monseigneur le grand-maitre, paya son embarquement sur le même pied; mais le capitaine fut quitte de nostre despense à bon marché; car pour moi je fus les quatre premiers jours du voyage sans manger ni boire, si fort la mer, qui à toute heure me provoquoit le vomissement, avoit dérangé mon estomac et ma teste; et le chevallier de Lomné n'en fut pas traité plus bénignement. Mais au cinquième jour, nous fusmes regalés d'un chapon de galère, qui nous redonna un peu de vigueur pour l'excellence du ragoust, qui n'est autre chose qu'une crouste de biscuit grillé; qu'on arrose bien chaude avec de l'huile d'olive et du vinaigre. Monsieur le chevalier de Salles d'Auvergne estoit de ce même passage, et nous portoit compassion de nostre estat; mais quant au reste, nous fismes nostre voyage heureusement, sans mauvaise rencontre, estant entrés dans le port de Malthe le 7ᵉ de mars 1654, ne comptant pas pour beaucoup d'avoir fait trois cens lieues dans cet espace de tems.

L'usage est qu'à l'arrivée des vaisseaux dans le port, le gardien du port va prendre note de la patente du vaisseau, et des noms des passagers qui y sont dessus, pour en aller rendre compte au Grand-Maître; après quoi il revient pour annoncer la permission du débarquement (supposé qu'il n'y ayt pas des raisons qui s'y opposent.) Ce qui ayant esté pratiqué à nostre égard, le secrétaire de monsieur le commandeur du Garrané, mon grand-patron, alors resident en couvent à Malthe, se présente à nostre bord pour me recevoir dans son bateau avec mes petites nippes, de même que le chevalier de Lomné, et ayant mis le pied à terre, nous mena tous deux chez monsieur le commandeur du Garrané, qui me fit l'honneur de m'offrir la table et un lit dans sa maison. Le chevalier de Lomné y estoit aussi, et monsieur Courtade, ancien prestre et conventuel de l'ordre, auquel il estoit recommandé, y estant venu sur l'heure, il nous mena d'abord au palais pour baiser la main à monseigneur le grand-maître de Lascaris-Castellar, qui trainoit encore sa vieillesse; et la formalité estant faite, je fus reconduit à ma salutaire auberge, où je soupai d'un puissant appétit. Car au lieu de deux petits pains qu'on donne par repas à chaque chevalier, j'en mangeai sept, et cette faim me dura quinze jours sur le même pied de quatorze pains par-jour; si fort la mer avoit vuidé nos entrailles!

Le jour d'après, bon matin, je fus conduit chez monsieur le commandeur de Lahitte, mon grand oncle et bon patron, lequel me fit l'honneur de me recevoir avec beaucoup de cordialité et d'offre de son secours et affection, en reconnoissance du grand service que mon père lui avoit rendu, de lui prester de l'argent pour venir à Malthe dans le temps qu'il se trouvoit en Gascogne, abandonné de son propre frère et ses autres parents; sans laquelle assistance il auroit infailliblement perdu l'occasion d'y venir prendre son ancienneté de justice, et ensuite la commanderie; ce qu'il m'a depuis répété très souvent avec beaucoup de bonté. Les bienfaits que j'ai reçus depuis de sa généreuse bonté m'ayant assez convaincu du véritable ressentiment qu'il avoit conservé pour ce bon office.

Ma réception du 9ᵉ mars 1654.

Ce même jour 8ᵉ de mars, la vénérable langue de Provence s'estant assemblée, le verbal de mon enqueste y fut présenté et mis entre les mains de deux chevaliers commissaires, qui y furent nommés pour en faire la révision, et y donnèrent leurs conclusions; lesquels lui en ayant fait leur rapport favorable, le 9ᵉ au matin, j'y fus reçu en rang de chevalier de justice, le jour 9ᵉ de mars 1654.

Ma réception ainsi déclarée et bien établie, je commençai d'abord l'année de mon noviciat, qui consiste à servir les malades et les blessés à l'infirmerie, deux fois par jour chasque semaine; le dimanche estant désigné pour la langue de Provence comme la prééminente; à faire trois fois la semaine l'exercice du mousquet et de la pique, et à se confesser cinq fois l'an et communier autant, devant des commissaires à ce preposés, dont les obligations durent autant que le tems du noviciat.

L'année 1655 ayant pris son commencement, le désir formel de faire tous mes services d'obligation sans retardement ni discontinuation, me fit prevalloir de l'ordre établi de pouvoir les entreprendre à l'âge de dix-huit ans, et en vue de cela me fit enroller au nombre des caravanistes de cette campagne, pour estre embarqué sur la capitane de l'escadre commandée par monsieur le baillif de Moyancourt, de l'auberge de France, ayant monsieur le commandeur de Coupeauville pour son capitaine; et les galères, qui n'estoient qu'au nombre de sept, ne firent, pendant l'hiver et le printems ensuite, que de petits voyages en Sicille, qui est la mère-nourricière de Malthe, pour sy pourvoir à l'avance des provisions de victuaille nécessaires pour leur campagne prochaine. Mais le 11ᵉ de mai de l'année 1655, elles se mirent en route pour le Levant, afin d'y aller joindre l'armée navale de la république de Venise, qui tous les ans nous attiroit à son secours et service à nos propres despens, depuis le commencement du siège de la ville capitale de l'isle de Candie. Elles prirent port, chemin faisant, à la petite Xéphalonie, à Corfou, à Xante et à Sorique, qui sont quatre isles dépendentes de la république, et enfin joignirent l'armée à la hauteur de Tino, isle déserte dans les mers de la Grèce en l'Archipel.

Il se rencontra que le générallissime y estoit mort de maladie, et qu'à cause de ce changement arrivé, celui qui *pro interim* occupoit la place de chef, reconnaissant comme de raison la capitaine de Malthe pour patronne réalle dans toutes les armées royales, se disposoit à lui remettre le commandement général, et en fit porter l'avis sur ladite capitane; à l'occasion duquel monsieur de Moyancourt ayant sur le moment fait assembler le conseil de tous les capitaines de son escadre, pour y agiter cette question, de savoir s'il devoit accepter le parti ou s'en deffendre, il y fut trouvé à propos et déterminément résolu, que n'estant venus que pour servir à l'armée en qualité de galères auxiliaires, suivant les propres termes des institutions de monseigneur le Grand-Maître et du sacré conseil de la Religion, il n'étoit pas à leur option d'en changer l'ordre; que d'ailleurs, sans s'arrester à ce qu'il y auroit à craindre des orages fréquents des mers de la Grèce, si les galères de la religion se trouvent en obligation d'y passer les saisons de l'automne et de l'hiver prochain vivant, il n'estoit pas raisonnable de laisser pendant tout ce temps là, à la mercy des pirates de Barbarie, l'isle de Malthe et son canal sans le secours de ses galères ; et que par une conséquence tirée de toutes ces raisons, il estoit d'une nécessité absolue de se réduire à passer en corps d'armée le tems ordinaire de la campagne, sans accepter le commandement, pour reprendre soudain après la route des mers de Malthe et de Sicille; laquelle résolution ainsi formée fut annoncée sur la réalle avant qu'on n'eut encore fait aucun mouvement de part ni d'autre pour la formalité de la jonction. La réalle qui déja se disposoit à voguer en arrière, pour aller prendre la droite de la capitane de Malthe et lui céder la gauche, comme la première place, resta dès lors immobile, et la capitane de Malthe commença la salve de la jonction par la décharge de l'artillerie de son escadre, avec la musique des trompettes, clairons, hautbois et timballes. A quoi la réalle ayant répondu de même, ladite capitane prit sa place à la droite de la réalle, et après les visites faites en la forme ordinaire, le conseil de l'armée ayant esté convoqué sur la généralle, il y fut trouvé bon et ordonné qu'elle tacheroit de prendre langue pour découvrir ce qui se préparoit à Constantinople sur les projets de cette campagne, affin d'y prendre de justes mesures. A quoi ayant tendu nos cordes, nous sçusmes par avis certain qu'il ne se formoit point d'armement dans la Mer-Noire, qui deut nous donner de l'ombrage; sur quoi n'ayant rien de mieux à faire, nous allames en corps faire le siège de la petite isle de Malvoisie en Albanie, que nous canonnâmes pendant huit jours, à beau jeu beau retour. Mais après ce tems, n'ayant pas eu de troupes à débarquer pour attaquer la place par terre, et ne concevant aucune espérance de la réduire sans cela, nous en abandonnames l'entreprise, et nos galères ne prévoyant pas d'autre occasion à s'occuper honorablement pendant le reste de la campagne, prirent congé de l'armée, et faisant route sur Malthe, y arrivèrent avant la fin d'aoust, sans avoir rien peu rencontrer.

Il restoit encore du tems propre pour la navigation des galères; et, pour en profiter, elles furent radoubées et pourveues de victuailles, afin d'aller en Ponant sur les costes d'Espagne, de France et d'Italie, pour y négocier les intérêts de notre Religion, et voiturer en couvent l'argent des recettes de ce pays-là, et surtout de celles d'Espagne et de Catalogne, dont les deniers ne viennent à Malthe qu'à gros frais et fort lentement. Elles prirent la mer à cette fin, vers le 10ᵉ de septembre; et au second jour de leur départ, elles allèrent mouiller au port de l'isle déserte Saint-Pierre, à deux heures de soleil; et à peine eurent-elles jetté leurs ancres, et fait porter leurs câbles pour estre attachés à des arbres ou à des rochers en terre, pour la seureté des galères, que deux galères de Bisserte parurent à l'entrée du même port, en dessein aparemment d'y passer la nuit; mais s'estant aperceues que la place y estoit occupée par des gens d'une créance [opposée] à la leur, elles prirent leur palamante à la mer, pour n'aller pas plus avant et voguer en arrière, afin de revirer le bord à la mer et de se dégager du piége où le hasard les avoit portées. Ce qui fut fait avec tant de prestesse, que dans un instant nous les perdimes de veue, sans avoir eu même le tems de leur faire une descharge d'artillerie, à cause que dès qu'on est dans le port, on s'occupe uniquement à bien placer les galères contre les orages impétueux. On rappela néanmoins d'abord les matelots, qui faisoient la manœuvre à terre, on coupa les câbles des ancres, lesquels on laissa marqués par autant de ganiteaux y attachés, et nous sortimes du port; mais comme le soleil estoit déjà sous l'onde pour éclairer nos antipodes, nous ne vismes rien à la mer. L'on mit les proues sur la Barbarie, vers où nous voguames à force de rames pendant la nuit, comme la route que les infidelles sembloient avoir deu prendre pour s'éloigner du danger. Mais le lendemain au jour clair, nostre général ayant fait monter à la hune pour la découverte, la garde ne vit rien à la mer; à cause de quoi, ne pouvant mieux faire, nos galères ne pensèrent plus qu'à aller repêcher leurs ancres au port de Saint-Pierre, laissant les barbaresques en liberté d'aller chanter le Te Deum à leur mode, pour estre sortis d'un si mauvais endroit sans perte.

Nous entrames vingt-quatre heures après dans le fameux port Mahon, en l'isle de Minorque; et de celui-là, deux autres jours après, en celui de l'isle de Majorque; et de là, faisant canal, nous trouvames le redoutable golfe de Lion, et ayant abordé sur les côtes d'Espagne, nous primes port à Carthagène, où nous séjournames trois jours; et de là, courant la meme coste, nous mouillâmes au petit port de Denia-Alicante; et ensuite au môle de la grande ville de Barcelonne, où, pendant que les affaires de l'Ordre nous obligeoient de rester, nous fusmes chaque jour honorés de quelque caresse ou marque d'honnesteté de la part du prince don Juan d'Autriche, grand prieur de Castille, qui y estoit vice-roy de Catalogne, auquel M. nostre général et les capitaines et chevalliers de l'escadre alloient journellement faire leur cour ; et il affectoit, par honnesteté, de nous parler françois, nonobstant sa gravité.

Partant de Barcellonne, nous courusmes le reste de la côte de la Catalogne, celle de Languedoc, et partie de la Provence, jusqu'à nostre arrivée à l'incomparable môle de l'aimable ville de Marseille, où nous fusmes fort honorablement reçeus par monsieur de Fourbin, grand prieur de Saint-Gilles, qui y faisoit son séjour et y exerçoit la charge de lieutenant-général des galères du Roy. Il fit donner le bal à nostre général, qui estoit un mauvais danseur, et les chevalliers espagnols et italiens, ne pouvant s'empecher de gloser sur la liberté de nos dames ; nous y fûmes neuf jours avec beaucoup de plaisir, demeurant tous d'accord qu'il n'y a pas de pays chrétien où la vie soit si douce qu'en France, pour ce qui regarde la liberté de son commerce, et non par rapport aux édits bursaux qui y épuisent la finance. Et ayant enfin quitté le charmant séjour de cette ville, nous courumes la côte de Provence et du comté de Nice ; et estant parvenus à la hauteur de la superbe ville de Gênes, nostre général, par un juste pressentiment, avoit résolu de ne pas s'y arrester. Mais qu'est-ce que ne peut pas la destinée, lorsqu'elle est maligne? Le commandeur Spinolla, qui faisoit la charge de receveur de l'Ordre en ce lieu, et avec qui nostre général avoit à conférer, s'estant, à nostre vue, avancé sur une chaloupe jusques au bord de la capitane, fit si bien ou si mal par son éloquence naturelle, qu'il prévalut sur la résolution du général, en sorte qu'il le persuada d'aller mouiller sous la tour du fanal de la ville pour le reste de la journée, en intention d'en démarrer à l'entrée de la nuit, sous ce beau prétexte que l'une de nos galères qui, dès le matin, estoit entrée dans la darse, portant quarante mille piastres deües à la République pour le corps de galères que la religion en avoit prises en derniers tems, pourroit, pendant cet intervalle, avoir compté la somme par le ministère du revisiteur de nostre escadre. On s'arreste donc sur ce raisonnement, comptant que tout réussiroit selon nos souhaits; mais à l'entrée de la nuit, le vent s'estant mis à la mer, devint si fort orageux qu'il s'en forma une véritable tempête, qui bien loin de nous laisser la liberté de sortir de ce labirinte, nous faisoit beaucoup craindre sur nos ancres. Cependant la nuit les vagues de la mer devinrent si hautes que le lendemain au matin, il n'estoit pas permis de penser à s'y commettre, ni de douter du naufrage. Cette situation nous affligea autant qu'il se peut; et ce fut encore pis, lorsque le soleil se fut montré, et que nous vismes arriver un émissaire de la République pour annoncer, de sa part, à nostre général, qu'il eut à faire saluer la capitane de Gènes qui estoit dans la darse, comme estant patronne réalle, par toute son escadre, et qu'à son refus on alloit sur l'heure décharger toute l'artillerie des remparts de la ville, pour couler à fond la capitane de Malthe et ses autres galères. En cet estat désastreux, nostre général roula dans son esprit toutes les pensées que le désespoir est capable d'inspirer à un homme malheureux, qui préféreroit la mort à l'affront qu'on lui prépare, si, en perdant la vie, il pouvoit mettre son honneur à couvert. Il invoque Spinola en le maudissant comme l'unique cause de son désespoir. Mais point du tout, cet homme de qui on espéroit encore quelque consolation, ne paroit plus; et ne voyant plus d'autre ressource à consulter que le conseil des capitaines de l'escadre, il les assemble, pour ne rien faire sans leurs avis en une affaire d'une si grande conséquence. Chacun se lève pour dire qu'il faut hazarder le tout en se mettant à la mer; mais dès que celui-là a jetté les yeux sur l'onde, il change tout d'un coup de sentiment, parce qu'il reconnoit que sa première pensée ne peut estre soutenue, et enfin tous, d'un commun accord, affligés à mourir, ne pouvant mettre en doute que le sénat n'exécutat sans délay la violence projettée, conclurent qu'à jeu de force il n'y a pas de remède, qu'il falloit faire le salut prétendu, pour ne pas perdre nos galères, et que en tems et lieu nous trouverions occasion de tirer raison de cette lache supercherie, et de faire voir à toute la terre qu'en pleine mer les Gènois n'auroient osé penser de faire cette entreprise, quelle disparité qu'il y eut peu avoir de nostre armement au leur; et ils savent parfaitement eux-mêmes que sans aucune contestation, la capitane de Malthe est reconnue patronne réalle dans toutes les armées royales, à l'exception de celle du Pape; les Vénitiens, qui prétendent estendard royal, ne lui ont jamais disputé ce rang, comme j'en ay cy-devant cité un exemple de l'année précédente; et ceux qui savent ou liront l'histoire de l'empereur Charles-Quint, Roy d'Espagne, pourront attester que, lorsque en l'année 1534, ce prince eut assemblé son armée navalle dans le port Cacopule en l'isle de Sardaigne, pour le voyage de la Goulette, qu'il assiégea et prit en personne, il déclara publiquement, lui, qui seul avoit droit d'en décider, que la capitane de Malthe prendroit la droite de sa réalle, comme estant patronne réalle, préférablement même à sa capitane de Naples, qui avoit déjà servi son armée, de même que celles de Sicile et de Gènes, exceptant la capitane du Pape, lorsqu'elle se trouveroit à l'armée; avec cette circonstance que le prince André Doria, grand homme de mer, qui estoit Gènois de nation et général de l'armée navalle de cet empereur, témoigna à Sa Majesté qu'il n'auroit pas peu, avec justice, donner cette préférence à autre qu'à la capitane de Malthe. Le même lecteur pourroit attester de même que, quelques années après, ce même empereur, partant de sous le chateau du fort Boniface, en l'isle de Corse, pour le siége d'Alger, fit prendre la main à la capitane de Malthe, immédiatement après celle du Pape, qui avoit joint l'armée, et préférablement à la capitane de Naples et à celles de Sicile et de Gènes; et j'ai en main le jugement tout au long qui en fut donné à Cacopule; sur quoi le lecteur non prévenu pourra juger du bon droit des parties.

Cependant, pour ne pas périr sans mérite, l'escadre de Malte salua, et la génoise, qui estoit dans son tort, y répondit d'un coup de moins pour conserver l'avantage de cette belle journée.

Le lendemain de ce coup fatal, le démon qui, pour nous faire périr, avoit si fort irrité les vants et la mer, estant rentré dans son séjour infernal, la tranquillité fut rétablie sur l'onde; ce qui nous permit de mettre au large, et nous courusmes assez les côtes de Gênes, jusques sur les deux heures après-midi, que nous vismes un petit vaisseau, avec sa voile flottante à cause du calme, qui semblait naviguer sur le port de Gênes, et nous le joignismes bientôt à la rame, et le capitaine ayant eu ordre de venir à bord de la capitaine, il se trouva être Génois pour son malheur ; et en punition de son péché originel, le bourreau des galères, par ordre de monsieur le général, luy raza les cheveux et la barbe par ignominie, déchira sa patente avec le pavillon de son vaisseau, et en jetta les lambeaux à la mer, ordonnant au misérable martyr de dire en plein sénat à leur doge, que les galères de Malthe attendoient avec une impatience mortelle l'occasion de rencontrer leur capitane en place marchande, pour la combattre généreusement et lui faire le même traitement qui venait d'être fait à sa personne et à son vaisseau, déchirant et foulant aux pieds leur étendard ; sans user de tricherie, mais en gens d'honneur, incapables de faire rien d'aprochant à la dernière action de leur sénat, indigne de tout homme qui a les plus petits sentiments d'honneur et de générosité.

Après ce petit acte de ressentiment, le vent s'étant rafraîchi, nous fûmes portés en l'Isle de Pone plus vite que le pas ; nous y abordâmes, et ayant passé la nuit suivante dans son port, nous y fîmes, le lendemain matin, notre provision d'eau, et ensuite le vent s'étant un peu appaisé, pour nous tromper par sa belle aparence, nous mîmes à la voile ; mais deux heures après, il se forma une tempeste de vent d'une violence extrême, à laquelle il fallut céder pour n'avoir pas occasion de pouvoir prendre terre ; en sorte que nous courusmes vent arrière avec notre petite voile, en grand danger de périr, jusques dans le port de Naples ; ayant fait quatre-vingt milles de route en moins de sept heures de temps, et je puis dire avoir vu pendant cette course forcée une chose que j'aurois eu peine à me laisser persuader par le propos d'autrui. La vague étant poussée par l'impétuosité devenoit, de moment à autre, d'une élévation surprenante, et puis se fendant en deux, la galère, qui se trouvoit dans l'entre-deux, sembloit aller au fond des abimes les plus profonds de la mer, et les deux qui se rencontroit estre sur les deux pointes de l'onde séparée, monter jusques aux nuées, et l'onde se réunissant, plonger ces deux galères jusques au plus profond de la mer comme pour les engloutir ; et celles qui avoient eu le dessous prenoient à leur tour le dessus, sans que de moment à autre nous n'en vissions que chacun la sienne. Elles portent leur petite voile basse avec des élancements épouvantables, plongeant de temps en temps leurs proues jusques à l'arbre du trinquet ; et c'étoit là le plus grand péril, par la difficulté de les relever en lachant la visc au cordage par lequel on fait prendre plus ou moins de vent à la voile, suivant la nécessité. Mais par la bonté divine, nous pourvumes à tout, sans que pas une courbe ou pièce de l'œuvre vînt à se démentir ; ce qui aurait, dans un instant, rempli d'eau l'estive de la galère ; et, sans accident au mat ni au canon, nous entrâmes enfin bien fatigués au port de la ville de Naples, sans autre accident que la perte d'un jeune matelot, lequel étant monté à la hune pour y faire quelque changement de voile, feut jetté à la mer par un coup de vent, sans qu'on pût tenter autre chose pour son secours que de lui jeter un ganiteau à l'aventure, afin que, s'il estoit assez heureux pour le joindre, il pût avoir quelque moment de plus pour penser à son salut; car nous allions plus vite que la pensée, et je puis dire, à l'occasion de cette journée, qui n'est pas la seule de cette nature où je me suis trouvé pendant le reste de mes caravanes, que les anciens ont parlé, avec connaissance de cause, lorsqu'ils ont établi en proverbe : *Qui nescit orare eat in mari*. L'on crut à Naples, en découvrant de loin nos galères, que ce devoit être des garunes, qui sont de gros oiseaux blancs par le dessous et bleus sur les ailes, ne pensant pas que des voiles latines puissent tenir la mer par un temps si orageux; ce qui arriva de même à l'île de la Linouze, où l'empereur Charles-Quint, faisant voyage, s'étoit arrêté pour mettre son armée à l'abri d'une semblable tempête; la garde ayant découvert des objets à la mer, et reconnoissant à la fin que c'étoient des voiles latines, l'empereur prononça de sa bouche que ce ne pouvoit être que les galères de Malte, qui faisoient route par un temps si périlleux; comme en effet deux heures après on vit arriver les trois galères de Malte, qui venoient joindre l'armée de Sa Majesté pour un voyage de Barbarie. Aussi reçurent-elles beaucoup de marques de l'estime particulière de ce prince, par toutes ses démonstrations dont il pût s'aviser pour le faire connoistre au public de sa cour.

La ville de Naples est la capitale du royaume du même nom. fief de l'Eglise, et dont le pape seul donne l'investiture, sous la redevance annuelle d'une mule blanche. Elle est grande et riche, ornée de très-belles églises et somptueux bâtiments; et pour l'une des marques de son opulence, elle a ordinairement un bon nombre de carrosses. attelés de chevaux pour les délices de la promenade, au-delà de celui d'un Vice Roy qui la gouverne et de plusieurs seigneurs particuliers, qui s'y servent de cette voiture. Elle a le chateau Saint-Elme à la cime de la montagne qui la domine; et c'est là où est la chartreuse; et à la marine sont séparément le Château Neuf, et le chateau de l'OEuf, quy tiennent le port et la ville en devoir, et les ennemis en crainte. Sa situation donne une juste crainte à ses propres enfans, et beaucoup de compassion aux étrangers qui la voient, par la raison qu'elle se trouve située et bâtie sur le millieu d'une véritable mine de souffre, qui a ses deux ouvertures, l'une au mont Vésuve à un mille au midi de la ville, et l'autre à Poussole au coté opposé à pareille distance, la ville entre deux en droite ligne; et ses deux ouvertures se communiquent si singulièrement, que celle de la cime du Vésuve ne jette jamais feu et flamme, ce qui lui arrive très-fréquemment, avec des tremblements de terre, que la mine de Poussole n'en fasse de même; ce qui menace cette noble ville d'une ruine inévitable, si les mérites de saint Janvier, son grand patron, qui fut martirisé et décollé à Poussole par l'ordre de Dioclétien, n'en détournoient les effets à l'avenir, comme on ne doute pas qu'ils ne l'ayent obtenu jusques à l'heure présente. Le mont Vésuve vomit de temps en temps une si prodigieuse quantité de flammes que, venant à se répandre jusques au pied de la montagne, elles convertissent la neige, qui s'y conserve ordinairement toute l'année, en eau bouillante, qui, s'étendant à la plaine, y brûle tout ce qu'elle rencontre; comme il arriva, il y a quelques années, à la plaine de la ville de Catane, en Sicile, par un effet de la même cause, produite par le mont Gibel; et ce fut, selon l'opinion commune, parce que Pline l'Ancien vouloit pénétrer dans les secrets de la nature la cause de ses feux souterrains, qu'il fut englouti dans cette bouche infernale du mont Vésuve, pour en avoir approché sans précaution. Nous séjournames pendant trente-deux jours dans cette grande ville, et je profitai de ce tems, en mon particulier, pour remarquer et considérer plusieurs monuments de l'antiquité qui nous prouvent que les anciens Romains faisaient la plupart leurs délices de cette ville, qui n'est qu'à quarante milles de celle de Rome, qui maîtrise l'univers. On voit proche la ville de Poussole, sur le bord de la mer, le pont de l'efféminé Empereur Caligula, qui va se joindre à Baies à deux milles de distance, sur lequel ce prince méprisable, voulut un jour triompher avec son armée, sans avoir vu l'ennemi, pour se faire un plaisir de faire sauter toutes ses troupes à la mer. A Baye, je vois le port de Jules César, le palais souterrain de l'Empereur Néron, monstre de cruauté et d'impudicité, ses prisons, le palais où par son ordre sa mère Agrippine fut massacrée et son ventre ouvert, pour y voir de ses propres yeux l'endroit où il avait esté engendré, et la petite voute souterraine, où cette princesse fut enterrée. On y voit des vestiges des palais de Lucullus, d'Hortensius, de Caius Marius et de Cicéron, avec ses bains d'eau chaude, avec plusieurs temples des faux-Dieux et la grotte où la Sibille Cumée prédisoit l'avenir.

Et ce qu'il y a de plus moderne à Baye, c'est le chateau que Charles-Quint y fit bastir, accosté de trois bastions l'un sur l'autre du côté de la terre, pour la grande sureté de Naples; de laquelle ville pour aller à celle de Poussole, l'on passe sous une voute d'un mille de long qui perce une montagne, et dont l'entreprise est attribuée à Lucullus; lequel voulut, à ses propres dépens, procurer cet admirable passage au public dans lequel est la sépulture de Virgile.

Nous délogeâmes enfin de la ville de Naples, et chemin faisant vers Messine, nous mîmes pied à terre aux Iles de Vulcan et de Stromboli réduites en cendres; et ce n'est aujourd'hui que de la terre morte qu'on entend bourdonner quand on marche dessus, pour marque évidente des concavités qu'elle cache, depuis que le feu y a consumé le soulfre qu'elle nourrissait dans ses entrailles. C'est de là que nous viennent les pierres brulées connues sous le nom de pierres ponces, dont les fourbisseurs se servent pour décrasser les lames d'épées.

Deux jours après notre départ de Naples, nous entrames au port de la ville de Messine, en l'isle de Sicile; où nous fumes quelques jours, de mesme qu'en autres villes, où il y a bureau de recette des deniers de Religion.

La ville de Messine, siége de son archeveché, est riche, surtout par rapport à son commerce en soies, dont elle abonde; son port est bon, couvert des vents de la mer par une langue de terre qui l'embrasse, sur la pointe de laquelle est assis le chateau San-Salvatore, qui la domine et le met à couvert d'insultes. Il y a beau môle pour les galères du côté de la ville de long en long, qui sert aussi pour les délices de la promenade, orné d'une façade magnifique de maisons baties de belles pierre de taille. C'est dans ce même port que fut le rendez-vous de l'armée navale du triumvir Auguste, lorsqu'après avoir déposé le bon homme Lepidus, l'un de ses collègues, ne pouvant souffrir de compagnon dans le gouvernement du peuple romain, il se préparait pour la fameuse bataille d'Actium, qui décida en sa faveur de l'empire du monde entier, par la défaite de Marc Antoine son concurrent.

Le Vice-Roi de Sicile partage son séjour entre cette ville et celle de Palerme, l'île étant aussi fief de l'Église, ainsi que Naples. Nous partimes cinq jours après de Messine, pour nous commettre au caprice de son phare, dont la mer est ordinairement agitée de quelque orage, et le seul endroit de la Méditerranée où il y a flux et reflux; et le vulgaire tient que cet espace que la mer y couvre aujourd'hui faisant la séparation de la Sicile d'avec la Calabre, entre la ville de Messine et la ville de Regio, fut entièrement englouti par un tremblement de terre, et que par cet épouvantable événement la Sicile feut isolée.

Nous sortimes de la mer du Phare fort tranquillement, et nous rendimes au port de la petite ville d'Angoune, où nous fimes nos comptes avec le receveur de l'Ordre qui y réside, et quelque petite provision de vin de muscat, de grosse viande de boucherie et de biscuit; cette ville est très-peu de chose, mais elle a une petite citadelle dans son port qui la tient en sûreté. Nous sortimes de ce port trois jours après avec l'impatience des gens de guerre, lorsque finissant une longue campagne,

4*

ils approchent de leur quartier d'hiver. Etant allés mouiller sous la tour de garde du cap Passaro, qui est cap ou terrain de Sicile le plus avancé dans la mer vers Malte, nous en levâmes l'ancre quelques heures avant le jour de la nuit suivante, et nous étant engolfés dans le canal de Malte, nous y abordâmes avant la fin du meme jour; et soudain après notre entrée dans le port monseigneur notre Grand-Maître, instruit de l'accident arrivé à Gêne, envoya ordre à M. le général par M. son écuyer de se tenir en justice dans sa maison du bourg, dès qu'il serait débarqué de sa galère, et chacun de nous alla prendre son gîte.

Le lendemain le Grand-Maître ayant assemblé son conseil, il y fut nommé, à la requête du prieur fiscal de l'ordre, deux grand croix, l'un Italien et l'autre Espagnol, pour commissaires avec charge d'aller procéder à l'audition catégorique de monsieur de Moyancourt, et d'instruire son procès ensuite. Mais ils ne firent que simplement l'interrogatoire; car peu de jours après, cet illustre malheureux mourut de regret de son imprudence. Il n'y avoit en sa faute, ni lascheté, ni mauvaise intention; et s'il n'y avoit pas de la désobéissance, il y avait du moins de la contravention aux maximes générales de l'ordre, qui, de tout tems, a regardé les marchands de Gênes comme ennemis déclarés de sa gloire, à cause de leur chimérique prétention; et un Général de ses galères ne pouvoit, sans beaucoup faiblir, s'aller commettre à la merci de leur foi suspecte.

Le chevalier Dieudonné de Gouzon, à la vérité, contrevint formellement aux défenses que le Grand-Maître avoit faites d'approcher de la grotte ou étoit l'habitation

de ce formidable dragon, qui avoit fait tant de ravages
et de meurtres en l'île de Rhodes, sur peine aux chevaliers profès de perdre leur revenu de l'ordre, et d'être
honteusement privés de l'habit et dégradés.

Il se laissa engager à combattre ce monstre par le désir de rendre à son ordre et à tous les peuples de l'île
cet important service, de faire mourir le dragon, sans
faire aucune attention à la contravention qu'il alloit
commettre.

Il l'entreprit et l'exécuta avec autant de bonne conduite que de courage héroïque et de bonheur. Et que
n'aurait-il pas dû attendre de récompenses pour cette
généreuse action, si utile au public, si son supérieur
avait pu en envisager l'événement sans rappeller en
même temps le souvenir de ce qu'on doit d'obéissance
à une défense publique dans un ordre militaire, où
toute désobéissance porte dégradation ! Le Grand-Maître
estimoit beaucoup le chevalier de Gouzon de son chef-
d'œuvre et l'en chérit davantage ; néanmoins il fallut le
punir pour tenir les lois en vigueur ; et dès le lendemain le conseil étant assemblé, il y fut déterminé que
l'accusé seroit jugé par le tribunal de l'Egard pour y
subir la peine de sa contravention ; et tous les sept Piliers des langues, assemblés pour cela, la larme à l'œil,
le condamnèrent à perdre la commanderie et à estre
privé de l'habit de l'ordre, ce qui fut mis en pratique.
Mais d'abord après, le Grand-Maître, auquel est attribué le pouvoir de faire grâce à un religieux dégradé,
étant supplié par tous les seigneurs du conseil et de
l'Egard, de vouloir user de son pouvoir en faveur de cet
illustre criminel, le fit venir en sa présence, et le réha-

bilita honorablement en tous ses biens, honneurs et ancienneté, avec tous les témoignages de tendresse et d'estime dont son Eminence put s'aviser ; et chacun, à l'envi, put marquer sa joie au chevalier de Gouzon de son rétablissement ; et ce brave homme s'acquit si fort l'amour et l'estime de tout le couvent par le mérite de cette action, que quelque tems après, étant monté au conclave, quoique Grand-Croix, et Grand Commandeur, pour des élections, dans l'occasion de l'élection du successeur du Grand-Maître Hélion de Villeneuve il y eut le crédit, quoique les mesures eussent esté prises pour un autre, de se faire élire soy-même ; depuis quoi, il a esté étably que pas un Grand-Croix ne pourra être du nombre des électeurs, de même qu'il s'observe dans l'ordre que, pour être fait Grand-Maître il faut être Grand-Croix. J'ai voulu rapporter l'exemple de Dieudonné de Gouzon, quoiqu'il n'ait pas un parfait rapport à la malheureuse aventure de M. de Moyancourt.

La charge de général de galères de notre ordre se trouvant vacante, Don Gregorio Caraffa, grand prevost de la Rochelle, prince napolitain, comme neveu du pape Paul IVe, se présenta pour remplir ce vuide, et il fut reçu de monseigneur de notre Grand-Maître et de son conseil avec applaudissement et éloge, et regardé dès ce moment dans le couvent comme un sujet digne de remplir un jour le magistère.

L'année 1656 alloit prendre son commencement, et l'on se prépara à dresser les états des caravanistes de cette campagne, où je fus incorporé, comme l'ayant désiré ; et ensuite je partis sur la galère St-Jean, commandée par M. le chevalier de Bouiller, de la langue d'Auvergne, qui avoit déjà, avec réputation et utilité, commandé un vaisseau corsaire avec patente du Grand-maître. — La saison du départ de nos galères arrivée, elles se mirent en route pour le levant, dès le commencement du mois de juin, et, après une navigation de quelques jours, elles joignirent, en l'Archipel, l'armée navale des Vénitiens, commandée par le généralissime Laurentio Marcelli, où elles furent réunis en la forme ordinaire; notre capitaine, comme patronne réalle, ayant pris la place à la droite de la réalle, qui est un poste que autres que les Génois ne lui ont jamais contesté, et qu'ils ne s'aviseront pas de lui disputer à l'avenir en place marchande; et peut-être se raviseront-ils à la fin, si l'on doit tirer conséquence sur ce qui fut remarqué, quelques années après, au port de Messine, où la réalle du pape, commandée par monsieur le baillif Rouspiliosi, neveu du pape régnant, s'estoit rendu pour aller au secours de la ville de Candie. La Capitane de Gênes y estoit aussi, ayant déjà pris place à la main de la réalle, et notre capitane y arrivant avec son escadre la dernière, après avoir fait le salut à l'étendard de sa Sainteté, sans autre cérémonie, ayant par précaution fait armer en couverte, alla rudement frotter le côté à la capitane de Gênes, en se mettant en son poste de patronne réalle, à droite de la réalle, à quoi la capitane de Gênes, commandée par le neveu propre de ce même Spinola, qui fut la cause innocente du désastre de M. le baillif de Moyancourt, ne résista pas. A l'occazion de quoi, il fut décreté par le conseil de notre Ordre qu'il n'y seroit reçu aucun chevalier de cette nation.

Laurentio Marcelli, noble Vénitien, qui commandoit

cette année, n'ayant pas d'autre but ni d'autres instructions de la part de la République, que de tâcher de faire avorter tous les projets que le Sultan Mahomet IV° pouvoit avoir formés pour mettre la dernière main au siége fameux de la ville de Candie, qui avoit déjà si longuement duré, par des puissants secours qu'on apprenoit devoir être tirés cette année du port de Constantinople au camp devant cette place par l'armée Ottomane, que pour cet effet, on se disposoit à mettre dans peu de jours à la voile, convoqua le conseil sur sa réalle, où il déclara l'état présent des choses, mais non point du tout l'ordre secret qu'il avoit du sénat de ne pas commettre toutes leurs forces à un combat général, mais seulement de tascher d'interrompre les desseins de la Porte, par des moyens moins périlleux; dans laquelle occasion il n'y eut pas d'autre parti à suivre que celui d'aller prendre place en bataille dans le canal des Dardanelles, comme le seul endroit par où les armées Ottomanes pouvaient passer de la mer Noire dans la Méditerranée; suivant laquelle résolution, l'armée entra dans le canal des Dardanelles, qui sépare l'Asie de l'Europe, le 2 de juin 1656; composé de vingt-quatre galères vénitiennes, sept galères de Malthe, sept galéasses et vingt-huit vaisseaux de haut-bord.

Ce canal est assez large à son entrée; mais il se rétrécit à mesure qu'on avance vers les châteaux Lesbos et Abidos; le premier en Europe et l'autre en Asie, lesquels on nomme chateaux de Constantinople, quoiqu'ils en soient à cent milles de distance, et c'est sans doute parce qu'ils sont situés sur deux langues de terre, à portée d'un mousquet à costé l'un de l'autre, avec d'épouvantables batteries de canon à fleur d'eau. Chacun a une bonne garnison, et en cet état ils deffendent parfaitement ce passage, par où seul des forces marines de la Méditerranée peuvent aller insulter Constantinople ; c'est par ce seul canal aussi que la Mer Noire mêle ses eaux avec la Méditerranée, et que les armées de Constantinople peuvent venir deça. Le Boristène, qui est le Danube, entre dans la Mer Noire au dela du port de Constantinople ; et comme ce fleuve est d'une rapidité surprenante, ses eaux, jointes à la Mer Noire, causent un courant violent dans le canal des Dardanelles, lorsqu'elles viennent se mêler à la Méditerranée ; et c'est ce courant qui nous osta le moyen de nous y bien ranger en ordre régulier de bataille ; les sept galères de Malthe, destinées à faire le premier choc au front de l'armée ennemie, se rangèrent terre à terre du côté de l'Asie, hors de portée du canon d'Abidos, et après nous, à peu de distance, se posta aussi, joignant la terre d'Asie, le reste ; et puis les autres galères par pelotons, et ensuite des galères, encore au-dessous, se mirent à l'entrée, les galéasses assez près de terre ; rien ne pouvant tenir dans le courant à cause de son impétuosité. Les vaisseaux de haut-bord allèrent prendre leur poste terre à terre de Ramanie en l'Europe, de l'autre côté, à la réserve de trois d'eux, dont fut fait un détachement qu'on posta devant les galères de Malte, à la pointe d'une langue de terre en Asie, laquelle, s'avançant dans la mer du canal, y forme un golfe sous le canon d'Abidos, capable de contenir une armée ; et ce détachement fut ainsi ordonné pour réprimer une batterie de deux pièces, que les ennemis avoient aussi en un petit camp volant sur la hauteur de cette langue de terre pour défendre la cote d'une descente, et pour nous fatiguer même par leurs fréquentes décharges.

Il y avoit à l'armée un noble vénitien, nommé Lazaro Mossenigo, qui avoit affecté d'y rester simple volontaire sur un galion de sultane de cinquante-quatre pierriers, venant de finir, l'année dernière, son trienné de général des vaisseaux ronds de la République, dans l'espérance d'y estre assez heureux pour trouver occasion d'y donner des preuves de son courage et de son zèle pour l'intérêt de la République pendant la campagne. Lequel, pleinement instruit de l'ordre que le générallissime avoit du sénat, de ne pas engager l'armée dans un combat général de crainte d'y succomber, s'aboucha avec le général de Malthe pour s'unir à lui en cas qu'il se trouveroit d'humeur à prendre une résolution plus généreuse que celle des Vénitiens; comme en effet ayant, eux deux seuls, conferé sur la matière, ils se trouvèrent être du même sentiment et se déterminèrent ensemble de ne pas laisser passer l'occasion du passage de l'armée turquesque, qui étoit à Constantinople sur le point de sortir, sans forcer, par tous les moyens possibles, l'armée chrétienne à lui donner bataille; et ce projet ainsi formé, ces deux héros attendirent, avec une impatience martiale, le moment de pouvoir le mettre en exécution, à la gloire du nom chrétien.

Nous fumes cependant pour aygade tous les huit jours en terre d'Asie, avec les précautions requises, suivant lesquelles les galères tournoient les proues vers la coste pour couvrir de leur canon le bataillon qu'on mit à terre pour favoriser les pionniers, qui sont de bons volliers des galères, loüés à tant par mois, ainsi que les soldats, pour y tirer la rame pelle melle avec les forçats et les esclaves; et ces pionniers, conduits par des argousins des galères, vont avec la pioche, la pelle et la besche, fouir en terre, et y creuser à deux ou trois cents pas du bord de la mer des puits perdus d'environ six ou sept pieds de profondeur, suivant la nature de la terre; et trois heures après que ces puits se trouvent formés, ils se trouvent pleins d'une eau douce, et qui ne retient rien de l'amertume et salure de la mer dont elle est purifiée en passant par les pores de la terre; et c'est de cette eau que les argousins remplissent leurs barils pour la provision des galères, qui dure six ou sept jours, sans corruption; et au bout de ce temps, il s'y engendre de la vermine; en sorte que, pour éviter de boire de cette ordure, il faut passer l'eau par un linge avant de la porter à la bouche. Il ne se passa pas d'aygade que des cavaliers turcs ne vinssent caracoller autour des pelotons de nos soldats, pour faire le coup de carabine, et il y en avoit toujours quelqu'un de mouché. Ce fut dans une de ces occasions que le pauvre chevalier de Bessancourt, mon bon ami, étant descendu avec le bataillon par un esprit de jeunesse, et s'étant après inconsidérément écarté du gros, apparemment pour quelque nécessité corporelle, se perdit et ne revint plus, sans que jamais depuis on ait pu apprendre aucune nouvelle de son sort.

Enfin l'armée ottomane arriva en pompe le 23e de Juin sous les chateaux de Constantinople, commandée par Kainout, bacha de la mer, composée de soixantequatre galères, neuf mahones et vingt huit vaisseaux de haut-bord, et nous ne fûmes pas peu surpris sur la fin de cette journée, lorsque nos galères et toute l'armée chrétienne honoroient la feste de notre glorieux patron saint Jean Baptiste par la décharge de toute l'artillerie, de voir que les infidèles ne lui faisoient pas moins d'honneur, ayant fait le salut tout comme nous, et leur armée dans les chateaux et leurs bateries de terre. Mais nous aprimes peu après par nos propres esclaves, que cela se pratique ainsi dans l'Empire ottoman où l'on révère saint Jean Baptiste comme un grand prophète ami de Dieu, Allah.

Nos galères avoient cloué leurs rambades à proues, et étoient ornées comme pour un jour de triomphe de leur étendarts, guillardets, flammes flottantes, banderolles et pavezades ; et nous passames toute la nuit sous les armes préparés à tout événement, jusqu'au 26ᵉ du même mois de Juin vers les onze heures du matin, que nous nous aperçeumes que les vaisseaux ennemis commençoient à appareiller pour venir à nous, précisément dans le tems que nous étions assis sur le plan de la poupe des galères, mangeant nostre soupe à la turquesque, et sans chèse.

A la vue de cette manœuvre, le généralissime fit arborer sur la réalle la flamme de bataille, qui est le signal pour la communication du conseil général de l'armée, et tous ceux qui devoient le composer s'y étant rendus à l'instant, Marcelli, cachant encore son jeu sur l'ordre général qu'il avoit de ne pas combatre, demanda les avis sur l'occasion qui alloit se présenter de combattre l'armée ennemie, doublement plus forte en nombre des galères que la Vénitienne ; outre qu'elle étoit renforcée d'un gros corps de troupes destinées pour leur camp de Candie, ce qui rendait la partie inégale et sembloit leur devoir inspirer de se contenter de lui tâcher de lui couler deux vaisseaux à fond, à force de la canonner à son passage. Sur quoi, le valeureux général de Malthe prenant le premier la parole, comme c'étoit son rang, répondit qu'il étoit venu par devoir à l'étendard ; non pour raisonner, mais uniquement pour déclarer avec respect à son Excellance que ce n'étoit pas le plus grand nombre qui remportoit ordinairement les victoires, et qu'il croyoit l'occasion trop importante pour qu'on put honorablement la laisser passer sans donner bataille, pour acquérir la gloire d'anéantir cette puissante armée et la mettre en cendres, et que pour lui il alloit incessamment remonter sur sa capitane, pour heurter les ennemis sans rien ménager.

Le brave Mossenigo charmé d'une si favorable disposition sans attendre de parler à son rang, dit qu'il étoit du sentiment du général de Malthe, et qu'il allait suivre son exemple; comme en effet, nos deux courageux martiaux réunirent chacun à son bord, laissant les autres officiers généraux en liberté de raisonner à leur mode; et l'on a sçu depuis que le générallissime ne doutant pas que le généraux Caraffa ne fit même au delà de ce à quoi il venait de s'engager, proféra les paroles suivantes : « Oggi e il giorno che vedro perdere la scuadra di Malta. »

Les navires des ennemis ayant mis à la voile sembloient ne pouvoir avoir autre dessein que de profiter du vent arrière, qui les poussoit, et du courant, pour venir sur nous engager le combat, ou, en tout cas, faisant feu de leurs bordées, essuyer en passant les décharges de notre armée; mais ce ne fut par leur conseil, comme il sera dit ci-après. A la vue des ennemis, nostre fier général Caraffa suivant sa première résolution d'engager le combat à outrances, pour ne pas perdre tems à lever les ancres, en fit couper les câbles, les laissant marquées par autant de ganiteaux, et se mit à faire voguer terre à terre, à force de rames, pour faire la moitié du chemin vers les ennemis et les choquer et enfoncer le premier; pendant que Mossenigo, de son côté, avec un quart de vent, avait mis à la voile avec son seul vaisseau et avançait vers l'ennemi.

Cependant Haggi-Ali-Babouchi, général des vaisseaux turcs, qui avait déjà pris pour salutaire conseil du nommé Carapata, capitaine de vaisseaux, qui, autrefois avait été esclave à Malte, de ne pas approcher d'une galère noire, qui est la capitane de Malte, disant que les chevaliers qui la commandaient sont des démons en mer, voyant cette galère noire et son escadre sur le point d'aller accrocher son amiral au milieu de la flotte, saigna du nés, et en deux coups de son gouvernail tourna sur la gauche, et alla jeter ses ancres avec sa suite dans le golfe sous le chateau d'Abidos; et ce fut inutilement que Kainom bacha, qui étoit déjà hors du chateau avec le reste de son armée à la voile, résolu de passer à la rame celle de Venise, ou de la combattre, s'étant jeté sur sa chaloupe, alla à bord d'Haggi-Ali pour tascher de lui faire reprendre courage; car il n'en fut ni plus ni moins, ce lasche officier lui ayant fait la sourde oreille; à cause de quoi Kainom jugeant bien que la partie seroit mal faite pour luy, s'il entreprenoit de sortir avec son armée, dénuée du secours de ses vaisseaux, ne pensa plus qu'à rentrer avec ses galères. Mais ses mesures se trouvèrent un peu courtes pour elle, ne lui ayant été permis de se retirer qu'avec sa réalle et onze autres galères, à cause que le vaisseau de Mossenigo arrivant dans ce moment tout couvert du feu de son canon ayant malheureusement touché à un banc de sable, à portée de mousquet d'Abidos, où il demeura encaissé sans ressource, boucha le passage à tout le reste de son armée, quoique exposé à la furie de leurs batteries.

Les galères de Malte, n'ayant pu avoir le bonheur de joindre la réalle ennemie, dont la vue avoit chatouillé le courage et l'espérance de leur général, forcèrent le premier rang des infidèles, et en peu de tems chacune des nostres en ayant abordé une des siennes, en cachant leur canon, aboustissant, les eurent conquises l'espée à la main, avant que le reste de l'armée chrétienne eut encore fait aucun mouvement. Mais après ces coups d'essai, les Vénitiens voyant l'affaire si heureusement engagée, leur réalle ayant levé ses ancres pour venir prendre part à cette belle feste, le provéditeur et autres commandants des galères, galiasses et vaisseaux, ne furent pas paresseux à venir se mettre, eux aussi, parmi les ennemis pour profiter de la victoire qu'on ne pouvait pas disconvenir que nous ne leur ussions mise en main toute préparée. Mais la réalle qui venait après Gênes ne fut pas plutôt à portée de la meslée, qu'un coup de canon venant, ou des chateaux ou de l'armée, et ayant emporté la tête de Laurentio Marcelli, elle jeta ses ancres à la mer et demeura immobile.

Nous menasmes bastant les ennemis partout, et nos

sept galères de Malte seules en prirent huit et trois galéasses sur les ennemis, ayant rompu la chaine à trois cent quarante chrétiens qui étoient en esclavage, et fait un bon nombre d'esclaves, qui ne fut pas plus grand, parce que les ennemis ayant jugé tout perdu après le premier début des galères de Malte, à l'exemple d'Aggi, avaient profité de l'occasion de gagner la terre aussi, qui est un puissant attrait pour le courage relaché.

Il n'y avoit pas lieu de croire que nous désirions sortir de cette occasion à si bon marché à l'égard de nos galères, qui sans contredit, en essuyèrent tout le danger, ni qu'il dut être possible que la journée n'en fut plus sanglante, le combat ayant duré depuis midi jusqu'à la nuit de la plus longue journée de l'année, ne nous ayant couté que trois chevaliers et quarante hommes des armements, gens de cap ou de rame de nos sept galères, et si l'on peut dire que les histoires ne font pas mention d'une victoire plus complète, car généralement tout ce qui entra au combat fut vaincu, pris ou bruslé à l'entrée de cette belle nuit. Le conseil de l'armée, sans notre participation, trouva à propos de donner feu à toutes les prises qu'on ne pourroit dégager de dessous Abidos, et tandis qu'ils exécutent ce dessein, notre escadre se retira de cet embarras avec toutes les pièces de sa conquête et alla se remettre sur ses propres fers.

Les Vénitiens sans perdre de tems, ayant envoyé des chaloupes à bord du galion de Mossenigo, trouvèrent ce brave guerrier avec un œil poché d'un coup de flèche, sans autre mal, deux cents hommes de son équipage étendus morts sur le tilhac, et le vaisseau criblé de coups de canon. Ils retirèrent Mossenigo, son petit meuble et les hommes qui lui restoient encore en vie, et donnèrent feu au vaisseau, qui étoit toujours planté sur le sable où il s'étoit échoué.

Le feu commença à faire son jeu, et les vaisseaux où il avait été mis, errant au gré du courant du canal, qui se trouve parsemé de bas-fonds de sable en plusieurs endroits, faillirent à faire repentir tout de bon les Vénitiens d'avoir pris ce parti, avant d'avoir escarté du péril, du moins les vaisseaux ronds ; car ils en perdirent trois de ceux de l'armée, et le reste ne fut pas sans danger, à la réserve des galères et galéasses, qui avec leurs plumes de 22 pans de long trouvèrent moyen de repousser ces brulots, lorsque le courant les portoit sur elles ; cependant à mesure que le feu pressoit ces vaisseaux, leur canon faisoit sa décharge, et les magasins de la poudre Sainte-Barbe faisoient sauter en l'air le chateau de poupe tout entier avec des éclats effroyables, et ainsi pendant toute la nuit, le canal fut éclairé de cet incendie avec un tonnerre presque continuel du bruit du canon.

Nous soupâmes mal sur nos galères où l'on avoit pencé à faire toute autre chose que faire la cuisine ; mais pourtant avec beaucoup d'allégresse, pour être glorieusement sortis d'une occasion si importante, et que le succès rendoit si avantageuse à la république et au reste de la chrétienté ; et chacun faisant part à son tour de ses petites aventures, j'antrepris de divulguer celle qui m'étoit arrivée. Etant du corps de réserve de poupe sur notre galerie, ainsi que Monsieur le chevalier de Saint-Cassian, beaucoup distingué de Monsieur le général, le tout, sur la Capitane, qui conciste en ce que me trouvant en mon poste, veillant au dedans et au dehors de la galère avec le chevalier d'Antioche, le baron Villic Alemant et don Pedro de Lara, un boulet de canon donna sur l'ave de notre poupe, dont un éclat, me frappant rudement mais heureusement en effleurant, écharpa le maroquin de mon baudrier sur l'épaule. Je me crus blessé de ce coup, mais ayant porté la main sur la partie plaignante, je n'y trouvai point de sang, mais seulement la douleur du coup et un peu de contusion, et me tournant de l'autre coté je trouvai que le vent du boullet, qui sans doubte venoit de près, avoit porté mes camarades par terre; ils se relevèrent d'abord, et nous n'eumes aucun mal.

Le lendemain que nous étions tous enroüés pour avoir vu le loup, nous apprîmes la catastrophe de Marcelli, sur quoi notre victorieux Carafa députa sur la réalle, où déjà le provéditeur de l'armée avoit assemblé son conseil, et ayant déclaré que puisque le générallissime étoit mort, c'étoit à lui à prendre la place vacante, comme commandant la patronne réalle, requérant qu'on ait à venir arborer le pavillon royal de Saint-Marc sur la capitane, à quoi fut répondu que, sans contester le rang de sa capitane; il estoit antérieurement un décret du sénat, sur ce qu'en semblable cas le général de Moyancourt, l'année précédente, s'estoit defendu d'accepter le commandement général, portant le décret que, ce cas arrivant, de mesme que le générallissime vint à manquer, le provéditeur de l'armée par provision prendroit sa place en attendant qu'il y fut autrement pourvu de la part de la république, sans que jamais à l'advenir aucun commandant des galères auxiliaires y put être admis, ce qui estoit la un établissement inviolable, et, qu'au reste, les sept galères de Malthe, ayant elles seules pris un plus grand nombre d'esclaves et de batiments sur les infidèles dans la journée dite, il estoit bien raisonnable que les prises fussent partagées à proportion des armements qui avoient combattu, et qu'il en demandoit l'exécution.

Ce complimant ne fut pas du goût de nostre général; comme en effet il n'avait aucun rapport avec la reconnaissance due au service signalé qu'il venoit de rendre à leur république, en leur mettant, comme il avoit fait par sa conduite et son exemple, la victoire à la main et leur estat en sûreté, du moins pour cette campagne, par la défaite entière d'une si puissante armée d'ennemis, qu'ils sçavoient bien eux-mêmes qu'ils n'avoient pas eu intention de combattre; lui à qui toute la gloire en étoit due, puis qu'il étoit enfin traité avec cette ingratitude, il leur répondoit que, comme il avoit eu l'honneur d'acquérir au prix de son sang et de celui de ses compagnons les prises faites sur les ennemis l'espée à la main, il étoit résolu de les défendre contre quiconque entreprendroit de lui en contester la possession entière, et que, puisque on en étoit venu à cette extrémité, il alloit se retirer, demandant qu'on eût à déployer les étendards sur la réale, afin que son escadre peut faire dans les formes le salut du départ.

On lui renvoya de nouveau pour lui dire, qu'avant toute occurrence, il falloit remercier le seigneur du glorieux succès de la journée, ce qui fut d'abord par un *Te Deum* accompagné de la descharge de toute l'artillerie de l'armée. Nous fimes cependant nostre aygade, laquelle finie, nostre capitaine fit plier son pavillon à l'exemple de la réalle, fit les saluts des adieux sans visite et se mit en marche, ayant rangé les huit galères de conquette ou mal armées à l'avant-garde, les trois galéasses au corps de bataille et les sept galères de l'escadre de front faisant l'arrière-garde, et nous sortimes d'Hellespont en cet état, sans que les Vénitiens, qui, sans doute n'avoient pensé que nous escroquer quelque galère par simple raisonnement, fissent aucun semblant de vouloir troubler notre marche.

Notre flotte arriva en deux jours de navigation après le départ des Dardannelles au port de l'île de Cérigo, où les sept galères furent espalmées à feu vif; et pendant notre séjour en ce lieu, nous cûmes la joie d'y voir arriver le valeureux Mossenigo, avec sa tête embéguinée, qui avoit été choisi pour aller annoncer à la république la nouvelle de cette importante victoire; notre général et lui se firent à l'envi l'un de l'autre, toutes les démonstrations possibles d'une haute estime, se congratulant de la part qu'ils avaient chacun d'eux à la gloire d'une si éclatante victoire, qui étoit véritablement l'ouvrage de leurs mains.

C'est dans ce même port qu'une frégate de port à quatre rames, dépeschée par monseigneur notre Grand-Maitre, porta de sa part l'avis à notre général que la république de Gênes prétendant tirer raison du traitement que nous avions fait au capitaine du vaisseau marchand dont j'ai parlé ci-dessus, avoit fait un armement de dix galères, deux vaisseaux, et quatre tartanes en guerre, pour l'envoyer à notre rencontre, et cette nouvelle nous donna de la joie, comptant desjà de remporter la victoire sur ces nouveaux ennemis; et nostre général, pour ne rien négliger, donna tous les ordres possibles pour mettre la flotte en état de se bien défendre. Néanmoins étant parti de Cérigo en bonne disposition de ne pas céder l'honneur aux Génois, nous fimes notre trajet sans nulles de ces nouvelles ni rencontre d'autre chose, et arrivames heureusement à Malte, sans autre accident que cellui de la mort de quelques-uns de nos nouveaux esclaves, qui nous avaient communiqué la peste dont ils moururent.

Nous arrivames à Malte le 18° de juillet, deux heures avant le soleil couché, et nous présentames tous de front devant St. Elme, la capitane tenant le dessus du vent, tout étoit orné pour le triomphe, et toute notre flotte fit une salve générale de toute l'artillerie pour saluer l'estandard de la Religion, qui flottoit sur le donjon du château, sur le palais du Grand-Maître à St. Ange; il se fit une seconde salve générale pour la personne de monseigneur le Grand-Maître, qui, pour honorer le triomphe et témoigner la parfaite joie qu'il avoit de voir arriver les galères de la religion et la sienne propre couverte de lauriers et avec un si glorieux butin, quoique extrêmement vieux, s'étoit fait porter au fort St. Elme, et il se fit encore une salve pour tout le corps de la religion qui s'étoit rendu auprès de la personne de son Eminence, et pour les corps de la place de Malte. La place répondit à cela par vingt coups de canons à balle et par un grand nombre de boîtes où l'on donna feu sur tous les remparts; après laquelle cérémonie, la nuit étant survenue, la flotte entra au port Masse-Mouchet, pour y faire la quarantaine où d'abord les pestiférés furent soigneusement séparés des autres, et dès ce moment, abondamment pourvus de toutes sortes de rafraîchissements. Les bastions, qui aboutissoient au port Mouchet, fourmilloient cependant du peuple de la ville et de la campagne pour témoigner la joie publique, criant sans cesse : Vive et prospère la sacrée Religion du glorieux St Jean-Baptiste ! vive son Grand Maître ! et vive le victorieux Carafa et ses galères trionphantes ! La joie éclatoit partout, de mesme qu'au palais de son Eminence, qui feut illuminé par tous ses balcons d'un grand nombre de cierges de cire blanche, et les maisons particulières aussi, pendant la nuit, suivant les facultés de chacun des propriétaires ou locataires d'icelles.

Le lendemain le *Te Deum*, fut chanté, et toute l'artillerie lachée, tant dans la place que sur la flotte, en action de graces de cette célèbre victoire, et de l'heureux retour de toutes les galères, et comme il y avoit à craindre des suites facheuses du mal contagieux dont l'armée ennemie nous avoit infestés, le Grand-Maître et son sacré conseil trouvèrent à propos que, pour couper chemin à cet inconvénient, les six galères de l'escadre iroient se purifier à la mer, laissant la Sainte Molle dans le port comme déjà presque inutile à faire des courses, et sa caravane de chevaliers départie sur les autres six ; pour lequel effet on fit espalmer de nouveaux les galères destinées à faire ce voyage ; et ayant été pourvues de leur provision nécessaire, elles sortirent du port à la garde de Dieu.

Nous courumes sur les côtes d'Afrique depuis la hauteur de Tripoli de Barbarie jusqu'à la vue de Tunis fort inutilement, pour n'avoir pas trouvé occasion de rien faire ; et rodant sur ces mers, la nécessité de rafraîchir notre aygade nous fit enfin approcher de l'île de la Lampadouse, où nous primes port. Cet île est déserte, et ne paroit pas avoir jamais été peuplée ; elle est abondante en lapins et en tortues de terre parmi les rochers et les broussailles ; et les faiseurs de romans ont hardiment anoncé que Rolland le furieux s'y était retiré par desgout du monde, un jour qu'il mourait de soif, de désespoir voulant rompre son épée Durandal, en donna un si grand coup du tranchant sur une grande roche, qu'il la fendit en deux, et que de cette fente sortit d'abord cette belle source qu'on voit adjourd'hui à l'entrée de ce port, et qui donne la commodité à ceux qui y abordent de faire provision de bonne eau. Il y a dans ce même port une chose plus sérieuse et qui ne souffre pas de difficulté, quoi quelle soit infiniment surprenante, et bien digne d'être remarquée : c'est une grotte sous un rocher, aussi spacieuse qu'une fort grande chambre qui sert d'oratoire commun aux chrétiens et aux Turcs que la tempete ou bien la simple nécessité de faire aygade y porte. Il y a à l'entrée d'icelle, à main gauche, un autel pour les chrétiens, et du coté de l'épitre de celui-ci un coffre qui sert de credance, et dans lequel, sans clef, ils mettent sans crainte d'aucun abus ce qu'ils ont voué à cette chapelle de la sainte Vierge Marie, pour être, par son intercession, préservés du naufrage, soit argent, marchandises, nippes, armes ou biscuit; de l'autre coté, sur la droite, il y a une grande caisse, de la forme de celle de l'imposteur Mahomet, qu'on dit être à la Meque, au pied de laquelle les Turcs, en semblable cas, invoquent le nom de Dieu, font leurs oraisons et dans icelle mettent leurs offrandes de quelque nature qu'elles soient, sans avoir égard à la destination de tous effets, dont le prix ne peut estre appliqué qu'à l'augmentation, réparation, ou décoration de la chapelle de Notre-Dame de la ville de Trapano en Sicille, ni rien enlevé de leurs premiers dépots que par les mains de pilote royal des galères du Pape, ou de celui des galères de Malte, leurs ennemis irréconciliables de profession aussi bien que de morale, dont ils sont pleinement instruits ; et c'est une grande merveille qu'il n'y ait jamais été fait de supercherie, comme on le tient assuré. Nous trouvâmes dans ce sépulcre de Mahomet, huit cents piastres qui furent remises, en cérémonie publique, entre les mains de capitan Conio, notre pilote réal, par notre général, en présence des capitaines et chevaliers de l'escadre, et ensuite appliquant seulement l'intention établie par l'usage, sans qu'on en trouve l'origine par aucun écrit ni témoignage ancien, Dieu ayant permis que cela ce soit mis en pratique sur ce pied, sans regret ni répugnance de ceux qui en font le sacrifice en bonne intention, les chapelains de nos galères célébrèrent la sainte messe aux autels pendant cinq jours, que nous restâmes tranquillement dans ce port, en attendant un vent propice, pour faire encore une course sur ces côtes. Nous trouvames en ce port un Provenceau d'assez bonne façon, et qui semblait être bien dégourdi, lequel questionné sur son aventure dit à notre général qu'étant de voyage sur un vaisseau de Livorne en Toscane, lequel, pour faire de l'eau, vint en ce port, et que lui s'étant, le lendemain de l'arrivée, écarté dans l'île pour y chasser aux tortues de terre et aux lapins, dont il y a abondance, le vent qui avait été contraire au **départ,** vint à changer, et que le vaisseau pour en profiter étoit soudain parti sans le faire avertir ni l'attendre ; depuis quoi il étoit resté là, à la garde de Dieu, sans que pas un bastiment y eut abordé depuis le quinze, jour de son désastre ; ce qui l'avoit mis en grande perplexité, et que pendant ce tems il avoit pris du biscuit dans la caisse de Mahomet pour se sustanter, comme en effet, il y en avoit de bons restes que nous y laissâmes ; et quoi qu'il en soit de l'aventure de ce compagnon désolé, dont le vaisseau fut peut-être bien aise de se désembarrasser, notre général en ordonna l'embarquement sur sa capitane jusques au pays chrétien ; et, comme nous étions déjà sur la fin de notre quarantaine, sans qu'il nous fut arrivé aucun accident de mal contagieux, nous allames encore faire une course sur la Barbarie, et, n'y ayant pu trouver aucune occasion à nous occuper utilement, nous primes en droiture la route de Malte, où nous arrivâmes heureusement peu de jours après et y fûmes reçus avec applaudissement et allégresse publique.

La saison tendoit déjà à la fin de l'automne ; aussi les galères ne firent-elles qu'un seul voyage en Sicile, avec lequel nos quatre caravanes prirent aussi fin, à ma grande joie, parceque j'avais alors bonne envie de me reposer pour penser à autre chose.

L'année 1656 ayant ainsi terminé son cours je me fixai auprès de Messieurs mes oncles, afin de cultiver leurs bonnes grâces, dont les apparences ne me furent pas trompeuses, pour tout ce qu'il put dépendre de leur bonne volonté, car dès que j'eus rempli mes trois ans de résidence en couvent, et fait ma profession régulière dans l'ordre par les trois vœux de religion, monsieur le Commandeur de la Hitte ayant eu droit de charger la commanderie de la Tronquière, qu'il avait prise par améliorissement, en quittant celle de Reissac, d'une pension de deux cents écus brut, il eut la bonté de me la conférer d'abord.

Peu de temps après, monsieur le commandeur du Garrané m'honora de même d'une pension de cent écus brut sur la commanderie de Peyruis qu'il avoit prise en quittant celle de Vallance.

Ensuite, monsieur le commandeur de Garrané eut la bonté de me conférer une autre pension de cent vingt écus brut, vacante par la mort de monsieur le chevalier de Lajardine, sur la même commanderie de Peyruis, et ces bienfaits me mirent au large, car avant cela j'avois vecu à l'étroit, étant arrivé à Malthe avec sept pistolles tant seulement pour tout reste. Il est vrai, néanmoins, que jusqu'à la collation de mes pensions, monsieur le commandeur de la Hitte me gratifioit annuellement d'un don de quarante écus, monnoye de Malthe, qui font environ cent livres, avec quoi je fournis à mes petites nécessités, n'ayant jamais rien voulu demander à ma famille que je savois n'être pas pécunieuse, à la réserve de six chemises d'hollande, et d'un habit noir de beau drap, qu'elle m'envoya dans le temps que je fis ma profession.

Monseigneur le grand-maitre de Lascaris, qui étoit vieux de plus de quatre-vingt-seize ans, étant peu de tems après venu à mourir, j'eus occasion, par ce changement, de voir la formalité de l'élection de son successeur; et comme monsieur le commandeur du Garrané n'avoit d'autre suite que moi, et que, d'ailleurs, il ne vouloit pas se faire des ennemis, ne voulant paraître prendre dans cette vue aucune part à la nouvelle élection, il s'abstint d'entrer à l'Eglise conventuelle de l'ordre, lorsque le corps de la Religion y entra pour y procéder; et eut même la bonté de me laisser en pleine liberté d'y disposer de mon suffrage, duquel je fis un sacrifice volontaire à monsieur le bailli de Valançay, sujet d'un rare mérite que nous avons vu mourir grand-prieur de France. La fortune en cette occasion se déclara à la pluralité des voix pour monsieur dom Martin de Redin, grand-prieur de Navarre, quoique absent du couvent, se trouvant alors Vice Roy de Sicile par commission du Roi d'Espagne, corrégidor en la ville de Palerme, capitale de cette belle ile. La cérémonie de cette élection faite, les galères de la Religion eurent ordre de partir dès le landemain, portant un grand-croix, député par le conseil, pour aller, de la part de tout le corps, reconnoitre son nouveau Grand-Maitre, et recevoir ses ordres pour l'embarquement de sa personne et pour son retour à Malte. Etant en effet parties sans retardement, elles arrivèrent à Palerme deux jours après.

Le grand-prieur Bichi, neveu du pape régnant et général de ces galères, ayant été soudain averti de la nouvelle élection de monsieur de Redin, aux intérets duquel Sa Sainteté n'avoit pas témoigné être favorable, sous prétexte, disoit-on, que les adhérents de monseigneur de Redin, en son absence, faisoient glisser de l'argent au couvent pour lui acquérir de suffrages, se rendit en toute diligence à Palerme avec ses galères de l'escadre, afin de témoigner, par ce grand empressement, le désir qu'il avoit de reconnoitre, des premiers, son nouveau Grand-Maitre, et lui donner des assurances de la passion qu'il avoit pour son service. Le prieur de Bichi, par sa qualité, n'eût pas peine d'obtenir la préférence de l'embarquement du Grand-Maitre sur la réalle du Pape, et, le jour destiné pour le départ étant arrivé, le Grand-Maitre ayant laissé ses ordres pour le gouvernement de l'ile de Sicile, s'embarqua sur la réalle au bruit du canon de deux escadres et des remparts de la ville; et cette petite flotte faisant escoigne de la terre par un vent que favorisoit le trajet, arriva heureusement, deux jours après, dans le port de Malthe, parée de tous ses ornements militaires en poupe. La place salua l'étendard du Pape par la décharge de toute son artillerie, à quoi l'escadre de Sa Sainteté répondit de la sienne, et, soudain après, la réalle s'étant accostée de terre à l'endroit où l'on débarque, il y fut joint un échafaud venant à terre, sur lequel le Grand-Maitre descendant de la poupe, ayant mis le pied, la réalle fit tonner son artillerie comme toutes les autres galères, pour honorer le débarquement, et dans le temps que Son Eminence posoit l'autre pied à terre, tout le canon de la place fit son feu, et soudain quatre grand-croix, détachés du corps de l'ordre, qui tout entier venoit après avec son clergé, eurent l'honneur de recevoir de sa part son nouveau Grand-Maitre et de lui baiser la main; et, sans perdre de temps, le clergé revestu, prenant le devant en chantant le *Veni Creator*, tout le corps suivit, et le Grand-Maitre lui-même le dernier, marchant à pied jusqu'à l'Eglise conventuelle de Saint-Jean, où tout se met en prières, et le Grand-Maître ayant pris sa place à l'agenouilloir sous son daix, à coté du grand-autel, afin d'y rendre ses actions de grâce pour son heureuse elévation au magistère. Après vint frère Lucas Boens, prieur de l'église, lequel après avoir fait un petit discours au Grand-Maître, pour le faire souvenir de la reconnaissance qu'il devoit à la bonté divine pour le changement de sa fortune, qui ne le dégageoit pas de ce qu'il devoit à sa religion, dont, par les suffrages arbitraires du corps, il étoit devenu le chef et supérieur, lui présenta le missel ouvert, auquel appliquant ses deux mains ouvertes sur les quatre saints Evangiles, il lui fit jurer par serment solennel, qu'il n'auroit rien en si forte recommandation que de maintenir sa religion en tous ses honneurs, droits, prérogatives et privilèges, en bon chef et supérieur, conformément aux statuts et louables coutumes de l'ordre, et devoirs de sa propre conscience, comme aussi de gouverner avec justice et douceur les peuples que la bonté divine destinoit à vivre sous son autorité, comme étant, par son ordre divin, devenu leur prince souverain, et leur conserver l'usage de tous leurs privilèges, immunités et franchises, pour la plus grande gloire du nom de Dieu et de l'honneur du glorieux saint Jean-Baptiste. Cette cérémonie ainsi faite, tous ceux de l'ordre y assistant eurent l'honneur de baiser la main à monseigneur le Grand-Maître ; et après, comme il sortit de l'église pour aller à son palais, le canon de la place recommença son tonnerre, et tout le peuple criant : « Réjouissance ! » et : « Vive le nouveau Grand-Maître ! » Son Eminence fut conduite en son palais, où ceux qui n'avoient pas été de son intrigue le laissèrent en état de se reposer et de se réjouir avec ses amis et serviteurs particuliers, en pleine liberté.

Monseigneur le Grand-Maitre ne pouvant être prince souverain des peuples des iles dépendantes de la Religion, qui sont Malthe, et le Goze, sans en être investi par l'autorité du corps de l'ordre, en reçut l'investiture le lendemain à la pluralité des voix du conseil complet d'icelles; après quoi les peuples, par députés, allèrent lui prêter le serment de fidélité en la forme ordinaire.

Je me tenois après tous ces événements bien content de mon sort à Malthe, où, quoique l'ile soit un rocher presque décharné partout, on ne laisse pas de passer la vie avec bien des commodités; on y mange à bon marché, à bon heure, de tous les premiers fruits, pois, fèves, artichauts, cerises, fraises, albricots, prunes, amandes, raisins, figues, melons, grenades, azerolles, citrons, limons, et oranges que le terroir produit d'un rare goût; on y nourrit de la volaille, dindons et pigeons ; la viande de boucherie, venant de la Sicile, y est bonne; les vins et les bleds de Sicile y sont aussi fort bons; l'ile de son cru ne produit ordinairement que du bled, de l'orge, des légumes pour la nourriture du peuple; chaque année le reste des choses nécessaires nous y viennent de Sicile, du royaume de Naples, et de France. La provision de la glace nous vient du Mont-Gibel en Sicile, qui en conserve pour nous faire boire frais pendant toute l'année, quoiqu'il ne cesse de tousser feu et flamme par la cime, lorsque les vents, renfermés dans ses antres, rallument le soufre qui s'y nourrit; et ce sont ces mines de soufre qui causent les tremblemants de terre auxquels ces pays sont si fort sujets.

Monseigneur le Grand-Maître a son autorité limitée sur le corps de son ordre, dont il est le chef et supérieur; il a le pouvoir de mettre un religieux en justice, mais il est obligé d'en donner part au conseil de l'ordre dans vingt-quatre heures, et d'y demander justice et punition, si le cas le requiert; et dans le conseil, il a deux ballotes, au lieu que chacun des grands-croix qui la composent n'en a qu'une seule pour la décision des affaires; néanmoins comme il donne plusieurs commanderies, et que toutes les graces partent de sa main, et qu'il a même l'autorité d'absoudre un religieux condamné, et qu'il donne les congés pour le départ du couvent, il est certainement le maître dans le conseil. Il y a un tribunal sous le nom d'Egard, qui se compose de sept grands-croix, qui sont les pilliers des sept langues, qui jugent avec l'autorité souveraine du corps de l'ordre, où le Grand-Maître peut être interpellé en cas grave, comme le Grand-Maître Foulques de Villaret. Quoiqu'il eut eu une admirable conduite et un courage intrépide, ayant enlevé par siège formé et continuelles attaques et escalades, l'île de Rhodes des mains des Sarrazins, en l'année 1309, à la grande gloire de son ordre, il fut néanmoins, quelques années après, démis de sa dignité magistrale, par jugement de ce tribunal à Rhodes, pour, après s'être acquis une si belle réputation, ébloui de sa propre gloire, avoir negligé sa conduite jusqu'à employer les revenus du commun trésor et folles depenses pour son propre plaisir et délice particulier, dans un tems que l'ordre se trouvoit fort à l'estroit par les continuelles entreprises des ennemis, et en danger de voir enlever sa conquête pour n'avoir pas de quoi fournir à la fortification de ses places. Lorsqu'un prévenu se trouve avoir commis un crime qui mérite punition de mort, l'Egard le condamne, comme un membre pourri de l'ordre, à en être dégradé et sur l'heure privé de la croix et ensuite remis au tribunal de la chatelainerie, qui est la justice séculaire de Malthe, pour y subir jugement de mort, et être ou exécuté de la main du bourreau, ou bien jeté en canal, dans la mer, comme le grand-croix Saint Clément, avec un boullet de canon au col.

Mon état tranquille fut bientôt troublé par la perte que je fis de monsieur le commandeur de la Hille, qui mourut le 4ᵉ de mars 1639, en odeur de sainteté, par rapport à la continuelle pratique de charité et de vertu qu'elle avoit rempli tout le tems de sa vie dans l'ordre; il eut avant de mourir la bonté de me déclarer héritier de son quint qui produisit, en ma faveur, environ soixante pistoles et, par cette perte, toutes mes espérances se réduisirent en la seule personne de monsieur le commandeur du Garanné, qui venoit d'entrer lieutenant de grand-commandeur à l'Auberge. Il étoit en bonne considération auprès du Grand-Maitre, et Son Eminence fut fort aise de le favoriser en la négociation qu'il avoit projeté de se procurer l'expectative sur le prieuré de Saint-Gilles, que monsieur de Fourbin, qui était pourvu de cette dignité, lui accorda, et de tacher de persuader à monsieur le commandeur de Saint-Marc, qui avoit son rang après lui, de prendre sa place à l'auberge, comme en effet Son Eminence, estant bien aise de lui donner des marques de son estime en cette occasion, et d'ailleurs aussi pour avoir au trésor un homme dépendant, il obligea le sieur commandeur de Saint-Marc, qui lui étoit acquis, d'entrer à l'auberge, sous condition que monsieur du Garanné lui en paieroit la dépense jusques à sa prise de pocession d'une dignité, ce qui fut fait, et par là mon oncle sortit de l'embarras de l'auberge et du trésor, dont il était fort fatigué, et reçut la grand-croix au conseil, sous le titre de grand-prieur titulaire de Saint-Gilles. Monsieur de Garanné, grand-prieur titulaire de Saint-Gilles, se trouvant libre, et l'air de Malthe lui étant devenu suspect, comme contraire à sa petite complexion, il se résolut de venir en France; ce qu'il exécuta bientôt après, et s'arrêta à Marseille, où il avoit passé une partie de sa vie et m'ordonna de rester à Malthe pour y veiller à ses intérêts et surtout au payement de l'auberge. Quelque tems après, monsieur de Fourbin, étant venu à mourir, céda sa place à monsieur du Garrané, qui, alors, fut véritablement grand-prieur de Saint-Gilles, et je conçus alors quelques espérances qu'il pourroit un jour me conférer une commanderie de grace prieurale, comme c'étoit véritablement son intention. M. le grand prieur du Garrané ne fut pas plustot en possession de sa nouvelle dignité, qu'il me permit de venir faire un tour en France pour y revoir ma parenté; mais je n'y fis pas un grand arrest, car, de son ordre, je repassai à Malthe et y fus de retour le 9ᵉ de mars 1664, ayant profité de l'occasion d'un des navires du roi, commandé par M. des Ardants, qui portoit à Malthe M. le commandeur de Gau, envoyé de Sa Majesté vers le Grand-Maître, pour lui demander un nombre de chevaliers pour le commandement de ses galères en Provence. M. le grand prieur de Saint-Gilles étoit déjà allé faire son séjour en son hôtel de la ville d'Arles, et s'y préparoit à tenir son chapitre provincial ; mais Dieu ne permit pas qu'il y restat longtemps, car, pour mon malheur, étant tombé malade, il y mourut le 10e juin de la même année 1664.

La nouvelle de la mort de mon bienfaiteur arriva bientôt à Malthe, et je fus si fort étourdi à ce funeste coup, que je fus un tems sans pouvoir me reconnoitre, mais enfin étant revenu à moi, je commençai à supporter mon malheur sans désespoir, mais non pas sans un cuisant regret; néanmoins je pris mon parti, et ne pouvant plus compter que sur le jour de mon ancienneté, encore fort éloigné, de la commanderie de mon rang, je me résolus de venir en France pour y passer quelques annees auprès de ma famille, que j'ay toujours fort honorée et tendrement chérie; et suivant mon dernier projet, je partis de Malte le 8e de mars 1665, par l'occasion des galères de la Religion, qui alloient faire voyage à Messine; et étant arrivé dans le port de cette ville en Sicile, M. le baillif de Mendoce, avec M. son neveu le commandeur de Peimission, et autres ses camarades, qui étoient venus pour passer outre, ayant, avec le secours du commandeur Balzame, fait choix d'une chaloupe pour sa personne et une autre pour son domestique, avec intention de venir en France de cette bordée; mais les chevaliers avec qui j'avois fait ma chambrée et moi en primes une autre à même dessein à un certain prix par mois, et ayant fait nos petites provisions de pain, de vin, d'eau douce et de chair cuite pour dîner chemin faisant à la mer, et d'autres provisions pour le souper à terre ayant chacun son strapontin pour coucher et ses armes pour se défendre des bandits sur les côtes de la Calabre et autres provinces montagneuses du royaume de Naples, ou cette engeance fourmille, nous partîmes de conserve tous à la fois pour aller toujours terre à terre, à la voile et à la rame. Il y a sur les côtes de ce royaume, de distance en distance, de grosses tours où il n'y a qu'un seul hommes de garde, pour avertir par son signal de feu les peuples de la campagne et les batiments mêmes qui suivent la côte, lorsqu'il paroit à la mer quelque galiotte, bergantin ou autre batiment, qui semblent être de pirates de Barbarie, avec dessein d'y aller fourrager sur terre et y faire des esclaves; et au moyen de ce signal, qui se fait au besoin d'une tour à l'autre, toute la côte du royaume est avertie dans quatre heure de tems, et l'on monte à ces tours par une longue échelle de main, qu'on tire après soi pour y passer la nuit en sûreté, et chacun y soupe de ses propres provisions; car il n'y a ordinairement qu'un peu de bois et de feu, le concierge n'ayant pas la faculté d'y pouvoir faire un grand ordinaire, on luy donne l'étrenne en partant; et pendant la nuit, les chaloupes se tiennent à l'ancre dans la distance qu'il faut de terre pour que les bandits ne puissent pas à pied sec les aller surprendre pour les saccager; mais lorsqu'il se trouve des villes sur le passage à la côte, c'est avec raison qu'on en préfère le logement à celui des tours. Nous prîmes un jour terre en la ville de Saint-André, où étant allés faire nos prières en l'église paroissialle du lieu, nous y vîmes le tombeau du redoutable George Castriot Scanderberk, roi d'Albanie, avec cette même et seule épitaphe : « Lequel est sous terre fut la terreur des infidèles avec une poignée de troupes, sous l'empire de Mahomet second, et qui en sa vieillesse vint rendre son âme à Dieu dans cette ville. » Nous logeames ensuite dans la ville d'Assize, où l'on nous fit remarquer une très-grande masse de rochers détachée de la montagne et qui semble à tout moment devoir aller rouler sur le couvent de l'église de Saint-François, dont elle n'est pas à plus de cinquante pas dans la pente; mais par un continuel miracle de ce fidèle de Dieu, cette roche demeure immobile à sa place depuis que ce grand saint étant dans cette église en prières, ayant été averti avec précipitation par ses religieux que tout alloit périr, il ne fit qu'aller au devant de cette masse, qui déjà faisoit mouvement, et luy présenta sa main en faisant un signe de croix pour l'arreter; nous vismes l'état de la chose, et il faut avouer qu'on ne sauroit y porter les yeux que la nature n'en frémisse de la crainte évidente du péril; nous passasmes à Naples, et continuames nostre route à petites journées; nous entrames au port de Livorne, dans les Etats du duc de Florence, en Toscane, où nous restames tous parce que le vent étoit trop fort pour notre petite voilure.

La ville de Livorne est d'une avantageuse et agréable situation au bord de la mer de Toscane; elle a deux ports embrassés par sa propre enceinte, bien en sûreté. Le premier pourroit contenir environ une trentaine de vaisseaux, duquel on entre au second qui se ferme à clef par une chaine de fer, et c'est uniquement pour les galères du grand-duc et autres plus petites voiles à la rame; les galères étant commandées par des chevaliers de Saint-Etienne, qui est l'ordre de chevalerie de ce prince, institué par dom Cosme de Médicis, lorsque ce simple habitant de Florence eut mis sa patrie à la chaîne et se fut rendu souverain de toute la Toscane, et que, pour assurer sa fortune naissante, il eût fait bâtir la citadelle dans l'enceinte de la ville de Livorne, qui lui sert aujourd'hui de frein. Celui qui y domine aujourd'hui est le plus pecunieux prince de l'Europe; aussi pratique-t-il tous les moyens permis qui, dans un Etat comme le sien où la marchandise et détail ne dérogent pas à noblesse, peuvent faire devenir un homme riche. Car, outre son économie de faire vendre les denrées de ses domaines en détail, il en lève les droits avec une exactitude serrée; il négocie par ses galères à la mer; les droits d'entrée dans ce port sont grands; la fabrique des canons de fusil et de mousquet de la galerie du grand-duc lui attire beaucoup d'argent, mais c'est tout autre chose que le revenant bon qu'il tire de tous les marchands des villes et bourses de ses Etats de toute espèce, sur lesquels il prend la moitié de tout le profit de leur négoce pour l'intérêt des sommes qu'il leur avance pour faire leurs emplettes, sans compter le tribut qu'il exige des juifs pour la liberté qu'ils ont dans ses Etats de la profession publique de leur fausse créance. Il tient partie de son or monoyé dans un gros puits qu'il a plein d'eau dans la cour de son palais de Florence, lequel, pour la sûreté de ce trésor, est grillé de grosses barres de fer fermant avec de puissants cadenats, et la dépense de son hôtel est d'une très-petite conséquence.

Pendant notre séjour en cette ville, nous eumes la curiosité d'aller dans la sinagogue des juifs, pour leurs y entendre chanter leurs reveries en langage de Moyse.

Le quatrième jour de notre arrivée en ce lieu, monsieur le baillif de Mendoce n'ayant pas trouvé à propos d'en partir, notre chambrée, pour ne se trouver pas courte d'argent, prit la liberté de rompre sa conserve, et nous levâmes l'ancre flattés par l'apparence du beau tems; et nous ne fumes à douze milles du port que le vent s'étant beaucoup renforcé, favorable pourtant pour suivre la côte, nous fumes obligés de prendre notre retraite dans la rivière de Invaregio dans les Etats de la république de Lucque où nous trouvâmes un cabaret sous le canon d'une petite forteresse. Nous primes notre depense dans ce cabaret de Invaregio pendant le tems que la mer nous parut être trop agitée; mais au cinquième jour, le calme nous ayant rassurés, nous reprimes la mer pour continuer notre route terre à terre vers le port de Gayette, et nous voguâmes assez agréablement pendant deux heures; mais après ce tems, le vent du midi devint si violent qu'il fallut bien changer de langage et de résolution; car ne pouvant pas prester le costé à la vague avec notre faible bateau, ce fut à jeu de force que nous fusmes réduits à la dure nécessité de nous abandonner au vent arrière, pour faire canal en pleine mer sur le port de Gayette. En nous esloignant de la cote, nous courumes un grand danger de faire naufrage pendant la journée, pourtant notre petite voile basse, et tout d'un coup, pour augmenter le péril, comme nostre bateau faisait de momant à autre des élancements qui tout à découvert luy faisoient montrer la quille, un choc de la vague le désarma de son gouvernail, en l'arrachant de ses gonds, et nous mit en grande perplexité; néanmoins le patron de la chaloupe, qui étoit puissant et adroit, ayant retiré dans le bateau le gouvernail qu'il tenoit par la poignée, substitua à l'instant à sa place l'une des deux rames qu'il attacha sur la poupe, en ayant plongé dans la mer le bout plat dont les matelots fendent la vague, et par ce moyen guida le bateau, qui bien qui mal, jusqu'à ce que observant tous les mouvements propices se trouva heureusement celuy de rétablir le gouvernail à sa place naturelle, en remettant son aiguille de fer dans ces gonds, qui sont deux anneaux de fer qui la tiennent captif en état de produire son effet ; ce changement nous fut d'une grosse consolation ; mais l'orage, au lieu de s'appaiser, devenoit à tout heure plus terrible, et les marsouins, qui sont de très-gros poissons, ne cessoient de se lancer sur l'eau, d'environner notre chaloupe, ce qui n'arrive que pendant les tempêtes dangereuses.

Monsieur le commandeur de Fabrezan, qui estoit de ce voyage, se souviendra que nous y désirions beaucoup de rattraper le plancher aux vaches ; nous essuyames cette grande bourrasque jusques sur la fin de la journée, que, à notre très-sensible consolation, la bonté divine nous fit la grâce de nous mener au susdit port de Gayette.

Nous fumes en arrivant rendre grâce à Dieu de notre heureuse arrivée, dans l'église cathédrale de Gayette, et le lendemain le désir d'entendre la messe nous y ayant rappelés, l'esprit de curiosité nous y fit remarquer l'étendard du pape qui fut pris à Rome, lorsque le prince Charles de Bourbon, commandant l'armée de l'empereur Charles-Quint, emporta cette place, au prix de sa vie. Nous fumes ensuite à la porte de la citadelle de cette importante place, pour y voir, de nos propres yeux, une figure en bois, représentant le même prince de Bourbon, et son tombeau qui y est aussi, y ayant été enterré, parce que y étant mort protestant, il avait comme les curieux savent, quitté le service de France pour quelque mécontentement, et ayant accepté le commandement de l'armée de Sa Majesté Impériale, combattu en bataille rangée son roi naturel François premier, devant Pavie où il le fit prisonnier. Les amis de sa mémoire lui ont dressé l'épitaphe suivante :

AUCTO IMPERIO, VICTO GALLO,
SUPERATA ITALIA,
CAPTA ROMA, OBSESSO PONTIFICE,
BORBONIUS HIC JACET.

Cette même armée, après avoir pris et subjugué Rome, assiégea le pape Clément VII, dans St. Ange ; chacun peut voir dans l'histoire, que, dans le même tems que l'armée de l'empereur tenoit le pape assiégé dans St. Ange, Sa Majesté Imperiale affectoit d'aller nu-pieds en procession à Madrid pour la liberté de sa sainteté, qui, ce semble, n'est pas tout ce qu'il faudroit pour conserver dignement au prince le titre de roi puissamment catholique.

Ce même jour, M. le baillif de Mendoce arriva dans le port de Gayette, ayant été lui-même un peu agité de la mer, et y fut déterminé à s'y reposer, mais nous qui avions un intérêt secret à presser notre voyage, nous mimes à la voile le lendemain ; nous allâmes prendre terre au port de la ville de Gênes où nous ne fûmes qu'une nuit; nous y changeâmes de chaloupe, le premier mois du fret de celle de Messine, qui nous avoit portés jusque-là, ayant pris fin. De la ville de Gênes nous vinsmes mouiller au port de la petite ville de Savone, rendue fameuse par la conférence qui s'y fit, entre Louis XII roi de France et Ferdinand d'Aragon, lorsque, pour finir une guerre, ils partagèrent le royaume entr'eux deux. De Savone, nous allâmes au port de Nice, où nous quittâmes la voie de la mer pour achever notre voyage sur le plancher aux vaches, sur les ânes, qui sont ordinairement les montures de ce pays-là, pierreux et montagneux sans boue, de même que la Provence.

C'est là où nous traversâmes le Var, qui sépare le compté de Nice avec la Provence, et ce torrent est si impétueux, sans profondeur, qu'il fallut pour le passer avec sécurité, louer quatre hommes qui se mirent dans l'eau pour soutenir, à force de bras, nos bourriques, à mesure que nous passions le canal, après quoi, en trois jours de marche, nous nous rendîmes à Marseille.

Nous partimes bientôt de Marseille chacun de son côté; M. de Fabrezan et moi, nous vimmes ensemble jusques au pont de Lunel, où nous nous séparâmes, et moi je suivis ma route jusque vers Arles, d'où je vins planter le piquet en Gascogne pour tâcher de soigner ma famille, où je puis dire que je n'ai pas été inutile.

Je n'ai pas négligé de travailler de mon mieux aux affaires de notre ordre, suivant les commissions qui m'en ont été adressées, soit par ordre de monseigneur notre Grand-Maitre, ou de nos Sergents du Commun trésor, ou de la part de notre vénérable langue de la

Provence, ou chapitres provinciaux du Grand-Prieuré de Toulouse, dans les limites duquel j'ai fait mon ordinaire résidence ; mais j'ai toujours éludé, par le moyen de mes amis, d'entrer dans les recettes à cause de la répugnance naturelle que j'ai toujours eu pour les charges comptables.

Après avoir passé quelques années en Gascogne, réfléchissant qu'à la fin de nos jours nous ne pouvons disposer de rien, étant religieux profès, et que pour pouvoir gratifier quelque parent ou domestique de la cinquième partie de nostre mobilier, il faut en avoir la dispense du Grand-Maître, je me résolus, quoique je ne fusse pas bien dans mes affaires, d'en faire demander la permission, et ayant employé à cela monsieur le commandeur de Caulet, mon bon ami et mon procureur à Malthe, il la demanda et l'obtint de monseigneur notre Grand-Maître, Adrien de Vignacourt, par bulle du 3e mars 1692, que j'ai en main, sous le titre de *facultas testandi*.

Quelques années après, la commanderie d'Homps étant venue à vaquer, à cause que monseigneur le commandeur de Clamant monta de celle-là à celles de Salles, on la prit pour moi à Malthe contre mon sentiment. Je commençai d'en jouir réellement au 1er de mars 1698, à 44 de réception dans l'ordre, ayant dès le sixième de novembre de l'année 1694, obtenu à Malthe la charge de procureur du trésor, pour pouvoir prendre le grade ou ancienneté de justice, pour la commanderie de mon premier saisissement sans quoi j'aurais été réduit à la nécessité d'aller en personne à Malthe ; et j'en dois l'obligation à monsieur le Grand-Prieur de Provence, de Javon.

Quelques années après, monseigneur le Grand-Maître de Perellos-Roquefeuil m'honora de la charge d'économe du grand-prieuré de Toulouse, par la bonté que monsieur de Javon, grand-prieur de Saint-Gilles, mon patron, eût de la demander pour moi à son Eminence, afin de me donner moyen, comme la première fois, de faire passer en langue le verbal de mes améliorissements d'Homps, et d'y estre revestu de l'ancienneté de justice, pour monter à la commanderie d'améliorissement, sans aller à Malte, ainsi qu'il est arrivé; et j'ai exercé cette même charge pendant six ans, sans utilité, personne ne l'ayant demandée; et c'est en conséquence d'icelle que je fus chargé pendant dix-huit mois de l'administration de la Commanderie du Temple Du Breuil, le titulaire d'icelle en ayant été suspendu, et cela à Malthe sur des plaintes formées contre sa conduite peu régulière, et n'ayant pu se défendre d'obéir à l'ordre des supérieurs, qu'il faut subir, parmi nous; toute désobéissance portant dégradation, et c'est en ce cas que le précepte italien, qui porte: *lega l'asino dove nolle il padrone*, se met en pratique au pied de la lettre.

Pendant mon séjour en Gascogne j'ai vu finir toute ma pauvre famille. J'avois perdu deux frères à La Bassée, de maladie; mon frère de Mortian fut tué en 1675, au siége de Maëstricht; mon père et ma mère moururent tous deux de maladie, fort tranquillement et chrétiennement, en personnes de qualité et de vertu, en l'année 1668; madame de Larrocan, ma très-chère sœur, qui, comme héritière de la maison, avoit épousé son cousin germain, noble Louis de Larrocan, seigneur d'Avezan, rendit sa belle âme à Dieu, le 31 mai 1696, en grande réputation de piété, charité, courage et vertu ; et noble Léon-Paul de Larrocan, l'ainé de tous, l'unique frère qui me restoit, lequel, après avoir longtemps servi capitaine d'infanterie sous notre oncle d'Aiguebère, gouverneur de Charleville, et s'estre longues années auparavant, par pure dévotion, fait prestre, mourut entre mes mains le 7 septembre 1708, en prédicament d'homme d'esprit, de savoir, de courage et de grande vertu ; et me voilà resté seul d'une grande famille, aux petits biens de laquelle j'ai pourvu, par le pouvoir que j'en ai eu, en faveur de noble Pierre de Lupé, seigneur du Garrané, en reconnaissance des obligations que je dois à la mémoire de feu M. du Garrané, grand prieur de Saint-Gilles.

Quant à mes affaires de l'ordre, j'ai vécu pendant neuf années en attendant qu'il plut à Dieu y faire quelque changement favorable, au bout desquelles la commanderie de Bordères ayant vaqué par le décès de monsieur le commandeur de Lascoultes, et quelques-uns de messieurs mes anciens l'ayant pour bonnes considérations dédaignée, et surtout par réflexion à l'intéret du népotisme, attendu qu'elle se trouvoit chargée de pensions, je n'ai pas eu la même délicatesse et l'ai volontiers prise pour mon apanage, avec d'autant plus de joie qu'elle se trouve commodément à ma porte, et j'en ai commencé la réelle jouissance au 1er du mois de may de l'année 1707, à 53 ans de ma réception dans notre ordre, et à 69 ans d'age accomplis au 27 du même mois de may, assez content de mon sort ; et j'attendrai sans inquiétude, dans mon agréable solitude de Montaignan en Astarac, dont l'air me convient, de mesme que les petites commodités que j'y trouve, ce que le temps pourra produire en faveur de ma vieillesse, si la Providence permet qu'elle me mène plus loin, résolu d'y mourir, si mon devoir ne m'appelle à Malthe; ayant cependant pour me divertir aux heures libres écrit mon petit journal de ma propre main, avec intention d'y ajouter les autres événements qui me pourront concerner, s'ils sont dignes de la curiosité de mes amis, qui me survivront avec assez d'affection pour en vouloir faire lecture en mémoire du sujet.

A Montaignan ce 1er may 1708.

Frère Jean Bertrand de Larrocan d'Aiguebère, commandeur de Bordères.

TABLE

A

ABIDOS (Fort d'), 30, 31, 36, 37, 38. Aujourd'hui fort de Nagara

AGRIPPINE, 23. Mère de Néron.

AIGUEBÈRE (d'). Voyez Larrocan.

AIX, 6, ville de Provence.

ALBANIE, 12, 57.

ANDRÉ (Saint-), 57. Ville de Calabre.

ANGE (Saint-), grand château-fort à Rome, 61. Château-fort à Malte.

ANGOUNE, 25. Aujourd'hui Dangonne ou Dangoun, sur la côte de Sicile, entre Messine et le cap Passaro.

ANTIOCHE (le chevalier d'). Les seuls renseignements que nous ayons pu trouver sur ce nom existent dans l'*Histoire de la Noblesse comté Venaissin*, par Pithoncurt, où dans le deuxième volume, page 339, on lit ce qui suit :

« Nicolas de Paulis, conseiller et maître des comptes de Son Altesse Royale de Savoye, par lettres du 5 septembre 1589, signées de l'infante Catherine d'Autriche, duchesse de Savoye, en l'absence du duc Charles-Emmanuel, fut marié avec Jeanne d'Antioche, que je conjecture être sortie des princes de Galilée, du surnom d'Antioche, issus des rois de Chypre (*).

ARAGON (Ferdinand d'), 63. Ferdinand V, fils de Jean II, roi d'Aragon et de Jeanne Henriquez, mourut en 1516.

ARDANTS (M. des), 55. Jeanne Claude Courtois, veuve d'Hector des Ardants, chef d'escadre des armées navales de Sa Majesté sur les côtes du royaume de Navarre et au pays de Biscaye, fut maintenue

---

(*) Ce qui m'engage à le croire, c'est qu'un Jean de Chypre, troisième fils de Charles, prince de Galilée, et d'Hélène de Jaffa, se retira à la cour de Savoye et y mourut après la perte du royaume de Chypre. Un autre, nommé Philippe de Chypre, passa en France vers l'an 1550, et mourut en Italie à la suite du cardinal Cornaro, son parent

dans sa noblesse par une ordonnance de M. Phelyppeaux, conseiller d'Etat, et commissaire départi dans la généralité de Paris, du 11 mars 1701. (D'Hozier, *Armorial de France*, tome 1er, partie 1re, page 25.)

Il commanda la frégate *la Duchesse* dans le combat livré entre l'amiral de France et les vaisseaux espagnols dans les mers du Levant. (*Gazette de France*, extérieur, 10 et 18 mai 1650.)

Il se trouva au combat engagé le 1er octobre contre la flotte d'Espagne devant Barcelonne. (*Gazette* du 5 novembre 1655.)

ARLES, 56, 63. Ville de Provence.

ASSIZE, 58. Ville du royaume de Naples sur la mer Tyrrhénienne.

ASTARAC, 5, 66. Comté de l'ancienne Gascogne.

ASTIUM, 25.

AUCH, chef-lieu du Gers (Armagnac).

AUGUSTE (l'ancien), 24.

AUTRICHE (dom Juan d'), 15. Fils de Philippe IV d'Autriche, né en 1629, mort le 17 septembre 1679.

B

BALSAMO, 56 Commandeur de l'ordre de Malte.

BARBARIE, 12, 14, 21, 44, 47, 57. Côte nord de l'Afrique sur la Méditerranée.

BARCELONNE, 14, 15. Ville de la Catalogne.

BAYES, 23, 24. Baïa, ville du golfe de Naples.

BICHI, 49, 50. Jean Bichi, chevalier de Malte, neveu du pape Alexandre VII, était général de ses galères. Il fut nommé commandeur de Palizzi.

BIZERTE, 13. Benezert, ville de la régence de Tunis.

BOENS (frère Lucas), 51. Frère servant de l'ordre.

BONIFACE (fort), 18. Bonifacio dans l'île de Corse.

BORDÈRES (Commanderie de), 3, 66. Commanderie de la langue de Provence, située dans le département des Landes (Marsan).

BORISTÈNE, 31.

BOUILLÉ (le chevalier de), 28. Christophe-Alexandre de Boulier, *alias* du Chariol, né vers l'an 1620, fit ses preuves de noblesse le 21 mai 1637 pour être reçu chevalier; fut pourvu le 26 septembre 1656 de la commanderie de Courteserre par le grand maître Lascaris. Il était le 3 décembre 1667, capitaine du vaisseau du roy, *la Syrène*, se qualifiait commandeur du *Montcery*. Il eut le 11 novembre 1668, la dignité de conservateur dans sa langue et mourut capitaine des vaisseaux du roy commandant ses galères. (Généalogie de Boullier, par d'Hozier de Serigny.)

BOURBON (Charles de), 61, 62. Charles III, duc de Bourbon, connétable de France. Mort à Rome, 6 mai 1527.

BRÉMOND, 7.

C

CAIUS MARIUS, 23.

CALABRE (la), 25, 57. Province du royaume de Naples.

CALIGULA, 23. Empereur romain.

CANDIE, 11, 29, 30, 35. Ile de la Méditerranée, au S. de la Morée.

CAPOPULE, 18. Port près le cap Poulo, au S. de la Sardaigne, dans le golfe de Cagliari.

CARAFA (le chevalier), 28, 35, 36, 40, 44.
 Dom Gregorio Caraffa fut successivement général des galères, Grand prieur, et enfin grand maître de l'ordre de Malte, du 2 mai 1680 jusqu'au 21 juillet 1690. Il était fils de Jérôme, prince de la Rocella.

CARAPATTA, 36. Corsaire algérien.

CARTAGÈNE, 14. Port d'Espagne sur la côte de Murcie.

CASSIAN (le chevalier de Saint-), 39. François de Polastron la Hillière Saint-Cassian, reçu en 1651.

CATAIGNE, 23. Catania des Latins, aujourd'hui Catane en Sicile.

CAULET (le chevalier de), 64.
 Jean de Caulet, fils de Jean-Georges, seigneur de Cadart et de Jeanne de Plats, dame de Graniagne, fille de Pierre, seigneur des Plats et de Françoise de Caulet, fut reçu chevalier en 1657.

CÉSAR (Jules), 23.

CHABAUD-TOURRETTES (le chevalier de), 6.
 Philippe-Emmanuel de Chabaud-Tourrettes fut reçu en 1604. Il était fils de Jacques de Chabaud-Tourettes et de Marthe de Grasse.

CHARLES-QUINT, 17, 21, 24, 61.

CHARLEVILLE, 6, 66. Ville forte sur la Meuse, dans les Ardennes.

CICÉRON, 23.

CICILLE, 10, 12, 18, 23, 25, 46, 47, 49, 50, 52, 56. Ile de Sicile dans la Méditerranée.

CLAMANT (le chevalier de), 64.
 André de Clamant fut reçu en 1620. Il devint bailli de Manosque. Il était fils de Charles de Clamant, seigneur de Graveson, etc., et de Françoise de Gérente Montclar.

CLÉMENT VII (Pape), 62. Jules de Médicis, fils naturel et posthume de Julien de Médicis, naquit en 1478, devint cardinal en 1513 et pape en 1523. Il mourut en 1534.

CLÉMENT (le chevalier Saint-), 54.

Chevalier espagnol, pilier de la langue d'Aragon, qui avait passé par toutes les charges de la religion et aurait été nommé, sans son extrême avarice et sa honteuse lésinerie, grand maître, à la mort de Jean de la Vallette en 1568. (Vertot, livre XIII, page 106).

D'après Beaudoin et Naberat, livre XX, de l'*Histoire de Saint-Jean de Jérusalem*, le général Saint-Clément, chargé de faire pour l'île de Malte des approvisionnements de blé en Sicile, remplit outre mesure sa galère de provisions destinées à la dépense de l'auberge d'Aragon, Catalogne et Navarre, dont il était le chef. Il partit de Trapani sans vouloir écouter les avis de l'évêque et du vice-roi, fut surpris par le corsaire Ulucciali, sur les côtes de Sicile. Par une fausse manœuvre de son pilote, sa capitane échoua sous la tour de Montechiaro. Il se sauva à terre avec son argent et son argenterie, et abandonna l'étendard de l'ordre qui fut sauvé par un jeune Sciot, nommé Michel Calli. Celui-ci avec l'aide du chevalier Grahgliassi, florentin, se fit jour au milieu des forçats révoltés, et rapporta l'étendard à Malte au grand maître Saint-Clément se réfugia d'abord à Rome, puis revint à Malte, où son procès lui ayant été fait, il fut étranglé dans sa prison, et son corps mis dans un sac, et jeté attaché avec des pierres, deux ou trois milles avant dans le canal.

CONIO (capitan), 46

CONSTANTINOPLE. 12, 30, 31, 32, 33. Capitale de la Turquie.

CORFOU, 11. La plus grande des îles Ioniennes où existe la ville de ce nom

CORSE, 18.

COUPEAUVILLE (le chevalier de), 10.

Charles Duval de Coupeauville, reçu en 1613, était fils de Charles Duval, seigneur de Coupeauville, et de Marie Sallemancque.

COURTADE (M.), 9. Son prénom était Dominique. (Mém. de J. B. de Luppé.)

D

DANUBE, 31

DARDANELLES, 30, 42.

DENIO-ALICANTE (port). Aujourd'hui Denia, dans la province d'Alicante.

DIOCLÉTIEN, 22.

DORIA (prince André), 11. Né à Oneille en 1466, mourut en 1650.

DOUZON (le chevalier), 7. Jean-Pierre de Cardaillac d'Ozon, reçu le 22 juin 1631.

E

ELME (château Saint-). Château fort qui domine Naples.
ÉTIENNE (Ordre de Saint-), 58. Ordre de chevalerie institué l'an 1651 à Florence, par Cosme de Médicis, grand-duc de Toscane, dans le même but que l'ordre de Malte.

F

FABREZAN (le chevalier de), 61, 63.
    Jean de Fabrezan, reçu en 1646, était fils de Jean de Seignoret, baron de Fabrezan, et de Louise de Mayreville, fille de Jean et de Louise de Plantavit.
FLORANCE (le duc de), 58, 59, 87.
    Ferdinand de Médicis, IIe de ce nom, né le 14 juillet, mourut le 24 mai 1670.
FOULQUES DE VILLARET, 53. Grand maître de Malte de 1306 à 1327.
FOURBIN (le chevalier de), 15, 54, 55. Albert de Fourbin, reçu en 1589.
FRANÇOIS (Saint), 68. Jean Bernardon, fils de Pierre Bernardon et de N. Pique, naquit à Assize en 1182 et mourut le 4 octobre 1226.
FRANÇOIS Ier, 62, roi de France, naquit en 1494, mourut en 1547.

G

GAETHE, 60, 61, 62. Cayette dans les Etats de Lucques.
GARANNÉ, 5, etc. Voyez Luppé.
GAU (le chevalier de), 55.
    Le chevalier de Gau est blessé dans un combat engagé le 19 juillet, entre les galères de Malte et les Turcs de Tripoli. (*Gazette de France* du 14 septembre 1634.)
GÊNES, 15, 16, 18, 19, 26, 29, 37, 42, 62, 63. Port et république d'Italie.
GIBEL (mont), 23, 52. Mont Etna.
GILLES (Saint-), 15, 54, 55, 64, 65, etc. La commanderie de Saint-Gilles était le second grand prieuré de la langue de Provence dont Toulouse était le premier. Elle était située à Arles (Provence).

GOULETTE (La), 18 Fort et entrée de la rade de Tunis.
GOUZON (Dieudonné de), 27, 28, 38. Grand maître en 1345, mourut en 1353.
GUOZE (LE), 52. Ile separée de Malte par un petit canal, aujourd'hui Gozzo.

H

HAGGI ALI BABOUCHI, 36, 38.
HELLESPONT, 42.
HITTE (le chevalier de la), 9, 48, 54.
    Jean-Philippe du Cos la Hitte, reçu en 1607, était le second fils de Jacques du Cos, seigneur de la Hitte, lieutenant-général et chevalier des ordres du roi, et de Françoise de Salasse. Il fut commandeur de Reyssac.
HOMPS (Commanderie d'), 64, 65. Commanderie de l'ordre de Malte de la langue de Provence, située dans le canton de Lezignan, département de l'Aude (Languedoc).
HORTENSIUS, 23.

I

INVAREGIO (la rivière), 60. Le mot Rivière est pris ici dans le sens de côte maritime. C'est la côte des États de Lucques (Italie) où se trouve le port de Viareggio.

J

JANVIER (Saint-), 22.
JARDINE (chevalier de la), 48.
    Thomas de la Jardine, né en 1594, était fils de François de la Jardine et de Fleurie de Vassadel Vacqueiras. Il mourut au combat de Suntalo, livré contre les Turcs en 1657.
JAVON (le chevalier de), 64, 65.
    Christophe Baroncelli de Javon, reçu en 1634, fut commandeur de Sainte-Eulalie et grand prieur de Saint-Gilles.

K

KAINOUT, 33, 36. Amiral de la flotte turque avec le titre de Bacha de la mer, est nommé tantôt Sinam, tantôt Sinout, par les historiens contemporains.

L

LA BASSÉE, 65. Petite ville du département du Nord (Flandre), prise sur les Espagnols en 1646, et démantelée en 1667

LAMPEDOUSA, 45. Ile Lampeduza entre la côte d'Italie et l'Ile de Malte.

LARA (dom Pedro de), 40.

Dom Pedro de Lara y Zuniga fut commandeur de Baillo dans l'ordre de Saint-Jean de Jérusalem. Il était le cinquième fils de don Pedro de Lara y Henriquez, et de dona Catalina de Zuniga y Arteaga, sa nièce, mariés en 1631.

LARROCAN, 5, 65, etc.

N. de Larrocan d'Aiguebère, oncle de l'auteur des Mémoires, était fils de Pierre de la Rocan ou Larrocan, seigneur de Lizandre, et de Marguerite de Larrocan, dame d'Aiguimère (sic).

« ...Le régiment de Brézé, commandé par le sieur d'Aiguebère, « qui en est le premier capitaine... » (*Gazette de France* du 30 juillet 1636.)

« M. d'Aiguebère est envoyé par le roi à Maubeuge pour y traiter « avec le député du cardinal Infant sur l'échange des prisonniers. » (*Gazette de France* du 1er janvier 1639.)

« Les traites de la reddition d'Aire que vous avez veus ayant esté « ponctuellement exécutés, le gouvernement de cette glorieuse « conqueste fut commis au sieur d'Aiguebère, lieutenant-colonel « du régiment du marquis de Brézé, qui avoit dignement exercé la « charge d'aide de camp à ce siége, ensuite des anciens emplois qu'il « avoit eus, où il s'est acquis la réputation d'un des plus vigilants « et expérimentés officiers de France. » (*G. de F.*, 1641, 11 août, page 537)

« ...Le sieur d'Aiguebère, gouverneur d'Aire, s'y desfend tous « jours bravement. » (*G. de F.*, 14 septembre, extraordinaire, page 620.)

« ...Le sieur d'Aiguebère a été pourvu par le roy du gouverne- « ment du Mont-Olympe, vacant par la mort du sieur de Biscaras... » (*G. de F.*, 21 décembre 1641.)

Nous renvoyons à l'arbre généalogique de Jean Bertrand de Larrocan pour la désignation de son père et de sa mère.

Sa sœur se nommait Thérèze; elle avait épousé Louis de Larrocan d'Avesan, seigneur d'Aiguebère, son cousin. Il fut déchargé du droit de franc fief par M. d'Herbigny, intendant à Montauban, le 19 juin 1693; il fut maintenu noble par M. Samson, intendant à Montauban, le 18 avril 1697.

Nous n'avons pu trouver aucun renseignement sur ses frères.

LARTIGOLLE, 6. Succursale du diocèse d'Auch.
LASCARIS CASTELLAR (M. de), 9, 48.
    Jean-Paul de Lascaris Castellar, bailli de Manosque, de la famille des comtes de Vintimille, fut nommé grand maître le 13 juin 1636. Il était âgé de 76 ans Il mourut le 14 août 1657.
LASCOULTES (le chevalier de), 66
    Frère Jean-François de Grasse Lascoultes fut reçu chevalier de Malte en 1646. Il était fils de Honoré de Grasse, seigneur des Collets, et de Anne-Françoise de Grimaud.
LEPIDUS, 25.
LESBOS, 30. Aujourd'hui Bahalié, château fort des Dardanelles
LINOUZE (la), 21. Aujourd'hui Linosa, île de la Méditerranée entre Malte et la côte de Tunis.
LION (golfe du), 14. Formé par les côtes de Provence et de Catalogne.
LIVOURNE, 48, 58, 59. Port de Toscane.
LOMNÉ (le chevalier de), 7, 8, 9.
    Armand de Cardaillac de Lomné ou Laumé. Chevalier le 23 octobre 1653.
LOUIS XIII, 63.
LUCOS, 60. Lucques, sur la Méditerranée, capitale du duché de ce nom.
LUCULLUS, 23, 24.
LUNEL (pont de), 63.
LUPPÉ (le grand prieur de), 58, 48, 49, 54, 55, 66. Jean-Bertrand de Luppé, auteur des Mémoires.
LUPPÉ (Pierre de), seigneur du Garanné, 66.

M

MADRID, 62.
MAESTRICHT, 65.
MAHOMET, 45, 46, 47, 58.
MAHOMET IV, 30.
    Naquit le 2 janvier 1642. Etait fils d'Ibrahim Ier. Celui-ci ayant été étranglé par les janissaires, il monta sur le trône l'an 1648. Il fut déposé par les janissaires le 8 novembre 1687 et mourut en prison le 22 juin de l'an 1691.
MAHON (port), 14 Principale ville de l'île de Minorque.
MAJORQUE (île de). La principale des Baléares.

MALTE (Ile de), 6, 7, 8, 9, 11, 12, 13, 16, 17, 18, 19, 20, 21, 26, 30, 31, 32, 35, 36, 37, 38, 41, 43, 46, 47, 48, 49, 50, 52, 54, 55, 56, 64, 65, 67.

MALVOISIE, 12, Napoli di Malvasia, aujourd'hui Monembasie de la côte de Morée.

MENDOCE (le chevalier de), 56, 60, 62. Didace de Mendoça Hurtado, fils de Pierre Gonzalès de Mendoça.

MARC (le chevalier de Saint-), 54, 55, Michel de Saint-Julien de Saint-Marc, reçu le 7 juillet 1636 dans la langue d'Auvergne.

MARC (Antoine), 25.

MARCELLI (Laurentio), 29, 34, 37, 40, 56.

MARSEILLE, 5, 7, 15, 55, 63.

MECQUE (La), 45

MÉDICIS (don Cosme de), 58.
    Cosme de Médicis, premier de ce nom, duc de Toscane, né le 11 juin 1519, mourut le 21 avril 1574.

MESSINE, 24, 25, 29, 56, 63.

MINORQUE (Ile de), 14, l'une des Baléares

MONTAIGNAN, 3, 5, 66, seigneurie dans l'Astarac.

MONT-OLYMPE, 6. Château fort qui protégeait à Charleville le côté de la Meuse qui fait face à la ville.

MOSSENIGO (Lazaro), 32, 35, 36, 37, 38, 42.

MOYANCOURT (le chevalier de), 10, 11, 26, 28, 29, 48.
    Henry du Châtelet Moyancourt, fils de Claude et de Louise de la Chaussée, fut reçu en 1605.

N

NAPLES, 18, 20, 21, 24, 25, 52, 57, 58.

NAVARRE, 49.

NÉRON. 23.

NICE, 15, 63, 93.

P

PALERME, 25, 49.

PASSARO (cap), 26, au sud de la Sicile.

PAUL IV, 28. Jean-Pierre Caraffa, né en 1476, pape en 1555, mort en 1559.

PAVIE (ville de), 62, ville de Lombardie sur le Tessin.

PEIMESSON (le commandeur de).
Melchior d'Arcussia Peimisson, reçu en 1653.

PÉPIEUX, 6, ancienne seigneurie, maintenant commune du département du Gers, canton de Saramon, arrondissement et à 3 lieues d'Auch.

PERUEIS (commanderie de), 48. Commanderie de la langue de Provence.

PERELLOS ROQUEFEUIL (le chevalier de), 65, fut Grand maître en 1697, mourut en 1720.

PHARO, 38. Faro, canal et détroit de Messine.

PIERRE (île Saint-), 13, 14, aujourd'hui San Pietro, sur la côte O. de la Sardaigne.

PLINE LE JEUNE, 23.

PONE (île de). Ile Peritia et fort en face de Terracine.

POUSSOL, 22, 23, 24, aujourd'hui Pozzuoli entre Naples et Baia.

R

RAMANIE, 31, dans la Turquie d'Europe sur le détroit des Dardanelles.

REDIN (dom Martin de), 49, grand maître en 1657, mourut en 1660.

REGIO, 25, ville de la Calabre ultérieure première, en face de Messine, sur le Phare.

REISSAC (commanderie de), 48.
Raissac, ville et commune du département du Tarn (Languedoc), canton de Montredon.

RHODES, 27, 53, 88, île sur la côte d'Asie Mineure sur la Méditerranée.

ROLAND LE FURIEUX, 45

ROME, 23, 61, 62.

ROUSPIGLIOZY, 29, 1656.
Don Vincent Rospigliozi, neveu du pape Clément IX, était général des galères de l'Église au siége de Candie en 1668-69.

S

SALLES (commanderie de), 64.

SALLES D'AUVERGNE (le chevalier de), 8.
Jean de Salles reçu le 2 novembre 1608, dans la langue d'Auvergne, était originaire de Savoie (Vertot).

SAN SALVATOR, 24, port de Messine.

SAVONNE, 63, port et ville du Colfe de Gênes.

SCANDERBERG (Georges Castriot), 57, naquit en 1404, était fils de Jean, roi d'Albanie et d'Épire.

SERIGUOT, 42, 43. Cerigo, île située au sud de la Morée.

SIBILLE CUMÉE, 23, la Sibylle de Cumes, célèbre dans l'antiquité.

SMYRNE, 7, ville de la Turquie d'Asie, au fond du golfe de ce nom

SARIQUE, 11. Voyez Seriguot.

SPINOLLA (le chevalier), 15 17. Paul Raphaël Spinola, chevalier de Malte en 1613, fut élu procureur du commun trésor à Gênes, le 18 août 1635, secrétaire du commun trésor, le 8 octobre 1657, etc. (Vertot, tome VII, page 418.)

SPINOLA (neveu de), 29.

STROMBOLI, 24, une des îles Lipari.

T

TEMPLE DU BREUIL (commanderie du), 65.

TESSANCOURT (le chevalier de), 34.
    Denis de Viou de Tessancourt, fut reçu chevalier le 2 janvier 1631.

TINO, 11, l'une des Cyclades.

TOSCANE, 46, 58, 59.

TOULOUSE, 6, 64, 65.

TRAPANO, 46, aujourd'hui Trapani, ville, port et citadelle siciliennes.

TRIPOLI, 44, capitale de l'État de Tripoli, sur la côte d'Afrique.

TRONQUIÈRE (commanderie de la), 48, ville et canton du département du Lot (Quercy).

TUNIS, 44.

V

VALENÇAY (le chevalier de), 49.
    Henry d'Estampes de Valençay, fut reçu en 1608. Il était fils de Jacques, seigneur de Valançay et de Louise de Joigny.

VALLENCE (commanderie de), 48, chef-lieu de la Drôme (Dauphiné)

VAR (rivière du), 63.

VENISE, 11, 36.

VERDELIN (le chevalier de).
　　Dominique-Jean-Jacques de Verdelin, fut reçu le 11 avril 1595. Il était fils de Dominique de Verdelin et de Madeleine Charlotte de Soubiras.

VÉSUVE (mont), 29, volcan près de Naples.

VIGNACOURT (Adrien de), 64, grand maître en 1690, mourut en 1697.

VILLENEUVE (Hélion de), 28, grand maître en 1319, mourut en 1346.

VILLIC (baron), 40, chevalier de Malte de la langue d'Allemagne

VIRGILE, 24.

VULCAN (île), 24, l'une des îles Lipari.

X

XANTE, 11, aujourd'hui Zante, l'une des îles Ioniennes.

XÉPHALONIE, 11, l'une des îles ioniennes, aujourd'hui Céphalonie.

FIN DE LA TABLE

PARIS. — Imprimerie de PILLET FILS AÎNÉ, rue des Grands-Augustins, 5.

ARBRE GÉNÉALOGIQUE
DES
VIII QUARTIERS DE JEAN-BERTRAND DE LA ROQUAN MONTAIGNAN

Pierre DE LA ROQUAN, seigneur de Libaros.	Marguerite DE LA ROQUAN, dame d'Argelouse	Jacques DU COS, seigneur de LA HITTE, gentilhomme ordinaire de la chambre du Roi, gouverneur de Salues et lieutenant-général de D. les monts.	Françoise DE LANNE, dame de LA HITTE	Maurice DE GONZALÈS, seigneur de Montagnac	Marguerite D'ORBESSAN CASTELGAILLARD	Charles DE LUPPÉ, seigneur de Garrané et de Lasseran.	Jeanne DU GARRANÉ DE PEPIEUX.
Philippe DE LA ROQUAN, seigneur d'Argelouse et la Roquette		Bertrand DU COS LA HITTE		Paul DE GONZALÈS seigneur de Montagnac		Marguerite DE LUPPÉ GARRANÉ.	
	Jean-Jacques DE LA ROQUAN, seigneur de Montaignan et Hagel.				Marthe DE GONZALÈS MONTAGNAC.		

Jean-Bertrand DE LA ROQUAN (ou LARROCAN) MONTAIGNAN
dit le Chevalier d'Argelouse

ARBRE GÉNÉALOGIQUE
et
VIII QUARTIERS DE JEAN-BERTRAND DE LUPPÉ DU GARRANÉ

JEAN DE LUPÉ, seigneur du Garrané.	Marguerite du MONT PERIOT.		Pierre DE VEZINS seigneur de la Cassagne.	Hanotte DE HEUVRAS LA CHASSAGNE.	Joachim DES ESSARS seigneur de Lauden.	Jeanne DE LAUDEN (La dernière de sa branche)
Charles DE LUPPÉ seigneur du Garrané.		Jeanne DU GARRANÉ.	Jean DE VEZINS seigneur de la Cassagne.		Charlotte DES ESSARS DE LAUDEN.	
Cadron DE LUPPÉ			Jeanne DE VEZINS LA CASSAGNE, en Armagnac.			

Jean Bertrand DE LUPPÉ, dit le Chevalier de Garrané

PARIS. — Imprimerie de PILLET FILS AÎNÉ, rue des Grands-Augustins, 5.

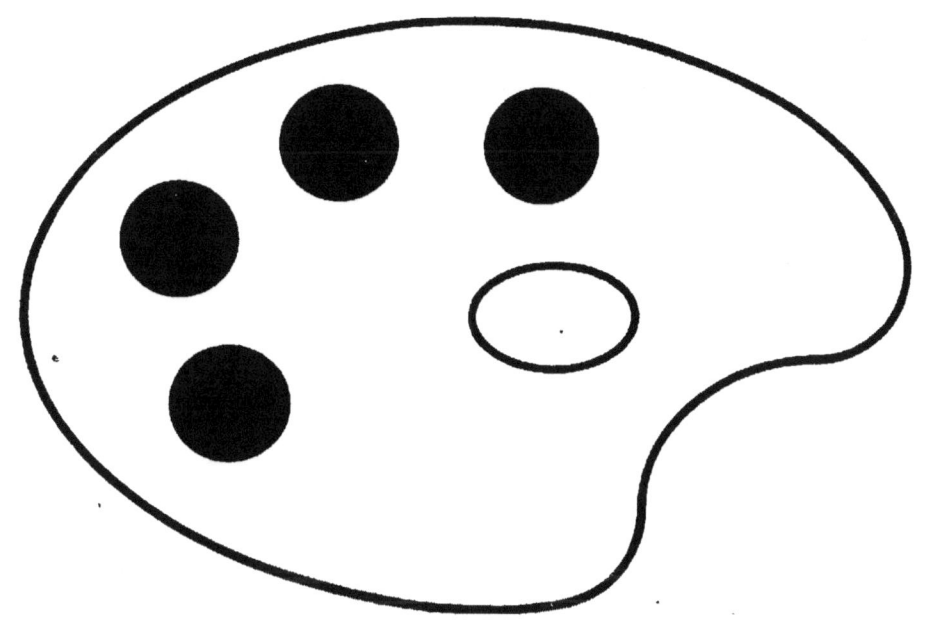

Original en couleur
NF Z 43-120-8

www.ingramcontent.com/pod-product-compliance
Lightning Source LLC
Chambersburg PA
CBHW070630160426
43194CB00009B/1420